COLLECTION DE TEXTES

POUR SERVIR A L'ÉTUDE ET A L'ENSEIGNEMENT DE L'HISTOIRE

LES

GRANDS TRAITÉS

DU RÈGNE DE LOUIS XIV

PUBLIÉS PAR

HENRI VAST

Docteur ès lettres

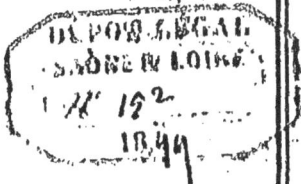

III

LA SUCCESSION D'ESPAGNE
TRAITÉS D'UTRECHT, DE RASTADT ET DE BADE
(1713-1714)

AVEC LA TABLE GÉNÉRALE DES PERSONNAGES CITÉS
ET L'INDEX GÉOGRAPHIQUE

PARIS

ALPHONSE PICARD ET FILS, ÉDITEURS

Libraires des Archives nationales et de la Société de l'École des Chartes

82, RUE BONAPARTE, 82

1899

LES GRANDS TRAITÉS

DU RÈGNE DE LOUIS XIV

III

MACON, PROTAT FRÈRES, IMPRIMEURS

COLLECTION DE TEXTES

POUR SERVIR A L'ÉTUDE ET A L'ENSEIGNEMENT DE L'HISTOIRE

LES
GRANDS TRAITÉS
DU RÈGNE DE LOUIS XIV

PUBLIÉS PAR

HENRI VAST

Docteur ès lettres

III

LA SUCCESSION D'ESPAGNE
TRAITÉS D'UTRECHT, DE RASTADT ET DE BADE
(1713-1714)

AVEC LA TABLE GÉNÉRALE DES PERSONNAGES CITÉS
ET L'INDEX GÉOGRAPHIQUE

SCIENTIAE
ET PATRIAE

PARIS

ALPHONSE PICARD ET FILS, ÉDITEURS

Libraires des Archives nationales et de la Société de l'École des Chartes

82, RUE BONAPARTE, 82

1899

LES GRANDS TRAITÉS

DU RÈGNE DE LOUIS XIV

LA SUCCESSION D'ESPAGNE

TRAITÉS D'UTRECHT, DE RASTADT ET DE BADE

I

NOTICE

SUR LES NÉGOCIATIONS QUI ONT AMENÉ LA PAIX D'UTRECHT

Le partage de la succession d'Espagne a été le résultat d'une longue guerre accompagnée de laborieuses négociations. Louis XIV, en concluant la paix de Ryswick, avait montré une modération inaccoutumée. Il savait que les forces du roi d'Espagne déclinaient rapidement [1]. Il ne voulait pas que la mort de ce souverain le surprît en pleine lutte contre une coalition européenne. Les prétendants à la couronne d'Espagne pouvaient être choisis dans trois maisons : 1° la maison de Bourbon, puisque Louis XIII et Louis XIV avaient épousé l'un, Anne d'Autriche, fille aînée de Philippe III ; et l'autre, Marie-Thérèse, fille aînée de Philippe IV ; 2° la maison de Habsbourg, puisque les sœurs cadettes de ces deux princesses avaient épousé l'une, Marie-Anne, l'empereur Ferdinand III ; l'autre, Marguerite-Thérèse, l'empereur Léopold, fils du précédent ; 3° la maison de Wittelspach, Marie-Antoinette,

---

1. V. un mémoire sur l'état présent de la santé du roi d'Espagne, 9 avril 1696, dans France, t. 435, f° 23.

fille unique de Léopold et de Marguerite-Thérèse, ayant épousé Maximilien-Emmanuel, électeur de Bavière. Des renonciations avaient été imposées aux deux infantes mariées dans la maison de France ; mais ce n'était pas comme « sang de France » que leurs descendants étaient exclus à jamais de la couronne d'Espagne ; c'était comme héritiers directs et afin qu'en aucun cas les deux couronnes d'Espagne et de France ne pussent être réunies sur une même tête [1]. D'ailleurs les renonciations de Marie-Thérèse avaient été subordonnées au payement d'une dot de 500.000 écus d'or que l'Espagne ne fut pas en mesure de compter. Dès lors les droits du dauphin ou de l'un quelconque de ses trois fils étaient regardés comme intacts par la maison de France. La maison de Habsbourg, par le traité de partage de 1668, avait reconnu implicitement ces droits. Mais Léopold escomptant la haine de l'Europe coalisée contre Louis XIV, prétendait maintenant lui contester tout droit quelconque à l'héritage. Il avait lui-même imposé des renonciations privées, non reconnues par la couronne d'Espagne, à sa fille Marie-Antoinette lors de son mariage avec l'électeur de Bavière. Il soutenait, en conséquence, que la monarchie d'Espagne tout entière devait revenir à l'un de ses deux fils, comme héritiers de Marie-Anne, fille de Philippe III, qui n'avait signé aucun abandon de ses droits ; et il la réservait au plus jeune, l'archiduc Charles, afin de maintenir en fait la séparation des deux couronnes d'Autriche et d'Espagne, bien que réunies dans la même maison.

Il semblait naturel à cette époque qu'un prince disposât de son royaume comme d'un patrimoine privé, et le transmît par mariage ou par testament. C'était le droit public des monarchies. Mais une tradition s'était introduite dans la diplomatie qui consistait à faire reposer l'équilibre européen sur une juste égalité de forces et d'influence entre la France et l'Autriche. De plus, des intérêts nouveaux étaient nés de l'accroissement de la richesse mobilière et de la possession des colonies. Les puissances maritimes, Angleterre et Hollande, arrivées à la richesse, réclamaient des garanties pour leur commerce dans tous les congrès appelés à régler les grandes affaires européennes. C'était une raison de plus de leur part pour empêcher le cumul entre les

---

1. Des renonciations à la couronne d'Espagne furent imposées au duc d'Orléans (19 nov. 1712), comme descendant d'Anne d'Autriche, parce qu'il prétendait garder ses droits éventuels à la succession de France. (V. Giraud, *Traité d'Utrecht*, p. 20.)

mêmes mains de la monarchie espagnole soit avec la royauté de
France, soit avec les États autrichiens. Aussi Guillaume III
était-il porté à favoriser les prétentions du prince électoral de
Bavière, Ferdinand-Joseph à la succession d'Espagne.

Après Ryswick, toute entente avec l'empereur était impossible.
Louis XIV chercha à se rapprocher de l'Angleterre et de la
Hollande et à faire attribuer à son fils une partie de l'héritage,
puisqu'il ne pouvait concevoir raisonnablement l'espoir d'obtenir
le tout. Louis XIV prépara les voies à la négociation dans plusieurs conférences avec le ministre anglais Portland, dans le
courant de mars et d'avril 1698[1]. Tallard fut chargé de négocier
directement à Londres le partage proposé afin d'éviter les pertes
de temps. Sa campagne diplomatique à Londres dura du 29 mars
au 30 juillet 1698. Beaucoup d'alternatives furent discutées;
Guillaume refusait de rien conclure sans l'assentiment d'Heinsius
et lui faisait connaître jour par jour les questions introduites dans
chaque conférence. Les difficultés s'accumulaient, car l'empereur
ne voulait rien céder et les deux puissances maritimes tenaient à
obtenir leur part sous forme de stations maritimes dans la
Méditerranée et aux colonies. Ce furent, en somme, des pourparlers préliminaires, où l'on toucha à la plupart des questions
qui devaient être soulevées par la suite, sans en résoudre aucune[2].

La négociation ne pouvait aboutir qu'en Hollande. Depuis le
traité de Ryswick, les Hollandais avaient dispersé 22 bataillons
de leurs troupes dans les différentes places des Pays-Bas espagnols destinées à constituer leur *barrière* et principalement dans
Luxembourg, Mons, Ath et Courtrai. Les troupes bavaroises s'y
mêlaient aux soldats espagnols et hollandais. Depuis 1694, l'électeur de Bavière, Maximilien Emmanuel était installé à Bruxelles
comme gouverneur des Pays-Bas espagnols. Ce prince, sans
rompre encore avec l'Autriche, prodiguait les avances au roi
afin de vendre son alliance au plus offrant. Le comte de Monasterol
fut envoyé à Versailles en son nom pour féliciter Louis XIV au
sujet du mariage du duc de Bourgogne avec Adélaïde de Savoie[3].

---

1. Angleterre, t. 174, f⁰ˢ 56-64, 77-81 ; 93-102.
2. V. Angleterre, t. 175 et 176, passim. — P. Grimblot, *Letters of William III
and Louis XIV*, Londres 1844, 2 vol. in-8. — M. Legrelle (t. II, ch. 5) donne
de nombreux extraits de la correspondance entre le roi, Torcy et Tallard. On
peut avoir toute confiance dans la scrupuleuse exactitude des citations de
M. Legrelle.
3. V. Bavière, t. 42.

Les Hollandais ne voulaient à aucun prix laisser la France étendre son influence en Belgique. Aussi Guillaume et Tallard vinrent négocier avec Heinsius dans la célèbre résidence du roi d'Angleterre à Loo. Le roi aurait voulu voir attribuer au dauphin le Luxembourg, on lui offrit à la place d'abord le Milanais, puis les Deux-Siciles[1]. C'est Tallard qui fut chargé de toute la négociation. Le ministre français à La Haye, Bonrepaus, y resta étranger. Elle dura deux mois (10 août-11 octobre 1698). Dès le 8 septembre, le partage était arrêté : mais il fallait faire admettre en tiers les Hollandais dans le traité; Louis XIV et le dauphin durent signer une renonciation en règle à toutes les parties de la monarchie espagnole qui n'étaient pas attribuées à la France. Ainsi s'explique la multitude des conférences et la prolongation des pourparlers.

Le traité de partage de La Haye, du 11 octobre 1698, comprend quinze articles, plus deux articles secrets et un article séparé. Les contractants, après avoir invoqué leur désir d'éviter à l'Europe une nouvelle guerre au moment de la mort du roi d'Espagne, dont la fin semble proche, déclarent s'être entendus afin d'attribuer à chacun des héritiers la part de succession qui lui reviendrait. Le traité porte[2] :

ART. 4. — « ..... que mondit seigneur le Dauphin ait pour son partage, en toute propriété, possession plénière et extinction de toutes ses prétentions sur la succession d'Espagne, pour en jouir, lui, ses héritiers et successeurs, nés et à naître, à perpétuité, sans pouvoir être jamais troublé, sous quelque prétexte que ce soit, de droits ou de prétentions, directement ou indirectement, même par cession, appel, révolte ou autre voye, de la part de l'empereur, du roi des Romains, de l'archiduc Charles, son second fils, de ses autres enfants, mâles ou femelles, et descendants, ses héritiers et successeurs, nés et à naître, ni aussi de la part de l'électeur de Bavière, au nom du prince électoral de Bavière, son fils aîné, ni dudit prince électoral, leurs enfants, héritiers et successeurs, nés et à naître, les royaumes de Naples et de Sicile, les places dépendantes présentement de la

---

1. V. Hollande, t. 175, et Angleterre, t. 176 et 177.
2. L'exemplaire original de ce traité remplit 14 folios de petit format. Il est signé de Tallard pour la France ; de Portland et Williamson pour l'Angleterre, et des huit délégués hollandais : F. Verbolt, F. B. de Rheede, A. Heinsius, Johann Becker, J. Van der Does, W. van Haren, A. Lemker, J. de Drews. Les deux articles secrets ne sont pas signés des Hollandais qui ont, au contraire, ajouté leur signature à l'article séparé.

monarchie d'Espagne situées sur la côte de Toscane, ou îles adjacentes, comprises sous le nom de Sancto-Stephano, Porto-Hercole, Orbitello, Telamone, Portolongon, Piombin, en la manière que les Espagnols les tiennent présentement, la ville et le marquisat de Final, en la manière pareillement que les Espagnols les tiennent, la province de Guipuscoa, nommément les villes de Fontarabie et Saint-Sébastien, situées dans cette province, et spécialement le port du Passage, qui y est compris, avec cette restriction seulement que, s'il y a quelques lieux dépendants de ladite province qui se trouvent situés au-delà des Pyrénées, ou autres montagnes de Navarre, d'Alava ou de Biscaye, du côté de l'Espagne, ils resteront à l'Espagne; et, s'il y a quelques lieux pareillement dépendants des provinces soumises à l'Espagne qui soient en-deçà des Pyrénées, ou autres montagnes de Navarre, d'Alava ou de Biscaye, du côté de la province de Guipusco, ils resteront à la France; et les trajets desdites montagnes et lesdites montagnes qui se trouveront entre ladite province de Guipuscoa, Navarre, Alava et Biscaye, à qui qu'elles appartiennent, seront partagés entre la France et l'Espagne, en sorte qu'il restera autant desdites montagnes et trajets à la France, de son côté, qu'il en restera à l'Espagne, du sien; le tout avec les fortifications, munitions de guerre, poudres, boulets, canons, galères, chiourmes, qui se trouveront appartenir au roi d'Espagne, lors de son décès sans enfants, et être attachés aux royaumes, places, îles et provinces qui doivent composer le partage de Mgr le Dauphin; bien entendu que les galères, chiourmes et autres effets appartenants au roi d'Espagne par (sic) le royaume d'Espagne et autres États qui tombent dans le partage du prince électoral de Bavière lui resteront, celles qui appartiennent aux royaumes de Naples et de Sicile devant revenir à Mgr le Dauphin, ainsi qu'il a été dit ci-dessus; moyennant lesquels royaumes, îles, provinces et places, ledit roi très chrétien, tant en son propre nom qu'en celui de Mgr le Dauphin, ses enfants mâles ou femelles, héritiers et successeurs, nés et à naître, comme aussi mondit seigneur le Dauphin pour soi-même, ses enfants mâles ou femelles, héritiers et successeurs, nés et à naître (lequel a aussi donné son plein pouvoir pour cet effet au sieur comte de Tallard) promettent et s'engagent de renoncer, lors de ladite succession d'Espagne, comme en ce cas ils renoncent dès à présent par celle-ci, à tous ses droits et prétentions sur ladite couronne d'Espagne et sur les autres royaumes, îles, États, pays et places qui en dépendent présentement, et que de tout cela ils feront depêcher des actes solennels dans la plus forte et la meilleure forme qu'il se pourra, qui seront délivrés au temps de la ratification de ce traité.

ART. 5. — Ladite couronne d'Espagne et les autres royaumes, îles, États, pays et places, qui en dépendent présentement, seront donnés et assignés (à l'exception de ce qui a été dénoncé dans l'article précédent, qui doit composer le partage de Mgr le Dauphin) au prince, fils aîné de l'électeur de Bavière, en toute propriété et possession plénière, en partage et extinction de toutes ses prétentions sur ladite succession d'Espagne, pour en jouir, lui, ses héritiers et successeurs, nés et à naître, à perpétuité, sans pouvoir être jamais troublé sous quelque prétexte que ce soit de droits ou de prétentions, directement ou indirectement, même par cession, appel, révolte, ou autre voie, de la part du roi très-chrétien, de mondit seigneur le Dauphin, ou ses enfants mâles et femelles, ses descendants, héritiers et successeurs nés et à naître, ni de la part de l'empereur, du roi des Romains, de l'archiduc Charles, son second fils, de ses autres enfants, mâles et femelles, et descendants, ses héritiers et successeurs, nés et à naître; moyennant laquelle couronne d'Espagne et les autres royaumes, îles, États, pays et places qui en dépendent, l'électeur de Bavière, tant en qualité de père et de légitime tuteur et administrateur du prince électoral, son fils aîné, qu'au nom dudit prince électoral et qu'en celui de leurs enfants, héritiers et successeurs, nés et à naître, comme aussi ledit prince électoral de Bavière, dès qu'il sera majeur, pour soi-même, ses enfants, héritiers et successeurs, nés et à naître, se tiendront satisfaits que ledit prince électoral ait pour son partage la cession faite ci-dessus dans ce même article; et ledit électeur de la Bavière, tant en qualité de père et de légitime tuteur et administrateur du prince électoral, son fils aîné, qu'au nom dudit prince et qu'en celui de ses enfants, héritiers et successeurs, nés et à naître, renoncera, lors du décès de Sa Majesté catholique, et ledit prince électoral, dès qu'il sera majeur, à tous droits et prétentions sur la portion assignée à Mgr le Dauphin et sur celle qui doit être assignée à l'archiduc Charles dans l'article suivant, et que de tout cela ils feront depêcher des actes solennels dans la plus forte et la meilleure forme qui se pourra, à sçavoir l'électeur de Bavière dans la qualité ci-dessus dite, lors du décès de Sa Majesté catholique sans enfants, et ledit prince électoral, dès qu'il sera majeur.

ART. 6. — On exceptera toutefois encore desdites cessions et assignations le duché de Milan, que les deux seigneurs rois et les seigneurs États-Généraux sont convenus devoir être donné à l'archiduc Charles d'Autriche, second fils du sérénissime et très puissant prince Léopold, élu empereur des Romains, en partage et extinction de toutes les prétentions et droits que ledit empereur, le roi des Romains, l'archiduc Charles, son second fils, tous ses autres enfants, mâles ou femelles, et descendants, ses successeurs et héritiers, nés et à naître, pourraient avoir sur ladite succession d'Espagne, lequel archiduc aura en toute propriété et possession plénière ledit duché de Milan, pour lui, ses héritiers et successeurs, nés et à naître, pour aussi en jouir à perpétuité, sans pouvoir être jamais troublé, sous quelque prétexte que ce soit de droits ou de prétentions, directement ou indirectement, de la part du roi très chrétien, de mondit seigneur le Dauphin, ou des princes ses enfants et descendants, ses héritiers et successeurs, nés et à naître, ni aussi de la part de l'électeur de Bavière, au nom du prince électoral, son fils aîné, ni dudit prince électoral, leurs enfants, descendants, héritiers et successeurs, nés et à naître.

ART. 7. — Moyennant lequel duché de Milan, l'empereur aussi, tant en son propre nom qu'en celui du roi des Romains, de l'archiduc Charles, son second fils, ses enfants mâles ou femelles, leurs enfants, héritiers et successeurs, nés et à naître, comme aussi le roi des Romains et l'archiduc Charles, dès qu'il sera majeur, pour lui-même, leurs enfants, héritiers et successeurs, nés et à naître, se tiendront satisfaits que l'archiduc Charles ait en extinction de toutes leurs prétentions sur la succession d'Espagne la cession faite ci-dessus dudit duché de Milan, et ledit empereur, tant en son propre nom qu'en celui du roi des Romains, de l'archiduc Charles, son second fils, ses enfants, mâles ou femelles, et les leurs, leurs héritiers et successeurs, comme aussi ledit roi des Romains, en son propre nom, renonceront, lors du décès de Sa Majesté catholique, et l'archiduc Charles, dès qu'il sera majeur, à tous autres droits et prétentions sur ladite couronne d'Espagne et sur les autres royaumes, îles, États, pays et places qui en dépendent, qui composent les partages et les portions assignés ci-dessus à Mgr le Dauphin et au prince électoral de Bavière, et que, de tout cela, ils feront dépêcher des actes solennels dans la plus forte et la meilleure forme qu'il se pourra, sçavoir l'empereur et le roi

des Romains, lors du décès de Sa Majesté catholique sans
enfants, et l'archiduc Charles, dès qu'il sera majeur.

Art. 8. — Le présent traité sera communiqué à l'empereur et
à l'électeur de Bavière par le roi de la Grande-Bretagne et les
seigneurs États-Généraux aussitôt après la signature et l'échange
des ratifications, et Sa Majesté impériale, le roi des Romains et
ledit électeur seront invités de l'approuver, lors du décès du roi
d'Espagne sans enfants, et l'archiduc Charles, ainsi que le prince
électoral de Bavière, dès qu'ils seront majeurs.

Art. 9. — Que si l'empereur, le roi des Romains ou l'électeur
de Bavière refusent d'y entrer, les deux seigneurs rois et les
seigneurs États-Généraux empêcheront le prince, fils ou frère
de celui qui refusera, d'entrer en possession de ce qui lui sera
assigné, et sa portion demeurera comme en séquestre entre les
mains des vice-rois, gouverneurs et autres régents qui y gouver-
neront de la part du roi d'Espagne, lesquels ne pourront s'en
désaisir que du consentement des deux seigneurs rois et des
seigneurs États-Généraux, jusqu'à ce qu'il aura agréé ledit partage et cette convention, et, en cas que, nonobstant cela, il voulût
prendre possession de sa portion, ou de celle qui sera assignée
aux autres, lesdits deux seigneurs rois et lesdits seigneurs États-
Généraux, comme aussi ceux qui se contenteront de leur partage
en vertu de cette convention, l'empêcheront de toute leur force.

Art. 10. — Le roi d'Espagne venant à mourir sans enfants, et
ainsi le susdit cas arrivant, les deux seigneurs rois et les seigneurs États-Généraux s'obligent de laisser toute la succession
dans l'état comme alors elle se trouvera, sans s'en saisir en tout
ou en partie, directement ou indirectement, mais chaque prince
pourra d'abord se mettre en possession de ce qui lui est assigné
pour son partage, dès qu'il aura satisfait de sa part aux articles
cinq, six, sept et neuf précédants celui-ci, et, s'il y trouve de la
difficulté, les deux seigneurs rois et les seigneurs États-Généraux
feront tous leurs devoirs possibles afin que chaqu'un soit mis en
possession de sa portion, selon cette convention, et qu'elle puisse
avoir son entier effet, s'engageant à donner, par terre et par mer, les
secours et assistances d'hommes et de vaisseaux nécessaires pour
contraindre par la force ceux qui s'opposeront à ladite exécution.

Art. 11. — Si lesdits deux seigneurs rois et les seigneurs
États-Généraux, ou quelqu'un d'eux, sont attaqués de qui que
ce soit à cause de cette convention ou de l'exécution qu'on en
fera, on s'assistera mutuellement l'un l'autre avec toutes ses

forces et on se rendra garant de la ponctuelle exécution de ladite convention et des renonciations faites en conséquence.

. . . .

ART. 14. — Que si quelque prince que ce soit s'oppose à la prise de possession des partages convenus, lesdits seigneurs rois et les seigneurs États-Généraux seront obligés de s'entr'ayder l'un l'autre contre cette opposition et de l'empêcher avec toutes leurs forces, et l'on conviendra d'abord après la signature du présent traité de la proportion que chacun doit contribuer tant par terre que par mer. »

Ce traité est suivi de deux articles secrets, l'un attribuant le sequestre du duché de Milan à son gouverneur actuel le prince de Vaudemont dans le cas prévu par l'art. 9 du traité, l'autre stipulant que si le prince électoral Ferdinand Joseph venait à mourir sans enfants, son père l'électeur Maximilien Emmanuel lui serait substitué dans tous ses royaumes et États.

Ce traité de partage fut bientôt connu à Madrid par les révélations de Quiros, ministre espagnol à la Haye, et par les confidences du marquis d'Harcourt[1]. Il y excita une vive indignation. Les patriotes espagnols ne pouvaient admettre l'idée d'un partage éventuel de la monarchie. Le comte de Monterey et le cardinal Porto Carrero décidèrent le roi à désigner le prince électoral comme héritier unique de tous les États de sa couronne. D'Harcourt reçut du cardinal l'assurance que ce testament existait[2]. Mais le texte de ce testament qui n'a jamais été officiellement annoncé par le roi, n'a pas été retrouvé jusqu'ici. Louis XIV en apprit l'existence sans se troubler, mais il chargea le marquis d'Harcourt de protester contre cet acte spoliateur au nom des droits du dauphin. Les grands d'Espagne semblaient peu d'accord. Tandis que l'amiral de Castille, Melgar et les comtes d'Oropesa et d'Aguilar redoutaient l'ambition de Louis XIV, le cardinal Porto Carrero semblait vouloir se rapprocher du roi[3].

Les renseignements envoyés de Vienne par Villars confirmaient le roi dans la pensée de ne pas chercher à renouveler avec l'Autriche sur des bases nouvelles le traité de partage de 1668. Louis XIV resta donc fidèle à l'alliance anglo-hollandaise[4].

----

1. Espagne, t. 80, f° 323 et suiv.
2. D'Harcourt au roi, 20 novembre 1698. Espagne, t. 80.
3. Espagne, t. 82, passim, janvier 1699.
4. Angleterre, t. 179; correspondance avec Tallard, même date. Vienne, t. 71; correspond. avec Villars. Sorel, Instruct. Autriche, p. 125 et suiv. —

La mort inattendue du prince électoral de Bavière vint remettre tout en question [1]. Louis XIV proposa à ses nouveaux alliés un second traité de partage où la part du dauphin serait accrue du Milanais avec possibilité d'échanger ce duché contre la Lorraine, et Naples avec la Sicile, contre le Piémont, la Savoie et Nice. L'archiduc Charles devait obtenir tout le reste de la monarchie; d'autres alternatives étaient proposées afin de faciliter la négociation [2]. Le second article secret, annexé au traité de la Haye, stipulait que le duc de Bavière serait substitué à son fils si celui-ci mourait sans enfants. Mais cet article ne pouvait s'appliquer que si la mort avait eu lieu après que le jeune prince aurait été mis en possession du trône d'Espagne. Guillaume III et Heinsius écartèrent donc l'idée d'appeler au trône l'électeur de Bavière, le roi de Portugal ou le duc de Savoie, qui étaient peu puissants, il

---

On peut se demander si Louis XIV était bien sincère en négociant le traité de partage. Dans l'instruction rédigée pour Villars, le 16 juin 1698, on fait ressortir la jalousie croissante de l'empereur à l'égard de Louis XIV et l'impossibilité de négocier avec lui un nouveau partage : « La proposition d'un traité de partage ne pourroit que produire de mauvais effets pour le service du roi dans les conjonctures présentes; 1° elle changeroit l'inclination que les Espagnols témoignent présentement pour un des princes de France, cette nation ne craignant rien davantage que de voir démembrer la monarchie après la mort du roi d'Espagne; 2° cette conduite donneroit lieu de croire ou que Sa Majesté doute de la validité des droits de Monseigneur ou qu'elle ne veut pas employer ses forces pour le soutenir » (Sorel, p. 135). Ainsi, au moment même où il négociait le traité de partage avec les puissances maritimes, Louis XIV ne considérait cet expédient que comme un pis aller et il était bien décidé à saisir toute occasion de faire passer sur la tête d'un des princes de son sang la couronne d'Espagne avec toutes ses dépendances.

1. Le prince Ferdinand-Joseph, amené à Madrid, dès le mois de mai 1698, était d'une santé maladive qui fit craindre plusieurs fois sa mort. Il mourut le 6 février 1699, à l'âge de dix ans et trois mois : la maladie qui l'emporta présentait tous les symptômes de la petite vérole. Cependant des bruits d'empoisonnement coururent. On accusait la cour de Vienne. Saint-Simon (t. II, p. 174) insinue que « le conseil de l'empereur avait ses ressources accoutumées ». Torcy se borne à dire que « plusieurs discours furent tenus sur la cause véritable de cette mort ». Mais Léopold se montra très sincèrement affligé de la mort de son petit-fils. Maximilien Emmanuel ne publia qu'en 1704 les raisons qu'il avait de douter de la mort naturelle de son fils. Mais, engagé aussi avant qu'il l'était alors dans l'alliance française, Maximilien Emmanuel ne songeait qu'à jeter le discrédit sur l'empereur. Nous admettons avec M. Legrelle que rien ne justifie la légende de l'empoisonnement (Succession d'Espagne, t. II, chap. XI).

2. « Il reste à faire la division de manière que l'augmentation du partage de mon fils serve plutôt d'assurance aux États voisins et à toute l'Europe contre les desseins de l'empereur, qu'elle ne donne de l'ombrage aux autres puissances. Ainsi de tout d'États que la mort du prince électoral de Bavière laisse à partager nouvellement, le seul que vous proposerez d'ajouter à ce qui doit revenir à mon fils sera le duché de Milan. » (Le roi à Tallard, 13 février 1699; dans Angleterre, t. 179.) Cette lettre est citée par M. Reynald, t. I, 241 et par M. Legrelle, t. III, p. 14.

est vrai, mais dont les droits à la couronne espagnole ne pouvaient être sérieusement appuyés. A la suite d'une longue conversation entre Tallard et Guillaume III (15 avril 1699), l'entente fut assurée avec l'Angleterre. Le traité du 11 juin 1699, signé à Londres, augmenta la part du dauphin du Milanais et du marquisat de Final[1]. Cependant les Hollandais refusèrent de s'associer à ce second traité. Ils étaient toujours inquiets de voir la Belgique passer entre les mains d'un prince trop puissant. Peut-être aussi étaient-ils bien aises de laisser prendre aux différentes parties en cause des engagements précis, en gardant eux-mêmes les mains libres pour arranger les choses, le moment venu, au mieux de leurs intérêts et pouvoir profiter des circonstances favorables que leur fournirait le hasard. Des conférences commencèrent entre le ministre français Bonrepaus et le grand pensionnaire Heinsius. Bientôt le comte de Goes qui représentait l'Autriche à la Haye et le comte Auersperg qui était désigné pour la représenter à Londres furent admis en tiers à ces entrevues. L'empereur ne voulait pas envisager l'idée d'un partage : il tenait surtout au Milanais, fief impérial inaliénable. Comme extrême concession, Kaunitz proposa de donner au duc de Bavière les Pays-Bas; au duc de Lorraine la Sardaigne avec le titre de roi. Le dauphin ajouterait la Lorraine à Naples et à la Sicile; la part de l'archiduc se composerait de la Bavière, du Milanais et de tout le reste de la monarchie espagnole. On comprend que, dans ces conditions l'empereur consentît au partage. Les deux souverains unis se contentèrent d'assigner le terme du 25 septembre 1699 comme dernier délai à l'empereur pour accepter le traité du 11 juin. Les plénipotentiaires autrichiens refusèrent de déférer à cette sommation. Dès lors, il ne s'agissait plus que d'obtenir l'adhésion de la Hollande. Les Hollandais cherchèrent à assurer la Belgique à perpétuité à la maison de Bavière. Ils opposaient des lenteurs interminables et soulevaient d'incessantes difficultés. Malgré leur mauvaise volonté, le traité définitif fut signé à Londres le 3 mars 1700 et le comte de Briord chargé de remplacer Bonrepaus à La Haye arracha enfin aux Hollandais leur adhésion écrite (25 mars 1700)[2].

---

1. Angleterre, t. 180, f° 187 et t. 181, f° 182.
2. Voir le détail de toute cette négociation : dans Hollande, t. 175-188; Angleterre, t. 182-185; Vienne, t. 71-72. Le traité de Londres du 25 mars 1700 existe en original franco-hollandais aux archives des Affaires étrangères, en un cahier de 11 folios attachés par une ganse d'or. Il comprend 16 articles, un article séparé et un article secret.

Ce traité présente de grandes analogies avec le traité de la Haye du 11 octobre 1698. Le préambule est le même, sauf les noms des plénipotentiaires hollandais. Les trois premiers articles sont conçus en termes identiques, sauf qu'on a supprimé tout ce qui concernait le prince électoral de Bavière. L'article 4 est le plus important : tout ce qui concerne l'annexion future de Naples, de la Sicile, des présides de Toscane, du marquisat de Final et du Guipuscoa est copié textuellement. La clause suivante est ajoutée : « De plus, les États de M. le duc de Lorraine, à scavoir les duchez de Loraine et de Barr (sic), ainsi que le duc Charles quatrième du nom les possédait et tels qu'ils ont été rendus par le traité de Ryswick, seront cédés et transportés à Monseigneur le Dauphin, ses enfants, héritiers et successeurs, mâles ou femelles, nés et à naître en toute propriété et possession plénière à la place du duché de Milan, qui sera cédé et transporté en échange audit duc de Lorraine ses enfants mâles ou femelles, héritiers descendants, successeurs, nés et à naître en toute propriété et possession plénière (lequel ne refusera pas un parti si avantageux). Bien entendu que le comté de Bistch appartient à M. le prince de Vaudemont, lequel rentrera dans la possession des terres dont il a joüi ci-devant, qui lui ont été ou dues être rendües en exécution du traité de Ryswick. » La fin de l'article stipule les mêmes renonciations du roi, du dauphin et de leurs descendants sur tous les autres domaines de la couronne d'Espagne.

Art. 5. — « Toutes les villes, places et ports situés dans les royaumes et provinces qui doivent composer le partage dudit Seigneur Dauphin seront conservés sans être démolis ».

Art. 6. — Tous les autres États de la monarchie espagnole sont transmis à l'archiduc Charles, dans les mêmes termes employés lors du précédent traité pour la transmission au prince électoral de Bavière ; l'empereur et l'archiduc ainsi que leurs descendants renoncent à perpétuité aux États détachés pour former la part du dauphin.

Les articles 7, 8, et 9 doivent être transcrits textuellement :

Art. 7. — « Immédiatement après l'échange des ratifications de ce présent traité, il sera communiqué à l'empereur, lequel sera invité d'y entrer ; mais si, trois mois après, à compter du jour de ladite communication et de ladite invitation, ou le jour que Sa Majesté Catholique viendrait à mourir, si c'était avant ledit terme de trois mois, S. M. Impériale et le roi des Romains refusaient d'y entrer et de convenir du partage assigné au sérénissime archiduc, les deux seigneurs rois, ou leurs successeurs, et les seigneurs États-Généraux conviendront d'un prince auquel ledit partage sera donné; et, en cas que, nonobstant la présente convention, ledit sérénissime archiduc voulût prendre possession, ou de la portion qui lui sera échue avant qu'il eût accepté le présent traité, ou de celle qui serait assignée à Monseigneur le Dauphin, ou à celui qui aura le duché de Milan par échange, comme il est dit ci-dessus, lesdits deux seigneurs rois et les seigneurs États-Généraux, en vertu de cette convention, l'empêcheront de toutes leurs forces.

Art. 8. — Le sérénissime archiduc ne pourra passer en Espagne, ni dans le duché de Milan, du vivant de Sa Majesté Catholique, que d'un commun consentement, et point autrement.

Art. 9. — Si le sérénissime archiduc vient à mourir sans enfans, soit avant ou après la mort du roi Catholique, le partage qui lui est assigné ci-dessus, par l'article six de ce traité, passera à tel enfant de l'empereur, mâle ou femelle, hors le roi des Romains, ou tel enfant, mâle ou femelle, du roi des Romains. que Sa Majesté Impériale trouvera bon de désigner; et, en cas que Sadite Majesté Impériale vînt à décéder sans avoir fait la susdite désignation, elle pourra être faite par le roi des Romains, mais le tout, à condition que ledit partage ne pourra jamais être réuni, ni demeurer en la personne de celui qui sera empereur ou roi des Romains, ou qui sera devenu l'un ou l'autre, soit par succession, testament, contract de mariage, donation, échange, cession, appel, révolte, ou autre voye; et, de même, ledit partage du sérénissime archiduc ne pourra jamais revenir ni demeurer en la personne d'un prince qui sera roi de France ou dauphin, ou qui sera devenu l'un ou l'autre, soit par succession, testament, contract de mariage, donation, échange, cession, appel, révolte, ou autre voye. »

Les articles 10 à 14 sont identiques dans les deux traités. L'art. 15, qui est nouveau, stipule que le présent traité ainsi que tous les actes de renonciations seront enregistrés au parlement de Paris dès que l'empereur y aura donné son adhésion; et réciproquement l'empereur devra soumettre à son conseil d'État le traité avec les actes solennels qu'il implique.

Dans la négociation de ce traité, Guillaume III se montra beaucoup plus modéré qu'Heinsius. Louis XIV, dès le lendemain de la signature, reconnut lui-même la bonne foi du roi d'Angleterre : « Vous lui direz de ma part que j'ai regardé son alliance comme la seule que je puisse faire utilement pour le maintien du repos de l'Europe; qu'il a pu voir, pendant le cours des deux négociations dont vous avez été chargé, le fondement solide que j'ai toujours fait sur sa parole et sur les liaisons que je prendrais avec lui; que je suis persuadé que les suites feront encore mieux connaître que cette union pouvait seule maintenir la tranquillité générale [1].

L'adhésion de l'empereur apparaissait aux contractants comme la sanction nécessaire du second traité de partage. Villars, qui était depuis plusieurs mois oisif à Vienne, fut chargé de lui faire connaître le traité de Londres et de lui assigner un délai de trois mois pour y souscrire (15 mai 1700). Les ministres autrichiens le déclarèrent inacceptable et cherchèrent à négocier directement à Madrid, pour obtenir un testament en faveur de l'archiduc; et à Versailles, pour lui faire attribuer au moins le Milanais. Sinzendorf proposa même à Torcy de conclure entre Vienne et Versailles un traité secret plus avantageux pour le dauphin. Louis XIV craignit que ses avances n'eussent pour effet de le brouiller avec les puissances maritimes ses alliées. Il demanda à la cour de Vienne l'acceptation pure et simple du traité du 25 mars. Il ajoutait cependant : « Si l'empereur demandait quelque changement juste et raisonnable, je pourrais, en y consentant de concert avec mes alliés, lui ouvrir une voye plus facile de souscrire aux conditions dont on est convenu [2]. » L'empereur répondit par un refus absolu. Il attendait tout de l'avenir. En vain effrayait-on le comte de Harrach des bonnes dispositions qui commençaient à se manifester en Espagne en faveur d'un prince français : « Quand même cette première apparence de désespoir des Espagnols pourrait leur faire prendre une résolution aussi contraire à leurs intérêts, Sa Maj. Impériale ne devrait en avoir aucune inquiétude, par ce que si le Roi n'accepte pas leurs offres, elles sont inutiles, et si le Roi les accepte dans le même temps l'Angleterre et la Hollande se tourneront de notre côté [3]. » Léopold s'était fait un allié

---

1. Louis XIV à Tallard, 26 mars 1700. « Guillaume voulait sincèrement la paix et n'avait rien ménagé pour hâter la conclusion du traité » (Hermile Reynald, t. II, p. 121).

2. Le roi à Villars, 27 juin 1700. Vienne, t. 74, f° 211. — Obrecht écrit de Francfort, à son retour de Wurtzbourg, que l'évêque de cette ville, ayant eu par lui communication du second traité de partage, il ne peut croire que l'empereur refuse de l'accepter, attendu qu'il ne pourrait obtenir mieux par les armes (10 juillet 1700). (V. Dépôt de la Guerre, n° 2506, pièce 17.)

3. Villars au roi, 28 juillet 1700. Vienne, t. 74, f° 306.

fidèle du chef de la maison de Hanovre à qui il avait conféré le titre d'électeur : il comptait sur l'alliance encore plus précieuse de l'électeur de Brandebourg qui réclamait le titre de roi. Les cours de Copenhague, de Moscou, de Turin, de Florence étaient bien disposées en faveur de l'Autriche : Léopold se voyait déjà le chef d'une sorte de grande alliance contre Louis XIV. Il avait confiance dans la fortune de l'Autriche. Le 25 août 1700, Villars informa le roi que l'empereur refusait d'accepter le traité de partage. Le délai de trois mois était expiré [1].

En même temps qu'à l'Autriche le traité de partage avait été notifié à la plupart des souverains de l'Europe. Le duc de Lorraine Léopold s'était sincèrement rapproché de la France à la suite du traité de Ryswick. Il avait épousé (oct. 1698) la nièce de Louis XIV, Élisabeth Charlotte d'Orléans. Caillières, envoyé à Nancy, négocia avec Léopold pour obtenir de lui l'échange de la Lorraine contre le Milanais. Un projet de traité fut adressé de Versailles à Nancy ; l'art. 3 stipulait que le duc recevrait le Milanais en échange de la Lorraine qui serait transmise au dauphin. Le duc Léopold signa ce traité le 16 juin 1700. Il adhérait au traité de partage [2].

Le roi de Portugal, à la suite de nombreuses conférences avec Rouillé, promit de s'associer au traité de partage, mais à la condition que Badajoz et Alcantara lui seraient cédés (18 août 1700). Louis XIV fit ses réserves à propos de ces exigences du roi Dom Pedro [3].

Le duc de Savoie se montra opposé au partage ; il ne s'y trouvait pas suffisamment avantagé. Il affirmait que sa tête était de force à supporter une couronne royale : il voulait agrandir ses États du Milanais et il était furieux de le voir attribué au duc de Lorraine, alors que lui-même était traité en prince sans conséquence. En vain Phélypeaux chercha à l'entraîner dans le parti français. Louis XIV ne voulait pas abandonner le Milanais à Victor-

---

1. Voir toute cette négociation dans la correspondance politique de Vienne, t. 73-75.

2. Voir Lorraine, t. 46-51. Dans sa lettre au roi du 16 juin 1700 le duc Léopold formule cependant trois prières qui sont autant de réserves ; il demande : 1° à garder la neutralité si la guerre devait éclater à propos du traité de partage ; 2° à être mis en possession du Milanais tout entier, sans aucune diminution par suite de concession territoriale ou de démolition de places ; 3° à rentrer dans les duchés de Lorraine et de Bar en cas de dépossession du Milanais (t. 51, f° 43).

3. Voir Portugal, t. 34 et 35. Correspondance du roi avec Rouillé.

Amédée; il lui offrit Naples et la Sicile contre la Savoie, Nice et le Piémont. Mais s'il n'avait pas le Milanais, Victor-Amédée se résignerait « à manger du pain bis avec l'empereur plutôt que du pain blanc avec la France ». Louis XIV fit alors proposer au roi d'Angleterre par Tallard d'examiner si l'on ne pourrait pas convenir avec le duc de Lorraine qu'il aurait Naples à la place de Milan, qui serait donné au duc de Savoie; le dauphin conserverait la Sicile, les ports de la Toscane, le marquisat de Final et obtiendrait le duché de Savoie, le comté de Nice et la vallée de Barcelonnette en compensation du Milanais. On pourrait même abandonner la Sicile en échange du duché de Luxembourg et du comté de Chiny. Le traité de partage ainsi modifié eût été extrêmement favorable à la France [1]. La question n'était pas résolue lors de la mort du roi d'Espagne Charles II : Victor-Amédée restait libre de tout engagement, mais nettement hostile au traité de partage.

Le roi de Danemark sembla d'abord disposé à l'accepter comme allié de Louis XIV. Mais il se montra fort irrité de l'appui prêté par la flotte anglaise à Charles XII lors de sa descente sous les murs de Copenhague; par hostilité contre l'Angleterre, il remit indéfiniment son acceptation [2].

Au contraire, Charles XII, d'abord en froid avec Louis XIV, furieux d'avoir été arrêté trop vite par les puissances maritimes dans sa campagne contre le Danemark, offrit à la cour de France non pas seulement une garantie du traité de partage, mais une alliance intime contre l'empereur. Mais cette proposition d'alliance arriva trop tard après la mort du roi d'Espagne [3].

En Pologne, Auguste II avait été élu en compétition avec le candidat français le prince de Conti. Louis XIV envoya le colonel du Héron, de Wolfenbuttel, où il était accrédité, à Varsovie, en mission spéciale, pour obtenir la garantie du traité de partage; Torcy négocia de son côté avec Jordan, représentant d'Auguste II en France, un traité d'alliance contre l'Autriche. Mais le roi de Pologne était peu sincère; occupé surtout de la lutte contre

---

1. Le roi à Tallard, 12 sept. et 19 oct. 1700, dans Angleterre, t. 188, f° 46 et f° 171. — Voir toute la négociation avec le duc de Savoie dans la correspondance politique de Turin, t. 106.

2. Correspondance du roi avec Chamilly. Danemark, t. 63 et 64.

3. Correspondance du roi avec le comte de Guiscard. Suède, t. 89. — Geffroy. *Instructions de Guiscard* (1699) *et du marquis de Bonnac* (1701), p. 189-214.

Charles XII, il cherchait à mettre aux enchères à Versailles et à Vienne la promesse de son concours et se préparait à conclure l'alliance qui lui semblerait le plus profitable. Après avoir amusé longtemps la France par la préparation d'actes qu'il refusait ensuite de ratifier, il s'engagea complètement dans l'alliance autrichienne par le traité du 16 janvier 1702 [1].

L'électeur de Brandebourg reçut, le 17 juin 1700, du comte des Alleurs, la notification du traité de partage. Mais il savait que l'empereur était résolu à faire la guerre plutôt que de l'accepter; que l'appoint des troupes brandebourgeoises serait payé à Vienne de la concession de cette couronne royale qu'il souhaitait depuis si longtemps. Frédéric III temporisa donc jusqu'au moment où il reçut de Vienne des promesses définitives. Le 21 oct. 1700, il adressa son refus de reconnaître le traité de partage à l'envoyé français [2].

Dans le reste de l'Allemagne Louis XIV trouva quelques bonnes dispositions à cause de l'irritation qu'avait causée l'érection du neuvième électorat en faveur de la maison de Hanovre. Mais la plupart des princes réclamaient des subsides trop élevés pour entrer dans l'alliance française : ils promirent d'observer la neutralité jusqu'au jour où ils marchèrent avec l'empereur par haine contre la France [3].

Le roi s'adressa sans succès aux Cantons suisses pour obtenir la garantie pure et simple du traité de partage. Venise répondit à la communication que fit le ministre français, de la Haye, le 1er juillet 1700, par une note assez obscure qui était l'équivalent d'une déclaration de neutralité (31 juillet 1700). Louis XIV songeait à constituer une ligue antiautrichienne de tous les États du Nord de l'Italie. La tournée du marquis d'Audiffret auprès des ducs de Mantoue, de Parme et de Modène ne réussit à entraîner dans l'alliance française aucun de ces petits souverains. Le marquis de Louciennes ne réussit pas mieux à Gênes à obtenir l'adhésion de la république au traité de partage; ni du Pré, à Florence; ni le prince de Monaco, à Rome. Tous ces souverains

---

1. Correspondance du roi avec du Héron, Pologne, t. 101 à 104. — *Recueil des Instructions*, Pologne p. Farges, t. I, p. 246-263.

2. Correspondance du roi avec des Alleurs, Brandebourg, t. 40 et 41. — A. Waddington, *L'acquisition de la couronne royale de Prusse*, p. 119.

3. Correspondance du roi avec Bonrepaus (Hollande, t. 176), — avec Bonnac (Wolfenbuttel, t. 40), — avec Frischmann (Munster, t. 23), — avec Iberville, (Mayence, t. 33), — avec Obrecht (Palatinat, t. 23), — avec Gergy (Wurtemberg), t. 12.

étaient inquiets de voir un Bourbon prendre pied à Milan et à
Naples, ou au moins à Naples en admettant que l'échange de la
Lorraine fût réalisé. Ils voulaient sauvegarder leur indépendance
en invoquant au besoin l'appui de l'empereur; ils parlèrent tous
en termes pompeux de leur bon vouloir pour le roi. Mais ce bon
vouloir resta absolument platonique. En somme, pour obtenir
l'adhésion des différents souverains des États secondaires au
traité de partage, il eût dû commencer par aider chacun d'eux à
satisfaire ses intérêts particuliers. La Turquie ne fut pas con-
sultée [1].

L'Espagne était la première intéressée dans la question du
traité de partage. C'étaient les destinées mêmes de la monarchie
espagnole qui s'y trouvaient fixées. Cependant c'est seulement à
la date du 18 mars 1700, près de deux mois après la signature,
que Torcy en fit la communication officielle au marquis Casteldosrios [2], ambassadeur espagnol à Versailles. Déjà la cour
d'Espagne s'était montrée très froissée du rapprochement de
Louis XIV avec les puissances protestantes. Déjà d'Harcourt
s'était retiré avec éclat d'une capitale où il se sentait inutile,
laissant pour gérer l'ambassade un simple chargé d'affaires,
Blécourt (29 août 1700. Charles II, poussé par sa femme, Marie
de Neubourg [3], sœur de l'impératrice, se rapprocha plus étroite-
ment de l'Autriche et sembla disposé à désigner l'archiduc
Charles comme l'héritier unique de tous ses États. Le bruit
courut même qu'un testament en faveur de ce prince avait été
rédigé par le roi. Mais les Autrichiens n'étaient pas aimés en
Espagne; les Espagnols tenaient à maintenir l'intégrité de leur
monarchie; ils avaient la conviction qu'un prince français,

---

1. Correspondance du roi avec Puysieulx (Suisse, t. 121 et 123), — avec
Forval (Grisons, t. 12 et 13), — avec de la Haye (Venise, t. 129), — avec
d'Audiffret (Mantoue, t. 29, et Modène, t. 5), — avec Louciennes (Gènes, t. 31-
32), — avec du Pré (Florence, t. 30 et 31), — avec Monaco et Forbin Janson
(Rome, t. 399, 408, 409).

2. Le marquis de Casteldosrios, gentilhomme catalan d'assez petite maison, fut successivement vice-roi de Majorque (1681-1688), ambassadeur en
Portugal (1690-1698); créé marquis le 6 avril 1696, il fut désigné le 20 févr.
1698 pour l'ambassade de France, mais ne put y partir, faute de l'argent
nécessaire, que dix-huit mois plus tard. Il eut sa première audience secrète
à Versailles le 27 oct. 1699. Il reçut de Philippe V, qu'il avait salué, le
premier parmi les Espagnols, du nom de roi, la grandesse à titre héréditaire
(1701), puis la vice-royauté du Pérou, où il mourut en 1710.

3. Marie-Anne de Bavière Neubourg (1667-1740) épousa Charles II le
28 août 1689 : elle était sœur de l'impératrice Éléonore-Madeleine et de la
reine de Portugal Marie-Sophie.

appuyé de toutes les forces du grand roi, y arriverait plus sûrement qu'un prince autrichien, fils de l'empereur, qui, uni à toute l'Europe, n'avait pas pu entamer la France. En juin 1700, le conseil d'État d'Espagne, réuni extraordinairement, se prononça à l'unanimité, sauf le comte d'Aguilar, en faveur d'un prince français. Innocent XII, consulté, en référa aux cardinaux qui recommandèrent d'appeler un Bourbon au trône d'Espagne. Le clergé, le peuple espagnol n'admettaient pas d'autre solution. Les jurisconsultes reconnurent dans une consultation solennelle le bien fondé des droits de la maison de France. L'opinion se répandait que le traité secret abandonnait aux Anglais et aux Hollandais, à des protestants, quelques parties des Indes et peut-être même toutes les colonies du nouveau monde. En vain Charles II voulait rester sourd aux manifestations de jour en jour plus éclatantes en faveur de la France. Il dut céder à la pression extérieure. Le 2 oct. 1700, il signa un dernier testament en faveur du duc d'Anjou et le remit cacheté au notaire royal, Ubilla, en présence de sept témoins. Quelques semaines plus tard il mourait (1er nov. 1700) [1].

Voici, d'après un mémoire de Ledran [2], le résumé des principales clauses de ce testament : « L'art. 13 portait que reconnaissant par plusieurs consultes des ministres d'État et de justice que la raison sur laquelle étaient fondées les renonciations faites par Mme Anne, sa tante, et par Mme Marie-Thérèse, sa sœur, toutes deux reines de France, aux États d'Espagne, avait été d'éviter leur réunion à la couronne de France; que ce motif fondamental venant à cesser, le droit de la succession subsistait en la personne du plus proche parent, conformément aux lois de ces royaumes et que cela se rencontrait alors dans le deuxième fils du dauphin; se conformant à ces lois, il déclarait pour son successeur, au cas qu'il mourût sans laisser d'enfants, le duc d'Anjou, deuxième fils du dauphin, et comme tel l'appelait à la succession de tous ses royaumes et seigneuries sans exception,

---

1. *Recueil des Instructions*, Espagne, par Morel-Fatio, t. I, p. 449-481. — Correspondance du roi avec d'Harcourt et Blécourt (Espagne, t. 83 et 84). — Le testament du roi Charles II est en espagnol. Il fut déposé à Simancas par ordre du roi Philippe V le 30 janvier 1704. De Simancas il a été apporté en France : il est conservé aux Archives nationales (carton K. 1684, n° 12); on en trouve une copie très peu différente de l'original au t. 85 de la correspondance politique, Espagne, f° 219 à 265.

2. *Mémoires et documents*. Espagne, t. 49, f° 185 et suiv.

qu'il ordonnait à tous ses sujets et vassaux qu'en cas que Dieu le retirât sans enfants légitimes, ils reconnussent le duc d'Anjou pour leur roi et seig^r légitime et qu'on lui donnât sans aucun délai la possession actuelle de ces Royaumes et États après qu'il aurait prêté le serment qu'il devait faire d'en observer les lois, les privilèges et les coutumes.

Que comme c'était fort son intention et qu'il convenait à la paix de la chrétienté et de toute l'Europe et à la tranquillité de ces royaumes que cette monarchie demeurât toujours séparée de la couronne de France, il déclarait que si le duc d'Anjou venait à mourir, ou, qu'héritant de la couronne de France, il la préférât à la couronne d'Espagne, son intention était en ce cas que cette succession passât de la même manière au duc de Berry, son frère, troisième fils du dauphin.

Qu'au cas que le duc de Berry vînt aussi à mourir ou à succéder à la couronne de France, il appelait à cette succession l'archiduc, 2e fils de l'empereur son oncle; excluant par la même raison et à cause des inconvénients contraires au bien de ses vassaux, le fils aîné de l'empereur.

Qu'au cas que l'archiduc vînt à mourir, il déclarait et appelait à sa succession le duc de Savoie et ses enfants.

Que c'était sa volonté que cette disposition s'exécutât par tous ses vassaux comme il leur ordonnait et qu'il convenait à leur repos, sans qu'ils permissent le moindre démembrement ou diminution de la monarchie qui avait été fondée avec tant de gloire par ses ancêtres.

L'art. 14 portait de plus, qu'ainsi en cas qu'il mourût, le duc d'Anjou lui succéderait en tous ses royaumes et États tant à ceux qui appartenaient à la couronne de Castille qu'à ceux qui dépendaient de celles d'Aragon et de Navarre et qu'il possédait, tant dedans que dehors l'Espagne.

Et nommément, à l'égard de la couronne de Castille, à ceux de Léon, de Tolède, de Galice, de Séville, de Grenade, de Cordoue, de Murcie, de Jaën, des Algarves, d'Algésire, de Gibraltar, des Isles Canaries, des Indes, des Isles de la terre ferme de la mer Oceane, de celle du Nord et de celle du Sud, des Philippines, de toutes les autres Isles et Terres découvertes et qui se découvriraient à l'avenir et tout le reste qui appartenait de quelque manière que ce fût à la couronne de Castille.

Et à l'égard de la couronne d'Aragon, à ses royaumes et Etats d'Aragon, de Valence, de Catalogne, de Naples et de Sicile, de

Majorque, de Minorque et de Sardaigne, et à tous les autres seigneuries et droits appartenants à cette couronne.

Comme aussi au royaume de Navarre et aux autres États dépendants de cette couronne.

A son État de Milan, à ses duchés de Brabant, de Limbourg,
de Luxembourg, de Gueldres, à la Flandre et à toutes les autres
provinces, États, domaines et seigneuries, qui lui appartenaient
ou pouvaient lui appartenir dans les Pays-Bas et aux droits et
aux actions qui lui étaient échus pour y avoir succédé.

Qu'aussitôt que Dieu l'aurait retiré de cette vie, le duc d'Anjou s'appelât et fût comme il serait en effet, Roi de tous ces
royaumes et États, nonobstant toutes renonciations et actes faits
au contraire, comme dépourvus de raison et de fondement; que
tous les Prélats, Ducs, Marquis, Comtes et autres seigneurs, les
officiers de justice et des villes et autres lieux, les Vice Rois et
gouverneurs des Provinces et des places, les commandeurs des
armées et de ses troupes, tous ses officiers de paix et de guerre,
et tous ses autres Vassaux et sujets de tous ses royaumes et États,
en vertu de la fidélité qu'ils lui devaient et du serment et hommage qu'ils lui avaient prêté, eussent aussitôt après sa mort sans
enfans à reconnaître et recevoir le duc d'Anjou pour leur roi et
seigneur naturel, propriétaire de ces Royaumes, États et seigneuries; qu'ils levassent pour lui les étendards et fissent les actes et
solennités qu'on avait coutume à faire en pareil cas, selon l'usage
de chaque royaume et de chaque province; qu'ils luy rendissent
et fissent rendre toute la fidélité et obéissance à laquelle des vassaux et sujets sont obligés envers leur Roi et Seigneur naturel;
et que tous les gouverneurs des places, des châteaux et des maisons plates rendissent hommage à ce duc, suivant la coutume de
chaque royaume et de chaque province, lui promettant de les
venir et garder pour son service tant qu'il lui plairait et ensuite
de les remettre à qui leur ordonnerait, soit de bouche, ou par
écrit.

Qu'ils accomplissent toutes ces choses et chacune d'elles sous
les peines infamantes qu'encourent les rebelles et ceux qui en
désobéissant à leur Roi et seigneur naturel violent la fidélité qu'ils
lui doivent.

L'art. 53° portait de plus que, se conformant aux lois de ses
royaumes, qui défendaient l'aliénation des biens de la couronne et
de ses seigneuries, il ordonnait et chargeait son successeur et
successeurs que durant le temps de leur gouvernement ils n'alié-

nassent aucune chose desdits royaumes, Etats et seigneuries, ni
qu'ils les divisassent et partageassent même entre leurs propres
enfants ni en faveur d'aucune autre personne ; et qu'il voulait que
tous lesdits royaumes et tout ce qui leur appartenait ou pourrait
leur appartenir ensemble et à chacun en particulier et tous autres
Etats qui pourraient appartenir par succession à ses héritiers
après lui se conservassent ensemble et fussent toujours joints
comme des biens indivisibles et impartiables de cette couronne
et de ces autres royaumes Etats et Seigneuries, ainsi qu'ils étaient
actuellement ; et que, si par grandes et pressantes nécessités ils
voulaient aliéner quelques sujets, ils le feraient avec le conseil et
au gré des personnes intéressées et conformément à la loi du roi
Jean II établie du mutuel consentement des Etats tenus à Valladolid en 1442 et confirmée par les roi et reine catholiques Ferdinand et Isabelle, par l'empereur Charles-Quint en l'assemblée
de Valladolid de l'année 1523 et par les testaments de tous les
rois ses successeurs laquelle loi le présent testament confirmait
pareillement pour être observée et accomplie. »

On sait la surprise qu'excita en France la nouvelle du testament de Charles II [1]. On connaît le célèbre conseil tenu à Fontainebleau le 9 novembre 1700 : le dauphin et Torcy se pronon-
cèrent nettement pour l'acceptation du testament ; le duc de Beau-
villiers supplia le roi de s'en tenir au traité de partage ; le chancelier Pontchartrain résuma les deux opinions contraires sans
conclure. L'intérêt évident de la France consistait à exécuter le
traité de partage, qui, avec les échanges proposés, pouvait assurer
la réunion de Nice, de la Savoie, de la Lorraine ; cette politique
était conforme aux traditions séculaires de nos rois, et réalisait
les vœux de Henri IV et de Richelieu. La modération inattendue
de Louis XIV lui eût valu l'appui ou tout au moins la neutralité
des puissances protestantes qui devaient surtout redouter que le
roi de France réclamât un supplément à la part qu'elles lui
avaient assignée. Tallard voulait s'en tenir à l'exécution de ce
traité et il avait raison. Dire, comme l'affirma Torcy, qu'en refu-
sant le testament de Charles II, on devait nécessairement recon-
stituer l'empire de Charles-Quint, c'était une assertion qui ne
pouvait trouver de crédit que dans les esprits prévenus. Au lieu
de s'ingénier à chercher des raisons de rendre caduc le traité de

---

1. Il avait peut-être été pressenti avant la mort du roi par Blécourt grâce
aux confidences de quelques ministres espagnols.

partage, il fallait se servir du testament pour forcer l'empereur
à y adhérer [1]. Sans doute cette adhésion semblait difficile à arracher. L'Autriche paraissait irréductible; mais il était facile de
l'isoler; et seule que pouvait-elle contre la France? D'ailleurs la
part laissée aux Habsbourg était encore assez belle pour qu'ils
ne risquassent pas de tout perdre en cherchant à tout gagner.

Au contraire, accepter le testament, c'était réaliser le vœu d'un
roi mourant, c'était répondre à l'appel du peuple espagnol; c'était
écouter la voix de Dieu dont les desseins impénétrables avaient
voulu que toutes les couronnes de la monarchie espagnole fussent
accumulées sur la tête d'un Bourbon; c'était surtout élever la
maison de Bourbon au-dessus de toutes les dynasties régnantes
en Europe; c'était faire un pas décisif dans la voie de cette
suprématie universelle dont le rêve hanta Louis XIV comme autrefois Charles-Quint et Philippe II. L'une des deux solutions impli-
quait un accroissement définitif du territoire de la France, l'autre
ne visait qu'à la gloire de la famille royale; l'une était essentiel-
lement nationale; l'autre était seulement monarchique [2].

Les perplexités de Louis XIV durèrent pendant deux jours.
Elles sont tout à son honneur. Il sentait l'importante responsabi-
lité qui pesait sur lui. Mais après avoir travaillé toute sa vie à
défendre les droits de sa maison au trône d'Espagne, il ne pouvait pas le refuser au moment où il lui était offert. C'eût été
répudier la politique de tout son règne. L'aïeul ne crut pas devoir
priver son petit-fils de la couronne que sa naissance lui assurait
de droit, que les Espagnols lui offraient avec enthousiasme. Il
se dit pour rassurer sa conscience que l'union de la France et de
l'Espagne rendrait les deux nations sœurs invincibles. Le
16 nov., Philippe V fut présenté à la cour comme le roi d'Espagne. On prétend que l'ambassadeur Casteldosrios, s'agenouil-
lant devant lui, lui aurait dit : « Quelle joie! il n'y a plus de Pyrénées; elles sont abîmées et nous ne sommes plus qu'un ». C'est
le mot qu'on a attribué à Louis XIV en le simplifiant [3]. L'acceptation du testament fut bien vue en France. Philippe V fut
acclamé en Espagne et reconnu sans difficulté à Bruxelles, à

1. V. à ce propos M. G. Monod dans la *Revue historique*, t. XXIII, p. 127.
2. *Espagne. Mémoires et documents*, t. 49, f° 202. Mémoires de Torcy, t. I,
p. 156 et suiv. — Dangeau, t. VII, p. 413. — St.-Simon, ed. de Boislisle
t. VII, p. 203 et suiv. Ce dernier a altéré la scène du conseil en attribuant à
Torcy une hésitation qu'il n'a pas eue entre les deux solutions.
3. Dangeau, t. VII, p. 417.

Naples, à Milan, Torcy envoya aux différentes cours des communications analogues, qui prirent les allures d'un mémoire circulaire. Le thème commun, c'est que le roi n'avait accepté le testament que comme le moyen le plus sûr de maintenir la paix. L'empereur et plusieurs autres princes ayant refusé d'adhérer au traité de partage, il aurait fallu faire la guerre pour le leur imposer; les sujets du roi d'Espagne n'auraient pas accepté sans lutte de passer sous la domination d'un maître qui n'aurait pas été leur souverain légitime. Enfin la paix était d'autant mieux assurée que jamais les deux couronnes ne pourraient être réunies sur la même tête. Philippe V quitta Versailles le 4 décembre, franchit la Bidassoa le 22 janvier 1701 et n'arriva à Madrid que le 22 février, après un voyage très lent où la majesté royale parut dans toute sa pompe aux yeux des populations.

Il était douteux que l'Europe acceptât sans opposition l'immense accroissement de puissance que donnait à la maison de France l'avènement d'un Bourbon au trône d'Espagne. Au moins Louis XIV aurait-il dû prendre à tâche de rassurer les souverains européens. Des mesures d'une exceptionnelle gravité vinrent au contraire raviver leurs inquiétudes. Le 1er décembre 1700, des lettres patentes, qui furent enregistrées deux mois plus tard au parlement de Paris, reconnurent au duc d'Anjou et à ses descendants leurs droits à la couronne de France, dans l'ordre naturel de succession, c'est-à-dire entre les descendants du duc de Bourgogne et ceux du duc de Berry. C'était une violation directe d'une des clauses les plus importantes du testament. Le 20 décembre 1700, les États Généraux réclamèrent l'exécution pure et simple du traité de partage. Guillaume III était tout disposé à s'associer à cette démarche. Le roi lui renvoya Tallard avec une lettre autographe pour expliquer les justes raisons de l'acceptation du testament [1]. Le 2 février 1701 d'Avaux fut chargé

---

1. Angleterre. Mémoires et documents, t. 17. Négociations de Tallard en Angleterre (décembre 1700-avril 1701). — Archives nationales K, 1307 : protestation faite à Marly, le 25 novembre 1700 par Heemskerke sur l'ordre des États Généraux contre l'acceptation du testament en faveur du duc d'Anjou. Il rappelle le traité de partage qui lie tous les contractants; l'on ne peut même invoquer pour y renoncer le défaut d'adhésion de l'empereur, puisque le délai fixé par les coalisés pour obtenir son adhésion n'est pas encore écoulé. — A la Haye, le comte de Briord surpris par la nouvelle de la mort de Charles II et de l'existence de son dernier testament manqua de discrétion et de flair : « Quelques personnes, s'étant trouvées chez M. le comte de Briord, dirent devant ce ministre que bien des gens croyaient que S. M. très chrétienne s'en tiendrait au testament, sur quoy il répliqua que

de faire connaître aux États Généraux que le roi avait décidé de faire sortir les garnisons hollandaises des places de la *barrière* et de les remplacer par des troupes françaises. Cet acte mécontentait à la fois les Hollandais, qui redoutaient le voisinage immédiat du roi de France, et les Espagnols, qui prétendaient se gouverner eux-mêmes, en dehors de toute ingérence française.

Les puissances maritimes se crurent dupées par Louis XIV; elles s'imaginèrent, ce qui n'était pas, que le roi avait endormi leurs défiances en négociant ouvertement le traité de partage, tandis qu'il préparait sous main le testament. Elles reconnurent tout d'abord Philippe V, dans l'intérêt de leur commerce [1]; elles avaient sommé l'empereur d'accepter dans les deux mois le traité de partage. Mais les Hollandais irrités de l'expulsion de leurs garnisons des places de la *barrière* provoquèrent l'ouverture des conférences de la Haye (22 mars 1701), où d'Avaux et Stanhope se rencontrèrent avec sept députés hollandais. Déjà l'on réclama des satisfactions pour l'empereur, la retraite des troupes françaises du territoire belge, l'extension de la *barrière*, où l'on comprendrait Luxembourg, Namur, Charleroy, Mons qui seraient remis à la garde en commun « des hautes puissances contractantes »; enfin la séparation absolue et éternelle des deux couronnes, et la défense pour le roi d'Espagne de céder au roi de France aucune partie de ses États. Les Anglais de leur côté voulaient avoir le droit de tenir garnison à Nieuport et à Ostende [2]. Le 3 mars, les communes votèrent l'armement de vingt-cinq vaisseaux.

---

ces gens là se trompaient et que le Roi n'iroit jamais contre le traité de partage. » (Extrait d'une lettre du 21 novembre 1700. Même carton K, 1307). Quelques jours plus tard, Briord fut forcé de justifier les raisons exposées par le roi pour l'acceptation du testament. Une lettre du 6 décembre 1700, adressée de Ratisbonne au secrétaire d'État de la guerre, peint la stupeur de la cour impériale en apprenant le testament de Philippe V et l'acceptation de Louis XIV. L'empereur envoie une ambassade à Londres pour pousser le roi d'Angleterre à s'en tenir ferme au traité de partage « d'autant que la France s'était engagée d'observer ce traité nonobstant tout autre disposition du testament du roi catholique ». (Dépôt de la guerre, carton n° 2508, pièce 36). — Ce document prouve que la cour de Vienne trouvait que le traité de partage avait du bon; qu'il n'eût pas fallu de bien longues négociations pour l'y rallier; et que, si l'empereur n'a pas accepté de le signer, c'est que l'acceptation du testament par Louis XIV a subitement changé la face des choses.

1. V. une lettre du 22 février 1701 (Arch. nation. K, 1307). C'est sur un ton très humble que les États Généraux reconnaissent Philippe V comme roi.

2. Correspondance du roi avec d'Avaux, mars 1701 (Hollande, t. 193). Les esprits se montaient aussi de plus en plus en Angleterre. Des centaines de réfugiés français répandus dans les cafés propageaient le bruit que les

Cet *impertinent* mémoire, selon le mot de notre représentant en Hollande, mit le feu aux poudres. Louis XIV n'ayant rien fait pour éviter la guerre se montra de plus en plus hostile à toute concession. Il savait d'ailleurs par Tallard que les Anglais méditaient plusieurs coups de main sur les Canaries, sur Gibraltar et sur Minorque ; que les Hollandais avaient dressé des cartes des Pays-Bas, où ils avaient teinté en vert les parties de la Belgique qu'ils voulaient s'annexer. Il offrit seulement de maintenir le traité de Ryswick sans offrir aucune garantie, ni pour la séparation perpétuelle des deux couronnes, ni pour le maintien de la Belgique entre les mains de l'Espagne. Bien au contraire, Louis XIV signifia au ministre espagnol Porto Carrero que le marquis de Bedmar, gouverneur des Pays-Bas espagnols, n'aurait plus de comptes à rendre qu'au gouvernement de Versailles et que le conseil des Flandres ne pourrait plus rien changer aux dispositions qu'il croirait devoir prendre. Il obtint que son petit-fils le consultât sur le choix des principaux dignitaires de la couronne d'Espagne et il en désigna lui-même quelques-uns. « Louis XIV gouvernait le royaume de son petit-fils en même temps que le sien » (M. Baudrillart)[1]. Tallard fut rappelé de Londres, le 7 avril 1701 et d'Avaux, de la Haye, le 5 août. Celui-ci remit en prenant congé un mémoire hautain, où Louis XIV déclarait ne pas permettre aux Hollandais « de s'ériger en arbitres entre la maison de France et celle d'Autriche ; ni de décider que Philippe IV avait eu le droit et le pouvoir de changer à sa fantaisie toutes les constitutions de ses royaumes, d'en exclure à jamais ses véri-

---

troupes hollandaises des villes la de *barrière* avaient été arrêtées. Le comte de Melfort signalait un prétendu complot contre Guillaume III et le gouvernement anglais avec descente projetée du prétendant en Angleterre. Guillaume III n'était pas étranger à la propagation de ces fausses nouvelles. Il voulait pousser son parlement à la guerre pour empêcher l'union des deux monarchies. Les presbytériens demandaient la guerre. Mais les anglicans se fussent contentés de quelques sûretés pour leur commerce. (Angleterre, Mém. et documents, t. 17, f° 23-30.)

1. Voir la préface et le 1ᵉʳ livre de Baudrillart (A.), *Philippe V et la cour de France 1889*. — Espagne, t. 189. — France, Mémoires et documents, t. 440, f° 53. Les honneurs seront communs et réciproques dans les deux royaumes pour les ducs français et les grands d'Espagne. Le roi fait donner la toison d'or aux ducs de Berry et d'Orléans, voulant les désigner à l'avance comme successeurs éventuels au trône d'Espagne. Le marquis d'Harcourt, qui d'abord n'en avait pas reçu l'autorisation, est invité à assister au *Despacho* (août 1701) (Mémoire de Ledran). Louville, conseiller intime de Philippe V, parle de « pasquinades » qui couraient à ce propos : « à la fin, on voit le roy que le cardinal (Porto Carrero) mène par la lisière et M. le marquis d'Harcourt lui donnant la main. » (Espagne, Mémoires et documents, t. 101, f° 294).

tables héritiers, et que Charles II au contraire n'avait pas eu l'autorité de rappeler ces mêmes héritiers et de rétablir par son testament les lois fondamentales des couronnes d'Espagne [1] ».

L'Autriche refusait de discuter aucune transaction : le mariage de Philippe V avec une archiduchesse, recommandé dans le testament de Charles II, comme devant servir de base à un arrangement entre les deux familles de Bourbon et de Habsbourg, ne fut pas même proposé. Léopold refusa au duc de Molez, envoyé du nouveau roi d'Espagne, l'investiture du Milanais. Il ne voulut pas agréer le sieur de Neuforge, chargé par Philippe V de le représenter à la diète de Ratisbonne pour ses États du cercle de Bourgogne. Le vide se fit autour de Villars; ses cuisiniers français furent rossés à un jeu de boules par la canaille de Vienne, et l'injure resta impunie. Villars fut rappelé le 5 juillet. La guerre devenait inévitable [2].

Une coalition se formait contre Louis XIV. Déjà Frédéric IV, de Danemark, à la suite d'un marchandage peu honorable, avait renouvelé avec les Hollandais les stipulations des traités de 1690 et de 1697, moyennant un subside annuel de 300.000 écus. Chamilly, qui n'avait pu proposer au nom du roi une aussi forte somme, fut rappelé de Copenhague [3]. Charles XII, sollicité des deux côtés, refusa de s'engager, mais presque tout l'empire mar avec l'empereur : l'électeur de Brandebourg, qui, dès le 20 bre 1700, avait reçu la dignité royale, mit ses 8,000 hommes de troupes au service de la coalition, moyennant un sub side annuel de 150.000 florins [4]. L'électeur palatin, le nouvel électeur de Hanovre, tous les princes de la maison de Lunebourg, le landgrave de Hesse-Cassel, conclurent de même des traités de subsides et ouvrirent leurs marchés d'hommes au recrutement des ennemis de Louis XIV.

Enfin le 7 septembre 1701, une triple alliance fut conclue à la Haye entre l'empereur, la Grande-Bretagne et les Provinces-Unies, « pour procurer à l'empereur une satisfaction juste et rai sonnable sur ses prétentions à la succession d'Espagne et une sûreté suffisante pour la Grande-Bretagne et la république des

1. Hollande, t. 195.
2. Vienne, t. 75 et 76. *Recueil des Instructions*, Autriche, p. Sorel, p. 124 et suiv.
3. Danemark, t. 64.
4. Ce traité fut arrêté, sinon signé avant que la mort de Charles II fût connue à Vienne, mais la nouvelle de son affaiblissement rapide influa sans aucun doute sur la décision de l'empereur. (V. A. Waddington, *op. cit.*, p. 140.)

Provinces-Unies et pour leur commerce [1]. » La grande alliance de 1689 était reconstituée contre le roi.

Louis XIV opposa à la coalition européenne une contre ligue étendue, mais ses alliés n'en voulaient qu'à sa bourse, ils étaient toujours prêts à le trahir pour obtenir des avantages plus solides. La crainte seule eût pu les maintenir dans la fidélité; mais la terreur qu'inspirait le grand roi disparut avec ses défaites. L'Espagne s'était donnée de tout cœur à Philippe V : Louis XIV y envoya Orry pour diriger ses finances et Marsin, à la place de d'Harcourt malade, pour inspirer les décisions de sa politique. Plus tard, la *camerera mayor*, la célèbre princesse des Ursins, de la maison de la Trémoille, gouverna la jeune reine et par elle le roi, de concert avec le ministre français Amelot. Sans doute, peu de Français avaient passé les monts. Mais les hautes dignités n'y étaient confiées qu'aux seuls Espagnols dévoués à la cause française; d'ailleurs Louis XIV guidait lui-même son petit-fils, dans une correspondance très étendue, très intime, qui lui fait le plus grand honneur. Il avait pris à tâche de relever et de réformer l'Espagne, et il y réussit en partie. Jusqu'en 1709, les conseils venus de Versailles prévalurent constamment à la cour de Madrid [2]. Le Portugal, qui avait failli signer, le 9 novembre 1700, une alliance en vue de l'exécution du traité de partage s'unit à la cause française par le traité de Lisbonne du 18 juin 1701; dom Pedro reconnut Philippe V, ferma ses ports à ses ennemis, reçut des subsides et l'espérance d'un agrandissement au Brésil, au nord de l'embouchure des Amazones, ainsi que des satisfactions relatives à la traite des noirs [3].

En Italie, le duc de Savoie hésita longtemps : il se rallia cependant à la France, grâce à la promesse du mariage de sa seconde fille avec Philippe V, au payement d'un lourd subside de 150.000 livres par mois, et au titre de généralissime des armées des deux rois en Italie. Mais Victor-Amédée eût préféré le Milanais pour lui à de royales alliances pour ses filles. Bientôt la moindre promesse d'agrandissement le déterminera à trahir [4].

---

1. Mémoire de Ledran, déjà cité. France, t. 440, f° 49. Les solutions qui devaient prévaloir au traité d'Utrecht sont déjà esquissées dans ce préambule.

2. Voir Baudrillart (A.), *op. cit.* L'auteur a analysé 400 lettres de Louis XIV à son petit-fils, dont beaucoup inédites, ont été découvertes par lui aux archives d'Alcala de Hénarez.

3. Correspondance du roi avec Rouillé. Portugal, t. 35.

4. Traité de Turin, du 6 avril 1701. Voir Correspondance du roi avec Phélypeaux. Turin, t. 107 à 109.

Les ducs de Mantoue et de Modène laissèrent occuper leurs États par les troupes françaises, feignant à l'égard de l'Autriche de ne céder qu'à la force. Le pape Clément XI, qui avait approuvé l'acceptation du testament et reconnu Philippe V, refusa cependant de lui donner l'investiture du royaume de Naples, sous prétexte que l'empereur la réclamait aussi et qu'il y avait litige. Cosme III de Médicis et la république de Venise refusèrent de prendre aucun engagement. En somme, l'Italie était hésitante et prête pour toutes les défections.

L'Allemagne fut presque tout entière hostile à Louis XIV. Il pouvait espérer que l'érection du Hanovre en électorat et de la Prusse en royaume, tournerait de son côté un grand nombre de princes allemands jaloux des nouveaux promus. Mais Louis XIV avait trop longtemps humilié les princes allemands. Il n'était plus assez riche pour les acheter. Ils se rendirent en masse à la coalition. C'est au prix du sang allemand, que l'Angleterre et la Hollande soutinrent pendant douze ans la guerre contre la France. Deux princes firent exception, deux frères de la maison de Wittelspach, le duc de Bavière, Maximilien Emmanuel et l'archevêque de Cologne et évêque de Liège, Joseph Clément. Le traité avec l'électeur de Cologne fut signé le 15 février 1701 entre son ministre Karg et Puységur, au nom de Louis XIV, sur la base de l'observation des traités de Westphalie, de Nimègue et de Ryswick. Le roi garantissait à l'électeur l'intégrité de ses États. Joseph Clément promettait en retour d'aider le roi en cas de guerre d'une troupe de 8.000 fantassins et de 2.000 cavaliers pour lesquels le roi lui payerait 30.000 écus par mois [1]. Le traité avec l'électeur de Bavière fut signé à Versailles le 9 mars 1701, entre Torcy et Monasterol, à la suite des négociations du même Puységur. Ce traité d'étroite alliance était conclu pour dix ans. Maximilien Emmanuel s'engageait à soutenir les droits de Philippe V. Il gardait le gouvernement des Pays-Bas espagnols. En cas de guerre, il devait refuser à l'empereur le passage de ses États autant que le pouvaient permettre les constitutions de l'empire : il s'engageait à mettre sur pied 10.000 hommes de troupes, dont la moitié serait à la solde de la France au prix d'un subside

---

1. Archives nationales, K 1305 : 1° les manifestes et protestations de l'électeur de Cologne, de 1701 à 1702; 2° le manifeste de l'électeur de Bavière, contenant les raisons qu'il a eues de prendre les armes contre l'empereur pour les intérêts de la France et de l'Espagne (Bruxelles, 1704).

annuel de 1.400.000 livres. Le roi garantissait à l'électeur l'intégrité de ses États, une juste indemnité pour les dommages subis
et un équivalent si la Bavière était momentanément occupée par
l'ennemi. Enfin, un article secret était ainsi conçu : « Le roi, voulant marquer encore son affection pour la personne et pour la
maison de l'électeur, promet d'en procurer les avantages en
toutes occasions, spécialement d'accorder sa protection à son
Altesse Sérénissime et à ses descendants, lorsqu'il s'agira de
l'élection d'un empereur ou d'un roi des Romains [1]. » L'électeur
de Bavière chercha à entraîner au moins dans la neutralité les
cercles de l'Allemagne occidentale (Souabe, Franconie, Bavière,
Haut-Rhin); ils gardèrent une neutralité ambiguë, plutôt favorable à l'empereur, surtout lorsque Louis de Bade eut pris les
armes pour le soutenir. Antoine-Ulrich, duc de Wolfenbuttel, et
le duc de Saxe-Gotha signèrent aussi des traités de subsides avec
la France, par jalousie contre le nouvel électeur de Hanovre
(avril 1701), mais le roi ne reçut jamais de ces deux princes
aucune aide effective. L'électeur de Saxe, roi de Pologne, se
déroba [2].

Le 16 septembre 1701, Jacques II mourut à Saint-Germain-en-
Laye. Louis XIV, suivant la promesse déjà faite à sa veuve,
durant le cours de la dernière maladie de ce prince, reconnut
comme roi d'Angleterre son fils Jacques III [3]. Malgré tous les

---

1. Correspond. du roi avec Puységur. Cologne, t. 50; Bavière, t. 44.
V. *Recueil des Instructions*, Bavière, p. A. Lebon, p. 103 et suiv. — Une
convention additionnelle du 15 avril 1701, déclara les subsides payables à
l'électeur de Bavière, même pendant la paix.

2. Corresp. du roi avec Bonnac. Wolfenbuttel, t. 41 et 42. — Saxe, t. 18. —
Rec. Inst., Pologne, t. I, p. LVIII et 245, et corresp. du roi avec du Héron,
Pologne, t. 109. — Du Héron, pour se venger de la duplicité d'Auguste II,
proposait de préparer une révolution en Pologne, en excitant les piasts
Polonais à détrôner Auguste II au profit du prince de Conti. Ces conseils
ne furent pas écoutés.

3. V. Archives nationales, K, 1301, une pièce curieuse, sous ce titre :
« Comment le roi de France, Louis XIV reconnut pour roi de la Grande-
Bretagne le prince de Galles, fils de Jacques II, mort à Saint-Germain-en-
Laye, le 13 septembre 1701. » « Le lundi 11 sept. le Roy alla voir le Roy
d'Angleterre qui était fort mal. La Reine demanda à l'entretenir en particulier : « je suis prête, dit-elle, à perdre ce qui me reste au monde de plus cher ;
mais perdroy-je aussi mon Fils et le Fils d'un Roy retournera-t-il dans l'état
d'un simple particulier ? » Le Roy lui dit que cela méritoit quelque réflexion...
qu'il ne le pouvoit reconnoitre sans assembler son conseil et qu'il lui en ren-
droit compte. — En effet, le lendemain le Conseil fut tenu, composé du Roy, de
Mgr., de M. le Chancelier et des ministres. M. le Chancelier et la plupart des
ministres s'opposèrent à la reconnoissance, mais le Roy et Mgr prirent le
parti du prince de Galles, et le Roy dit plusieurs raisons pour démontrer que
cela n'était point contraire au traité de Riswick; que le prince d'Orange étoit

sophismes de Louis XIV, déclarant que le prince d'Orange était roi de fait et le prince de Galles, roi de droit, cette reconnaissance était une violation évidente du traité de Ryswick. Les ministres du roi le lui avaient clairement fait entendre. Cette satisfaction platonique, donnée à un principe contesté par toute une nation, fut une lourde faute politique. Tout le peuple anglais fut irrémissiblement entraîné à la guerre. Guillaume rappela aussitôt lord Manchester de Paris et donna quarante-huit heures à Poussin, laissé par Tallard comme agent français, pour quitter Londres. Un bill d'attainder fut décrété contre le prince de Galles. La mort de Guillaume III, survenue le 19 mars 1702, ne modifia en rien les dispositions du parlement anglais. La reine Anne Stuart déclara qu'elle continuerait la politique de son beau-frère. Les mêmes ministres restèrent au pouvoir.

Déjà les hostilités avaient commencé en Italie avec les troupes impériales. Le 15 mai 1702, la guerre fut solennellement déclarée à la France et à ses alliés par la grande alliance, et la déclaration eut lieu simultanément à Vienne, à la Haye et à Londres [1]. Le

---

roi de fait, mais que le prince de Galles étoit roi de droit, étant Roy dont la couronne est héréditaire. C'est un droit que la nature lui donne et qu'on ne peut jamais lui ôter qu'en lui ôtant la qualité de Fils..... » Ce Jacques II, depuis son exil, était devenu une sorte de saint des anciens âges, uniquement occupé de dévotion. Deux cartons entiers des archives nationales sont remplis par la description des pèlerinages de Jacques II et de sa femme Marie d'Este, par leur correspondance avec Mᵐᵉ Croiset, supérieure du couvent de la Visitation de Chaillot, par des enquêtes sur leurs vertus et le récit des miracles accomplis sur le tombeau de Jacques II. Deux évêques s'en mêlent. Il semble qu'on ait songé à préparer les voies à la canonisation du pieux monarque. (Voir Arch. nation. K 1302 et 1303.)

1. V. aux archives nationales (K 1304) trois pièces intéressantes : 1° une lettre de l'empereur au pape (29 janv. 1701) pour lui demander de donner l'investiture du royaume de Naples à son fils, malgré le testament de Charles II; 2° un manifeste de la maison d'Autriche qui démontre clairement ses droits à la couronne d'Espagne; 3° la déclaration de guerre de S. M. Impériale au roi de France et au duc d'Anjou. Ces deux dernières pièces sont imprimées. On lit dans la dernière : « Mais comme incontinent après le décès de Charles II roi d'Espagne et duc d'Autriche sous prétexte d'un testament que l'on suppose que ce prince aurait fait, mais qui en effet est nul et de nulle valeur et nonobstant tous les contrats de mariage, renonciations, cessions, traités de paix et serments précédents, le roi de France s'est emparé de tous les royaumes et terres de Sadite Majesté (entre lesquelles il y en a aussi qui ont appartenu à notre maison archiducale avant qu'elles fussent venues à la couronne d'Espagne, outre celles qui doivent relever de l'Empire), qu'il y a intrus son petit fils le duc d'Anjou..... et cela d'autant plus que c'est une chose constante que le dit testament, qui sert aujourd'hui de prétexte auxdites hostilités de la France, a été dressé par quelques conseillers espagnols corrompus suivant l'intention du roi de France, et qu'il a été proposé au dit feu roi catholique, lorsque, accablé de faiblesse de corps et de jugement, il n'était plus en état de lire et d'entendre et beaucoup moins de peser et d'examiner comme il fallait l'ample contenu

corps germanique s'associa à cette résolution le 28 sept. Déjà la réponse de Philippe V avait été adressée aux coalisés le 13 juin et celle de Louis XIV le 3 juillet. La diplomatie allait pendant plusieurs années céder aux armes la première place.

Les alliés de Louis XIV étaient peu nombreux et peu puissants, mais ils rendaient des services en éloignant la guerre du territoire français. Jusqu'en 1704, les opérations militaires avaient pour théâtres la haute Italie, la Bavière, les bords du Rhin et les Pays-Bas. Des défections se produisirent qui portèrent les armées ennemies aux confins mêmes de la France et au cœur de l'Espagne. La ligue formée entre plusieurs princes de l'Allemagne du nord contre l'empereur, pour protester contre l'érection du neuvième électorat, où étaient entrés les deux ducs Rodolphe-Auguste et Antoine-Ulrich de Brunswick-Wolfenbuttel ainsi que le duc Frédéric II de Saxe-Gotha avait mis, moyennant subsides, 12.000 hommes à la disposition du roi. Ces princes s'étant laissés surprendre, en mars 1702, par les troupes de Hanovre, furent forcés de renoncer à l'alliance française [1]. Les électeurs de Cologne et de Bavière restèrent fidèles, mais à partir de 1704 ils perdirent leurs États.

Le 16 mai 1703, l'ambassadeur anglais Methuen obtint du roi de Portugal, dom Pedro, la signature du traité de Lisbonne, où Wallenstein pour l'empereur, Schonenberg pour la Hollande apposèrent aussi le cachet de leurs armes. C'était une alliance offensive et défensive du Portugal contre la France et l'Espagne, qui ouvrait les colonies portugaises au commerce anglais et le territoire espagnol aux armées de l'archiduc Charles qu'il reconnaissait comme roi d'Espagne [2]. Notre agent à Lisbonne, Rouillé, abusé par les feintes démonstrations de dom Pedro, ne connut ce traité qu'au mois d'août suivant.

Le duc de Savoie, Victor-Amédée, n'avait cessé d'entretenir avec le représentant de l'empereur, Auersperg, des pourparlers secrets. Comme généralissime des troupes françaises, il paralysait toutes les opérations. Il obtint de la cour d'Autriche la promesse du Montferrat avec Alexandrie. Sans rien conclure encore, Victor-

---

du dit testament..... » Ainsi l'empereur accuse Louis XIV : 1° d'avoir imposé à Charles II affaibli le testament ; 2° de vouloir gouverner personnellement toute la monarchie espagnole.

1. V. *Rec. Inst.* Suède p. Geffroy, Introduction, p. 80.
2. *Corresp. du roi avec Rouillé, Portugal,* t. 36. — France, t. 440, f° 59. — Louville à Chamillart, dépôt de la guerre, t. 1696, p. 10.

Amédée fit demander le Milanais à Louis XIV par la duchesse de Bourgogne sa fille. Louis XIV refusa, mais suspectant la trahison, déjà sur le point d'être consommée, il fit désarmer les troupes du duc (29 sept.). Victor-Amédée se jeta dans les bras de l'Autriche et devint le généralissime de la coalition en Italie [1].

En vertu d'un diplôme signé de l'empereur Léopold, l'archiduc Charles prit le titre de roi d'Espagne et des Indes (12 sept. 1703). Ce pacte solennel réglait la succession en stipulant que l'archiduc Joseph et ses descendants garderaient les domaines autrichiens, l'archiduc Charles et sa postérité les domaines espagnols [2]. L'archiduc Léopold se voyait conduit, par la force des choses, à proclamer la séparation absolue des deux couronnes d'Espagne et d'Autriche. Bientôt l'archiduc Charles débarqua à Lisbonne; la Bavière fut envahie par les troupes de la coalition et perdue après la défaite d'Hochstædt (13 août 1704).

Désormais, le seul moyen de sauvegarder la couronne de Philippe V était de la démembrer. Dès le 30 oct. 1701, le roi avait réclamé à son petit-fils dans une lettre confidentielle la cession des Pays-Bas espagnols, comme compensation des sacrifices faits par la France pour défendre l'Espagne. Louis XIV fit délivrer au duc de Bourgogne le titre de vicaire général de S. M. Catholique aux Pays-Bas, sous prétexte qu'il allait y prendre le commandement suprême des troupes opposées à la coalition [3] (mai 1702). Mais l'électeur de Bavière protesta contre cette intrusion; il obtint, par la convention du 17 juin 1702, une augmentation de subsides, la promesse de la cession des palatinats du Rhin et de Neubourg avec la dignité royale, ou, s'il était dépossédé de la Bavière, la pleine souveraineté des Pays-Bas. La convention du 18 août 1704 confirma la précédente [4]. Dépouillé de la Bavière

---

1. Traité du 25 octobre-8 nov. 1703, préparé à Turin, remanié à Vienne, revêtu des signatures d'Auersperg, de Prié et de Saint-Thomas. Les traités du 4 août 1704 avec l'Angleterre et du 21 janv. 1705 avec les Provinces-Unies confirmèrent au duc de Savoie les annexions promises par l'empereur (Corresp. du roi avec Phélypeaux, Turin, t. 113, et Mémoires et docum., Turin, t. 7).

2. Ce diplôme ajoutait que « les hoirs mâles, tant qu'il y en aurait, excluraient les femelles à perpétuité, et qu'entre les mâles, l'aîné excluroit aussi tous ses autres frères puînés de toute l'hérédité. » En conséquence de ce pacte et pour donner à l'Europe les garanties indispensables, Léopold et l'archiduc Joseph, son fils aîné, renoncèrent à tout droit à la succession espagnole qui fut transférée à Charles III (v. France, t. 440, f° 61-66). — V. aussi Giraud, Le traité d'Utrecht, p. 45.

3. Corresp. du roi avec Marsin. Espagne, t. 98, et dépôt de la guerre, t. 1600.

4. Rec. Instr., Bavière, p. A. Lebon, t. 118.

par la défaite d'Hochstædt, il gouverna les Pays-Bas comme un véritable souverain.

Cette défaite, bientôt suivie des désastres de Ramillies et de Turin, de la perte de Gibraltar, de Barcelone et de Minorque ouvrit la voie à tous les faiseurs de projets de partage. D'obscurs intrigants, du Puy, Mollo, Weyland, le docteur Helvetius, van der Dussen, Hennequin, offrirent leur concours pour entamer avec la Hollande la négociation d'une paix définitive; les alternatives les plus diverses furent discutées, soit à Versailles, soit à la Haye, par d'Alègre (nov. 1705) et par Rouillé pendant toute l'année 1706. Vainement, en 1707, le roi essaya de détacher de la coalition le duc de Savoie et le roi de Prusse, d'entraîner Charles XII contre l'empereur, de séparer la Russie des puissances maritimes, de traiter directement pour un partage avec l'empereur. Le Danemark, le Saint-Siège, les Suisses offrirent successivement leur médiation en vue de la paix. Mais Louis XIV dut repousser ces offres qui étaient trop favorables aux alliés [1]. Il fallut recommencer les pourparlers directs avec les Hollandais. Au mois de février 1707, ils réclamaient la spoliation complète de Philippe V et la cession d'Ypres, Menin, Tournai et Maubeuge pour leur *barrière*. Torcy demandait au moins Naples et la Sicile pour Philippe V et refusait la cession de toute place française.

---

1. V. le détail très complet de toutes ces négociations avec les références à l'appui dans Legrelle, *Succ. Esp.*, t. IV, p. 353-446.— Louis XIV, dans la correspondance qu'il entretenait personnellement avec le roi d'Espagne, ne se cachait plus de ces projets de démembrement. Voici, à ce propos, une des plus belles lettres de cette correspondance vraiment royale entre les deux monarques : « A Versailles, le 28° novembre 1706. Vous avez dû juger de la nécessité de la paix, puisque je songeais à la conclure dans la conjoncture présente. Les négociations ne sont pas heureuses, quand elles ne sont pas secondées par les évènements de la guerre et j'avais au moins autant de répugnance que vous même à consentir à la *division nécessaire des États unis à votre couronne.*.... J'ay longtemps avant vous les sentiments que votre naissance vous inspire et vous leur donnez un nouveau degré de vivacité par la confiance entière que vous me témoignez. Mais je devais à mes peuples et au soin que je suis obligé de prendre de leur conservation les démarches que j'ai faites pour finir bientôt une guerre onéreuse à mon royaume. Mes offres pour conférer de la paix ont esté inutiles et nos ennemis, éblouis de leur succès, se flattent d'en obtenir encore de plus grands à l'avenir. Ils refusent de traiter. Ainsy je suis libre des engagements que j'avais bien voulu prendre et maitre de suivre entièrement ce que ma gloire et vos intérests demandent que je fasse encore pour votre Majté. Je ne suis plus occupé qu'à faire de nouveaux efforts pour obliger nos ennemis à se repentir de leur opiniâtreté..... » Espagne, Mémoires et documents, t. 126, f° 31. M. Baudrillart cite cette même lettre d'après un mss. de Alcala de Hénarès (*op. cit.*, p. 275). Ce tome 126 contient 76 lettres de Louis XIV à Philippe V. Ce sont des copies : les originaux, écrits de la main même du roi, se trouvent aux archives d'Alcala.

Mesnager, envoyé pour négocier sur le terrain économique, offrit en outre de rétablir le tarif de 1664, d'abolir le droit de 50 sols par tonneau et d'étendre les privilèges accordés en Espagne au commerce avec la Hollande. Mais Heinsius restait invisible; c'était « un opéra d'approcher ce ministre ». Les alliés formaient comme un bloc que rien ne pouvait entamer.

La défaite d'Oudenarde et la perte de Lille (23 oct. 1708) forcèrent Louis XIV à accepter des sacrifices plus étendus. Le président Rouillé partit pour la Hollande avec des instructions du 5 mars 1709 : il devait offrir l'abandon de toute la monarchie espagnole par Philippe V, sauf Naples et la Sicile; la cession d'Ypres et de Menin pour la *barrière*. Les Hollandais, en « gens enflés par leurs succès », réclamèrent encore pour eux Lille et Dunkerque; pour le duc de Savoie, Exilles et Fénestrelles; pour l'Empire, Strasbourg; ils déclarèrent en outre que l'Angleterre ne consentirait pas à laisser la Sicile à Philippe V : les conférences, qui eurent lieu successivement à Mœrdjick et à Wœrden près Utrecht, qui furent coupées par plusieurs voyages de Rouillé à Versailles, pour transmettre directement au roi les exigences toujours plus étendues des alliés, et à la Haye, afin de gagner les chefs du vieux parti républicain ami de la paix, se prolongèrent du 17 mars au 22 avril 1709. Louis XIV, dont la constance et la dignité ne se démentirent jamais au milieu de ces cruelles épreuves, écrivit à Rouillé d'admirables instructions : « Je me suis toujours soumis, disait-il, à la volonté divine..... ; » et il indiquait les dures conditions auxquelles il pliait son orgueil pour obtenir ce grand bienfait de la paix, indispensable à ses peuples : cession de Maubeuge, Tournai et Lille; démolition de Dunkerque; rétablissement du traité de Westphalie eu égard à l'Alsace; abandon par Philippe V de toute la monarchie espagnole à l'exception du royaume de Naples. Enfin le fils de Jacques II était résolu « à sortir du royaume après la paix ». Torcy, luttant de grandeur d'âme avec son souverain, sollicita l'honneur d'aller porter lui-même la réponse et le vieux roi ajouta à ces instructions cette phrase de sa main : « J'approuve ce qui est contenu dans cette dépêche, et mon intention est que Torcy l'exécute. » C'était « la France à merci, demandant grâce » (Fréd. Masson).

Les conférences de la Haye durent du 6 au 28 mai 1709. Heinsius ne veut convenir de rien avant l'arrivée du prince Eugène et de Marlborough : les alliés proposent d'abord la Franche-Comté pour le *partage* de Philippe V à la place de

Naples. Louis XIV déclare qu'il abandonne complètement son petit-fils ; il espère au moins sauver Dunkerque et Strasbourg ; mais le prince Eugène refuse d'accepter pour Strasbourg le rétablissement pur et simple du traité de Munster : on réclame pour le duc de Savoie le Fort Barraux, Briançon, Montdauphin et Monaco. Les Hollandais menacent d'élever de nouvelles exigences si ces préliminaires ne sont pas immédiatement acceptés et réclament l'occupation provisoire jusqu'à la paix de trois places en France et de trois places en Espagne, comme gage de la bonne foi de Louis XIV. Le 27 mai, Heinsius rédige les célèbres préliminaires de la Haye en quarante articles qui contiennent le détail de ces humiliantes propositions. En échange, la France devait obtenir seulement une suspension d'armes de deux mois pendant laquelle elle devrait obliger Philippe V à sortir d'Espagne. Si, à la fin des deux mois, une seule des conditions n'était pas remplie la guerre recommencerait. Le 2 juin, Rouillé reçut l'ordre de quitter la Haye. Avant son départ il révoqua solennellement et déclara nulles toutes les offres de paix faites par le roi, et Louis XIV écrivit sa belle lettre aux gouverneurs de province pour faire connaître à toute la France les conditions qu'il avait offertes et les humiliations qu'il avait repoussées [1].

Le roi tenta de nouveau la fortune des armes qui lui fut contraire à Malplaquet (11 sept. 1709). Il accepta le concours peu glorieux du résident Holsteinois Petkum et du teinturier Florisson. Puis comme les voies occultes ne pouvaient aboutir à

---

1. Corresp. du roi et de Torcy avec Petkum et Rouillé. Hollande, t. 215-218. — Mémoires et documents. Hollande, t. 57. Le volume a pour titre : « Précis des négociations du président Rouillé et du marquis de Torcy en Hollande (1709) ; » rédigé en partie sur la minute d'un mss. de Torcy communiqué par lui en 1739 et en partie sur les volumes du dépôt des Affaires étrangères. — Depuis, le marquis de Torcy a corrigé son mss.; il s'en est répandu des copies et même une édition à la Haye (1736) sous le titre : « Mémoire du marquis de Torcy pour servir à l'histoire des négociations depuis le traité de Ryswick jusqu'à la paix d'Utrecht. » Voir M. Legrelle, op. cit., t. IV, p. 459 à 497. — M. Fréd. Masson, dans la préface du Journal de Torcy, publie un résumé des préliminaires de la Haye (p. xxix), et (p. xxx) la lettre aux gouverneurs de province. — Les préliminaires de la Haye se trouvent dans Hollande, Mém. et docum., t. 58, f° 4 et suiv. L'art. 37 qui amena la rupture était ainsi conçu : « Et en cas que le roi Très Chrétien exécute tout ce qui a été dit ci-dessus, et que la monarchie d'Espagne soit rendue et cédée au roi Charles III, comme il est accordé par ces articles, dans le terme stipulé, on a accordé que la cessation d'armes entre les armées des hautes parties en guerre continuera jusqu'à la conclusion et la ratification des traités de paix à faire. » La conséquence naturelle de cet article, c'est que la suspension d'armes devait cesser de plein droit si toutes les conditions n'étaient pas exécutées dans le court délai de deux mois.

rien, deux négociateurs de marque, le maréchal d'Huxelles et l'abbé de Polignac, le futur cardinal, reçurent le mandat d'essayer de fléchir les Hollandais. Leurs instructions, datées du 4 mars 1710, impliquent l'acceptation des conditions précédemment posées par les Hollandais, sauf l'art. 37. Louis XIV suggère que le meilleur moyen d'obtenir de Philippe V qu'il renonce à l'Espagne serait de lui offrir un dédommagement suffisant. Cependant il propose comme garantie de ses promesses l'occupation temporaire de Toulon, de Perpignan, de Bayonne et de Brest. Mais il refuse absolument d'unir ses forces à celles des alliés contre Philippe V. Il consent à abandonner son petit-fils, mais non à le combattre. On sait les humiliations dont furent abreuvés les négociateurs français dans l'ermitage de Gertruydenberg : ils prolongèrent cependant les conférences avec les négociateurs hollandais, Buys et Van der Dussen, du 9 mars au 13 juillet 1710, non sans d'assez longues suspensions, pour attendre les instructions de Versailles à propos de chaque exigence nouvelle. Les Hollandais réclament successivement Valenciennes, Douai et Mont-Cassel pour leur *barrière* (10 mars) — la cession de la principauté d'Orange, et pour les réfugiés français, naturalisés en Hollande, les mêmes droits en France que les « Hollandais naturels » (18-22 mars). — Ils refusent Naples et la Sicile pour le *partage* de Philippe V et la garantie, qu'une fois les préliminaires signés, l'armistice ne pourrait être rompu jusqu'à la conclusion de la paix (7 avril). — Du 24 avril au 25 mai, les conférences sont rompues en fait ; les négociateurs français sont invités à ne plus se rendre à Gertruydenberg ; la paix semble infaisable.

Mais Torcy, dans le conseil du 11 mai, a ouvert l'avis de proposer un subside mensuel aux alliés pour les aider à chasser Philippe V. Dans la conférence du 25 mai, les Hollandais font semblant de ne pas comprendre l'offre de subsides et s'obstinent à exiger la coopération armée de Louis XIV contre son petit-fils. Le 23 juin, Louis XIV envoie à ses plénipotentiaires l'ultimatissimum de ses concessions. Le subside mensuel, payé aux alliés pour les aider à détrôner Philippe V, sera porté de 500.000 livres à un million ; Valenciennes sera cédé aux Hollandais, à condition qu'ils renoncent à toute demande ultérieure pour la satisfaction de leurs alliés ; l'Alsace, sauf Belfort, sera donnée au duc de Lorraine, à condition cependant qu'il en démolisse à ses frais les places fortes ; le *partage* du roi d'Espagne « si réduit désormais qu'il ne peut plus compter » sera abandonné; la seule réclamation en retour de tant de concessions c'est le rétablissement dans leurs États des électeurs de Cologne et de Bavière. Les Hollandais s'obstinent à imposer au roi l'obligation de détrôner seul son petit-fils et dans le délai maximum de deux mois (13 juillet). La rupture, en somme, venait des Hollandais. En face de cette « rusticité des députés hollandais », Torcy crut qu'il n'y aurait « que de la bassesse sans profit à laisser plus longtemps les plénipotentiaires en Hollande »; il leur dicta une apologie de la conduite du roi qui fut publiée le 20 juillet; le 25, Huxelles et Polignac reprirent le chemin de la France [1].

Désormais les négociations sont transportées de Hollande en Angleterre. Là un revirement de l'opinion s'est produit. L'élévation des impôts, les souffrances du commerce, la haine du militarisme, les succès de la marine, la conquête de Port-Royal et de l'Acadie provoquent un mouvement irrésistible en faveur de la paix. Louis XIV a proposé des satisfactions inespérées. On juge que les négociateurs hollandais ont eu tort de ne pas les accepter. Les victoires de Vendôme à Brihuéga et à Villaviciosa (9 et 10 déc. 1710) prouvent que Philippe V ne peut être dépouillé de l'Espagne. Sunderland et Godolphin, le gendre et le beau-frère de Marlborough, sont successivement écartés du conseil et remplacés par des tories : des élections nouvelles font revenir aux affaires ce parti qui en était écarté depuis 1688; Lady Masham remplace lady Marlborough dans l'intimité de la reine Anne. Les Anglais ont intérêt à saisir le rôle d'arbitres de l'Europe que les Hollandais ont laissé échapper. C'est de Londres que partent les paroles de sagesse qui vont amener la pacification de l'Europe.

Un obscur personnage, l'abbé Gautier, ancien aumônier de Tallard lors de son ambassade de 1701, reçoit du comte de Jersey les premières ouvertures. Harley, le comte de Rochester et le duc de Shrewsbury mènent toute cette intrigue. Gautier, accouru à Versailles, n'a pas de peine à convaincre Torcy (21 janv. 1711) de l'avantage d'une négociation séparée et très secrète avec les Anglais. La mort de Joseph I (17 avril 1711) qui donne le trône

---

1. V. dans Hollande, Mémoires et documents, t. 58, f° 4-93, un résumé très complet des négociations de Gertruydenberg. — V. le journal de Torcy par M. Fréd. Masson (qui va de nov 1709 à juin 1711), et correspond. du roi et de Torcy avec Huxelles et Polignac (Hollande, t. 223 à 226). — La proposition faite par le roi de réclamer la médiation d'Auguste II et du tsar avait été repoussée (v. Rec. Instr., Pologne, p. Farges. Mission de Besenval, p. t.XIII.)

des Habsbourg à l'archiduc Charles vient à point pour servir la fortune de Louis XIV [1]. Le 23 avril, le roi formule pour la première fois ses propositions : des sûretés pour le commerce anglais tant en Espagne et aux Indes que dans la Méditerranée ; des satisfactions pour le trafic de la Hollande avec la constitution d'une *barrière* ; des avantages aux autres coalisés (mais laissés à dessein dans le vague) ; le maintien de Philippe V sur le trône d'Espagne moyennant des sacrifices à déterminer, telles sont les bases pour la négociation qui va s'ouvrir. La réplique des Anglais est apportée par Prior, secrétaire de Saint-John, au mois de juillet. Ils réclament une *barrière* pour les États Généraux ainsi que pour l'Empire ; la reconnaissance de la succession d'Angleterre dans la ligne protestante, un nouveau traité de commerce, la démolition des fortifications de Dunkerque, la cession de Gibraltar et de Port-Mahon, de Terre-Neuve, de l'Acadie et de la baie d'Hudson ; l'*assiento* « pour le rafraîchissement et vente des nègres ». Louis XIV devra traiter au nom du roi d'Espagne et les deux couronnes seront à jamais séparées. Ce sont les conditions qui devaient prévaloir au traité d'Utrecht [2].

On s'est beaucoup occupé des clauses politiques des traités d'Utrecht ; on a coutume d'attacher trop peu d'attention à leurs clauses commerciales. Ce sont cependant les avantages assurés aux Anglais pour leur navigation et leur commerce qui les ont décidés à se détacher de la coalition pour traiter séparément avec Louis XIV et qui ont amené la fin de la guerre. Le roi de France l'a très bien compris. Au lieu de désigner pour négocier les préliminaires de Londres un diplomate de carrière, ou l'un de ses

---

1. C'était le moment où *Grégori Volkof*, représentant du tsar à Paris, cherchait à obtenir la médiation de Louis XIV dans la guerre entre la Turquie et la Russie. Louis XIV demanda en échange : 1° l'assistance des Russes aux Hongrois contre l'empereur ; 2° l'opposition du tsar à l'élection de l'archiduc Charles et son appui pour faire élever à l'empire l'électeur de Saxe et roi de Pologne Auguste II ; 3° l'intervention du tsar pour obtenir le rappel des troupes danoises et saxonnes qui servaient les coalisés contre la France. — Louis XIV, en cette occasion, restait trop sympathique à la cause suédoise pour rien accorder à la Russie. — Louis XIV envoya Rooke à Varsovie pour offrir à Auguste II son appui en vue de lui faire obtenir la couronne impériale : il sollicitait en retour la médiation du roi de Pologne dans les négociations qui allaient s'ouvrir. Auguste II manqua de décision, laissa passer le temps d'obtenir l'honneur de cette médiation. L'archiduc fut élu à Francfort sous le nom de Charles VI, le 12 oct. 1711, et Auguste II forma avec l'Autriche de nouvelles liaisons. V. Recueil des Instructions : A. Rambaud, *Russie*, t. I, p. 128. — L. Farges, *Pologne*, t. I, p. LXIV.

2. Corresp. de Torcy et de l'abbé Gautier. Anglet., t. 232 et 233. — Mém. et docum. Anglet., t. 17, f° 51-59.

déliés maréchaux, qui réussissaient souvent mieux dans les chancelleries que sur les champs de bataille, il choisit, pour conduire l'affaire avec les ministres anglais, un homme de robe, simple membre du conseil de commerce, Nicolas le Baillif, dit le Mesnagier, qui venait de rédiger un mémoire fortement motivé pour établir l'utilité de négocier à Londres et d'obtenir des « restrictions » aux prétentions anglaises [1].

C'est d'après son mémoire même que ses instructions furent établies. On y faisait l'historique des relations commerciales entre la France et l'Angleterre depuis 1659; on y indiquait les différents principes qui pouvaient être adoptés pour l'établissement des clauses du traité. Dans la négociation politique dont il fut chargé, Mesnager devait s'attacher à défendre les six propositions faites par le roi dès le 23 avril, mais précisées avec plus de soin. Il devait obtenir avant tout la reconnaissance de Philippe V qui était d'ailleurs naturellement impliquée dans la demande

---

1. V. Angleterre, t. 233, f° 59-128. Les instructions de Mesnager, du 3 août 1711, commencent au fol. 91. — Voici un résumé du mémoire de Mesnager intitulé : *Réflexions générales sur l'état de la négociation d'Angleterre.* — Le nouveau ministère tory souhaite la paix et la France en a besoin à cause de l'épuisement où elle est réduite. — « Pour juger de la manière dont on peut répondre aux demandes des Anglois, il paraît nécessaire d'examiner quels en sont le principe et la fin; ils assurent que la nécessité de pourvoir à la sûreté de leur commerce est la seule raison qui la leur fait souhaiter. Mais l'on peut croire que les Anglais veulent (en ouvrant les premiers à la France le chemin de sortir de la plus dangereuse affaire qu'elle ait jamais eue) se procurer les moyens de se servir de leur puissance déjà grande dans l'Amérique, pour s'emparer d'une partie des riches États que l'Espagne y possède. » L'Angleterre veut au moins faire le commerce direct avec l'Amérique ; ce qui aurait de graves inconvénients et ne pourrait être que le prélude d'entreprises plus étendues. Mais peut-être ceux qui « font parler » inquiets pour leur situation, cherchent-ils seulement à « s'autoriser dans leur nation ; » dans ce cas il faut profiter de l'occasion, mais avec ménagement pour s'en tirer aux meilleures conditions possibles. — On ne peut sur ce point donner de réponse décisive sans avoir pleine connaissance du mémoire remis à M. de Torcy. Il serait bon aussi d'accréditer à Londres une personne autorisée, pour représenter aux ministres anglais combien leurs demandes attireraient d'ennemis à l'Angleterre... « Que l'Europe entière croirait perdre son bien en perdant le commerce de l'Amérique; que personne ne douterait de cette perte, ne pouvant plus faire ce commerce par l'entremise des Espagnols, dépositaires de toutes les nations, s'il se faisait directement par les Anglais..... qu'il est bien différent de demander des sûretés pour le commerce ou de demander des moyens de le faire à l'exclusion des autres nations. » On pourrait au moins suggérer des restrictions que les Anglais ne pourraient refuser avec justice; on s'expose beaucoup à vouloir répondre d'une façon décisive et du premier coup aux propositions anglaises qui sont dangereuses pour l'Espagne et déshonorantes pour la France : tandis que des offres trop modérées pourraient « révolter ceux du gouvernement d'Angleterre, ce qui serait un grand malheur dans le besoin où l'on est de la paix. » (Angleterre, t. 233, f°° 63 et 64).

faite par les Anglais de cession de territoires aux colonies; réclamer le rétablissement du traité de Ryswick avec l'empire : Brisach et Kehl seraient abandonnés par la France et le Rhin deviendrait frontière; les électeurs de Bavière et de Cologne seraient réintégrés dans leurs États; Louis XIV garderait Lille, Tournai, Aire, Béthune, Douai, Ypres et Condé; l'empereur Charles VI aurait la Sardaigne, la Sicile et Naples; le duc de Savoie, le Milanais; la question de la démolition de Dunkerque serait retardée aussi longtemps que possible; Gibraltar serait cédé aux Anglais avec la liberté du commerce dans tous les ports espagnols et le privilège de l'*assiento*; Terre-Neuve serait cédée de même, mais avec la réserve du droit de pêche et de séchage et sans l'Acadie. Mesnager avait ordre, pour faire accepter le projet du roi, d'insister sur les grands avantages concédés au commerce britannique. Il ne devait faire de concessions plus étendues relatives à l'abandon de Port-Mahon, des possessions françaises du Canada, de Dunkerque et des autres places du Nord qu'à la dernière extrémité et pour ne pas rompre la négociation. Il avait d'ailleurs entre les mains une réponse écrite du roi au mémoire anglais remis par Prior au mois de juillet [1].

Les négociations commencèrent aussitôt à Londres entre Mesnager et l'abbé Gautier pour la France, Harley, devenu lord Oxford, Shrewsbury, Saint-John, Dartmouth et Jersey pour l'Angleterre. Prior remplissait les fonctions de secrétaire (20 août 1711). Le 9 sept., les Anglais remirent aux agents français un mémoire où ils insistaient sur la démolition des fortifications de Dunkerque, sur la remise de Port-Mahon et de l'Acadie; ils réclamaient pour leur commerce en Espagne et dans les colonies espagnoles des privilèges plus étendus « quel que fût le roi d'Espagne qui serait reconnu ». Gautier apporta ce mémoire en France et Torcy n'eut pas de peine à prouver que les Anglais demandaient à la France des engagements très étendus sans en prendre eux-mêmes aucun. Cependant Louis XIV fit rédiger un second mémoire, où il revendiquait avec force le droit de pêche dans la partie nord de Terre-Neuve, les îles du cap Breton et de Saint-Pierre et la restitution de l'Acadie et de Québec : en retour, il promettait d'abandonner la baie d'Hudson. Pour les

---

1. Angleterre, t. 233, et Mém. et documents, t. 17, f° 60-68.

négociations publiques le roi proposait de tenir le congrès à Utrecht plutôt qu'à la Haye [1].

Dans la conférence du 2 oct. Mesnager fit connaître la réponse rapportée de Versailles par l'abbé Gautier. La joie des ministres fut grande puisque la solution amiable semblait proche. Seul Shrewsbury manifesta des inquiétudes surtout à cause de la présence du prince de Galles en France. Mais Mesnager suggéra que lors de la signature de la paix il serait invité à aller voyager hors du royaume. Les Anglais insistèrent longuement pour arracher la cession de Terre-Neuve sans aucune réserve. Mesnager menaça de rompre si le droit de pêche n'était pas laissé à la France. Enfin le 8 oct. furent signés les sept articles des préliminaires de Londres, qui sont comme le premier embryon des traités d'Utrecht [2] :

« Le roi voulant contribuer de tout son pouvoir au rétablissement de la paix générale, Sa Majesté déclare :

1º Qu'Elle reconnaîtra la reine de la Grande Bretagne en cette qualité aussi bien que la succession à cette Couronne suivant l'établissement présent.

2º Qu'Elle consentira volontairement et de bonne foi à prendre toutes les mesures justes et raisonnables pour empêcher que les Couronnes de France et d'Espagne soient jamais réunies sur la tête d'un même prince, Sa Majesté étant persuadée que cet excès de puissance serait contraire au bien et au repos général de l'Europe.

3º L'intention du Roi est que toutes les parties engagées dans la guerre présente, sans en excepter aucune, trouvent leur satisfaction raisonnable dans le traité de paix à faire ; que le commerce soit rétabli et maintenu désormais à l'avantage de la Grande Bretagne, de la Hollande et des autres nations qui ont accoutumé de l'exercer.

4º Comme le Roi veut aussi maintenir exactement l'observation de la paix, lorsqu'elle aura été conclue, et que l'objet que Sa Majesté se propose est d'assurer les frontières de son royaume sans troubler en quelque manière que ce soit les États voisins,

---

1. Angleterre, Mém. et docum , t. 17, fº 68-80.
2. L'exemplaire original de ces préliminaires se trouve aux Archives des Affaires étrangères. Il est signé de Mesnager et suivi d'une réponse de la France aux demandes préliminaires formulées par le ministère anglais sur ce qui regarde la Grande Bretagne. Cette réponse est signée de Mesnager et de Dartmouth.

Elle promet de convenir par le traité de paix futur, que les Hollandais auront entre leurs mains les places fortes qui seront spécifiées dans les Pays Bas, pour servir désormais comme de *barrière* qui assure le repos de la république de Hollande contre toute entreprise de la part de la France.

5° Le Roi consent aussi qu'il soit formé à l'Empire et à la maison d'Autriche une *barrière* sûre et convenable.

6° Quoique Dunkerque ait coûté au Roi des sommes très grandes, tant pour l'acquérir que pour le fortifier, et qu'il soit nécessaire de faire encore une dépense très considérable pour en raser les ouvrages, Sa Majesté veut bien toutefois s'engager à les faire démolir, immédiatement après la conclusion de la paix, à condition qu'il lui sera donné pour les fortifications de cette place un équivalent convenable et dont elle soit contente;.....

7° Lorsque les conférences pour la négociation de la paix seront formées, on y discutera de bonne foi et à l'amiable toutes les prétentions des princes et États engagés dans la présente guerre, et rien ne sera omis pour les régler et pour les terminer à la satisfaction de toutes les parties. »

A la suite de la signature de cet acte important, un joyeux souper chez Saint-John réunit ceux qui l'avaient préparé. En vain du Buys fut envoyé de Hollande pour protester au nom de son gouvernement; en vain Gallas, le représentant de l'empereur, fit entendre les récriminations les plus amères contre la défection prochaine des Anglais. La reine Anne voulait absolument la paix. L'abbé Gautier fit encore plusieurs fois la navette entre Londres et Versailles. Les mois de novembre et décembre 1711 furent employés à régler les derniers points en litige, à désigner les plénipotentiaires, à fixer le lieu et le jour où devait s'ouvrir le congrès [1].

Le rendez-vous général était assigné à Utrecht pour le 12 janvier 1712. Le maréchal d'Huxelles, l'abbé de Polignac et Mesnager étaient chargés de représenter la France. Leurs instructions, en date du 30 déc. 1711, fixent la plupart des points importants : double principe du démembrement de la monarchie espagnole et de la séparation des deux couronnes de France et d'Espagne; reconnaissance du royaume de Prusse et du neuvième électorat; rétablissement des deux électeurs de Bavière et de Cologne dans

1. Angleterre, t. 234, et Mém. et docum., t. 17, f° 80-111.

leurs États respectifs ; la Belgique reviendra à l'empereur. Dans le cas où il faudrait faire retraite, un deuxième ensemble de conditions est posé ; réclamer Lille et Tournai, surtout Lille en compensation de Dunkerque ; si Lille doit être abandonné, garder Ypres et Furnes, surtout Ypres ; rejeter absolument la cession de Maubeuge et de Condé ; Aire, Saint-Venant, Béthune, Douai, Bouchain regardés comme indispensables pour assurer la frontière ; défendre la possession de Landau ; obtenir la restitution d'Exiles et de Fénestrelles ; concéder à l'électeur de Bavière ou le rétablissement pur et simple dans son duché, ou la Belgique, ou Naples et la Sicile, ou la Sardaigne ; s'efforcer d'amener les Anglais, qui ont reçu à l'avance satisfaction, à devenir les médiateurs de la paix ; n'accorder aux Hollandais le tarif de 1664 que s'ils laissent au roi les places qu'il revendique dans le Nord, sinon les remettre au tarif de 1699 ; enfin, prendre toutes les mesures possibles pour arracher l'Italie à la servitude que lui ménage l'Autriche ; tel est l'aperçu très succinct des points les plus importants et des concessions qui seront permises aux plénipotentiaires [1]. Un mémoire, adressé en particulier à Mesnager, qui était spécialement chargé de la négociation des traités de navigation et de commerce, fixait les projets à discuter et à soutenir relativement aux tarifs commerciaux avec l'Angleterre et la Hollande [2].

Voici les noms des diplomates qui ont signé les divers traités : l'évêque de Bristol et le comte de Strafford pour la Grande-Bretagne ; Jacques de Randwyck, Guillaume du Buys, Van der Dussen, Corneille van Gheel, le baron de Rheede, Sicco de Goslinga et le comte de Kniphuysen pour les États Généraux ; le comte de Farouka et dom Luis da Cunha pour le roi Juan V de Portugal ; le comte de Dönhof et le maréchal de Biberstein pour le roi de Prusse Frédéric Guillaume I ; le comte de Maffei, le marquis Solar du Bourg et Mellarede pour Victor-Amédée ; Sinzendorf et Consbrück défendaient les intérêts de l'empereur : l'Espagne

---

1. Hollande, t. 230, f° 192-241. M. Legrelle en a donné un résumé assez étendu, entrecoupé de citations nombreuses, *op. cit.*, t. IV, p. 618-637.

2. Angleterre, Mém. et documents, t. 33, f° 41. Ce mémoire est du 2 janvier 1712. On y lit : « Il est impossible de se flatter de pouvoir refuser tout ce qui peut préjudicier au commerce de ce royaume (la France). » Cependant il est nécessaire de conclure vite et se contenter de se retrancher à ce qui est le plus essentiel « pour soutenir nos manufactures et pour procurer la vente des fruits et denrées que la France produit en plus grande abondance. » (f° 41.)

n'était pas représentée officiellement puisque le roi de France était chargé de soutenir la cause de son petit-fils et de traiter en son nom. Puis venait la foule obscure des délégués des petits États : le baron le Bègue pour la Lorraine, Keyserfeldt pour l'électeur de Trèves; Efferen pour l'électeur palatin; Saint-Saphorin pour les Bernois; Eschenbrender et Solemacher pour le chapitre métropolitain de Cologne; Ducker pour l'évêque de Munster, le baron de Dalwig pour le landgrave de Hesse-Cassel, Espen pour le duc de Wurtemberg, Gersdorf pour le roi de Pologne, Palamquist pour le roi de Suède, etc. D'autres agents ou plénipotentiaires vinrent successivement doubler ou renforcer les premiers arrivés [1].

Les conférences commencèrent le 29 janvier 1712. Elles comprirent deux séries parallèles de négociations : celles des traités de commerce et celles des traités politiques, les premières tout aussi délicates et disputées avec autant d'acharnement que les autres. C'est le plénipotentiaire français Mesnager qui fut chargé de préparer les traités de commerce. Il apporta dans cette tâche beaucoup de compétence et d'habileté. La négociation du traité de commerce avec l'Angleterre fut très laborieuse. Un premier projet en 53 articles fut remis aux plénipotentiaires français [2]. Il donna lieu à des observations nombreuses de la part de nos agents [3] et à des instructions, article par article, que leur remit le ministre français Desmarets [4]. Sur chacune de leurs observations : un nouveau mémoire fut adressé de Versailles à Utrecht, avec un tableau des denrées du crû de France et du crû d'Angleterre, pour servir de base à l'établissement du tarif des droits d'entrée [5]. Un second projet de traité amendé par les Anglais après discussion fut remis aux négociateurs français [6] en mai 1712. Il donna lieu à de nouvelles observations du contrôleur général Desmarets [7]. Mais la négociation n'avançait pas. Les

---

1. V. Legrelle, *op. cit.*, t. IV, p. 637-645.
2. Angleterre, Mémoires et documents, t. 33, f° 49 à 83. Chaque article en latin a en regard la traduction française (au milieu du mois de mars).
3. Angleterre, id., f° 99-106. Ces observations sont datées d'Utrecht, 22 mars 1712.
4. Angleterre, id., f° 84-99. (14 avril 1712, v. plus loin, f° 179.)
5. Angleterre, id., f° 107-113.
6. Angleterre, id., f° 113-134; en latin, sans traduction.
7. Angleterre, id., f° 148-151. Ce mémoire fut accompagné d'observations du conseil de commerce sur sept des propositions déposées par Prior. On les trouve en regard de chacune de ces propositions dans le même volume (f° 164-169.-Mai et juin, 1712.)

plénipotentiaires anglais suscitaient sans cesse des difficultés nouvelles : « Les variations du ministère d'Angleterre sont au-dessus de toute expression, écrit Mesnager à Desmarets le 23 janvier 1713 ; elles font voir le génie de la nation et de quoy elle est capable. » Mesnager, après avoir exhalé ses plaintes, adresse au ministre français deux tableaux : le premier, indiquant pour chaque marchandise française sa valeur, les droits anciens qui la frappaient et les droits en vertu du tarif de 1664. Le second tableau indique pour chaque marchandise : 1° les droits levés à l'entrée en France en vertu du tarif de 1664 ; 2° les droits à l'entrée en Angleterre fixés en 1664 sur les marchandises venant de France ; 3° les droits fixés à l'entrée en Angleterre pour la nation la plus favorisée [1]. Un mémoire de la même date est envoyé de France sur les conditions auxquelles on pourrait rétablir le tarif de 1664 en faveur des Anglais [2]. La négociation traîna encore trois mois, jusqu'au 11 avril, date de la signature du traité.

Les conférences commencèrent à Utrecht le 29 janvier 1712. Le 11 février les plénipotentiaires français remirent un mémoire en dix-sept articles qui contenait les propositions du roi. Le 5 mars, les coalisés présentèrent leur réponse. Les Hollandais réclamaient Tournai, Lille, Douai, Bouchain, Valenciennes, Ypres, Saint-Venant, Cassel, Béthune, Aire, Thérouanne et un certain nombre de places secondaires comprises entre les villes ci-dessus désignées pour former une « *contre-barrière* » en vue de leur sureté. L'empereur voulait établir sa barrière en pleine Lorraine en rattachant à l'empire l'Alsace et la Lorraine avec les trois Évêchés. Le roi de Prusse prétendait obtenir tout l'héri-tage de Guillaume III en Suisse et en France avec la reconnais-

---

1. Angleterre, id., f° 151-156.
2. Angleterre, id., f° 156-164. Voir en outre f° 177, Mesnager à Torcy, 9 avril 1712. — Les Anglais demandent à nous traiter *ut gens amicissima* et réclament le même traitement chez nous. Subtilité dangereuse. Ils pourraient ainsi inonder la France de leurs étoffes frappées des droits du tarif de 1664 qu'ils supposent devoir être accordé dans son intégrité aux Hollandais, tandis que, suivant les réglements anglais, l'entrée serait fermée en Angle-terre à beaucoup de nos produits manufacturés et que les autres seraient chargés de droits excessifs. « C'est ainsi que les Anglais traitent leurs meil-leurs amis. Mais j'espère que nous nous garantirons de leurs pièges. » — F° 180. La discussion du traité de commerce est suspendue sur la proposition de Bolingbroke jusqu'à ce que l'entente soit faite sur les conditions de la paix générale ; mais en se conformant à ce principe qu'aucun avantage ou privi-lège quel qu'il fût ne serait accordé à une nation étrangère, qui ne fût pareil-lement accordé aux Anglais en France et aux Français en Angleterre.

sance de son titre de roi. Victor-Amédée demandait la cession des vallées d'Exilles et de Fénestrelles, de Montdauphin et de Briançon, du fort Barraux. Le Portugal ne voulait reconnaître que Charles III comme roi d'Espagne. Les alliés croyaient la France trop abattue pour pouvoir repousser de si humiliantes exigences. Mais les Anglais qui avaient déjà l'assurance de recevoir leurs satisfactions personnelles montraient une réelle bonne volonté en faveur de la paix. L'abbé Gautier et Harley, arrivés de Londres, communiquèrent cette impression très nette. Torcy réfuta dédaigneusement les prétentions de la coalition et remit le 26 avril un *Mémoire* qui servit véritablement de base au traité signé un an plus tard [1].

La question des renonciations devait être réglée avant celle des échanges de territoires. Elle était rendue plus délicate par les morts précipitées du grand dauphin, du duc de Bourgogne et du duc de Bretagne. Louis XIV avait la conviction sincère qu'un roi ne peut être écarté d'un trône par aucune loi puisqu'il tient son droit de Dieu même; mais il peut déclarer y renoncer. Philippe V prétendait garder intact pour l'avenir son droit d'option entre les deux couronnes, si la Providence l'appelait un jour à régner en France. Louis XIV demanda en conséquence que Philippe V pût garder ses droits à la couronne de France, à condition, dans le cas où il l'obtiendrait, d'abandonner celle d'Espagne au duc de Berry : celui-ci ferait de même à l'égard du duc d'Orléans. Les Anglais exigèrent l'option immédiate de Philippe V. S'il tenait à garder ses droits à la succession de France, ils offraient de le reconnaître comme roi de la Sicile augmentée des états du duc de Savoie; celui-ci deviendrait roi d'Espagne avec la possession des colonies. Louis XIV engagea fortement Philippe V à accepter cet échange [2]. Bonnac

---

1. Voir correspondance du roi avec les plénipotentiaires. Hollande, t. 232 et 233. *Actes et mémoires de la paix d'Utrecht*, t. I.

2. Voici la lettre autographe adressée à ce propos par Louis XIV à Philippe V. « Je vous avoue que nonobstant la disproportion des États, j'ai été sensiblement touché de penser que vous continueriez de régner; que je pourrois toujours vous regarder comme mon successeur et que votre situation vous permettroit de venir de temps en temps auprès de moi. Jugez en effet du plaisir que je me ferois de pouvoir me reposer sur vous pour l'avenir, d'être assuré que si le dauphin vit, je laisserois en votre personne un régent accoutumé à commander, capable de maintenir l'ordre dans mon royaume et d'en étouffer les cabales; que si cet enfant vient à mourir comme sa complexion faible ne donne que trop de sujet de le croire, vous recueilleriez ma succession suivant l'ordre de votre naissance; que j'aurois la consolation de laisser à mes peuples un roi vertueux propre à leur commander, et qui, me succé-

fut envoyé en Espagne afin de le décider. La princesse des Ursins
lui en donnait le conseil. Mais Philippe V fut fidèle aux Espagnols qui s'étaient donnés à lui. Il prit la résolution qui se trouvait convenir « à la religion, à son honneur, à l'intérêt même de
la France ». Dès le 8 juin, Torcy fit connaître à Saint-John la
décision de Philippe V et le parlement anglais, très partisan de
mettre fin à une guerre, qui avait dévoré jusqu'à 175 millions en
une seule année, témoigna d'une satisfaction très vive à cette nouvelle. Le gouvernement anglais négocia une trêve de quatre mois
avec la France; les troupes du duc d'Ormond occupèrent par
provision Dunkerque (19 juillet). Le maréchal de Villars profitant
de l'éloignement de ce corps anglais battit le prince Eugène à
Denain (14 juillet).

Ce brillant succès accéléra la conclusion de la paix. Saint-John
élevé à la pairie sous le nom de lord Bolingbroke arriva à Paris
avec Prior, l'abbé Gautier et un secrétaire (17 août). Il signa
d'abord, le 19 août, un traité de suspension d'armes entre la
France et l'Angleterre [1] et il proposa de rédiger deux traités
séparés, l'un entre la France et l'Angleterre suivant les clauses
primordiales déjà arrêtées dans les préliminaires de Londres;
l'autre entre la France et le duc de Savoie qui recevrait la Sicile.
Louis XIV et la reine Anne s'entendraient ensuite pour dicter

---

dant, réuniroit à la couronne des États aussi considérables que la Savoie, le
Piémont et le Montferrat. Je vous avoue que je suis si flatté de cette idée,
mais principalement de la douceur que je me proposerois de passer avec
vous et avec la reine une partie du reste de ma vie et de vous instruire moi-
même de l'état de mes affaires, que je n'imagine rien de comparable au
plaisir que vous me ferez si vous acceptez ce nouveau projet. Si la reconnoissance et la tendresse pour vos sujets sont pour vous des motifs pressants
de demeurer avec eux, je puis dire que vous me devez les mêmes sentiments,
que vous les devez à votre maison, à votre patrie avant que de les devoir à
l'Espagne. Je vous en demande donc l'effet et je garderai comme le plus
grand bonheur de ma vie que vous preniez la résolution de vous rapprocher
de moi et de conserver des droits que vous regretterez un jour inutilement
si vous les abandonnez. Je suis cependant engagé à traiter sur le fondement
que vous y renoncerez pour conserver seulement l'Espagne et les Indes, si
Votre Maj. rejette la proposition de l'échange avec le duc de Savoie; et ce que
je puis faire est de vous laisser encore le choix, la nécessité de conclure la
paix devenant tous les jours plus pressante (18 mai 1712, citée par M. Baudrillart d'après les archives d'Alcala, op. cit., p. 491).

1. L'instrument original de ce traité existe aux archives des Affaires étrangères à la date du 19 août 1712. Il porte les deux signatures de Colbert de
Torcy et de Bolingbroke avec leurs cachets. Cette pièce est suivie d'un
article séparé et de la double ratification sur parchemin du traité et de l'article séparé avec la signature de la reine Anne, à la date du 29 août 1712.
Ce traité fut renouvelé par les mêmes signataires à Versailles, le 14 décembre 1712.

aux alliés les conditions de la paix générale. Les conférences de
Fontainebleau hâtèrent beaucoup la conclusion des traités [1]. La
trêve de quatre mois fut signée avec l'Angleterre. Il ne restait
plus qu'à faire fléchir les dernières oppositions des États-Généraux. Les séances du congrès, suspendues pendant plusieurs
mois, reprirent le 3 septembre. Il fut convenu que Lille serait
restitué au roi en compensation de Dunkerque. Les Hollandais
réclamaient avec insistance Tournai et Condé et le rétablissement
du tarif de 1664 sans exception pour les *quatre espèces de marchandises* (1º baleine et dérivés; 2º draps, serges et ratines;
3º poisson frais et en vrac; 4º sucre raffiné et produits similaires.)
Le 2 novembre, Louis XIV consentit comme extrême concession
à abandonner Tournai et le comte de Strafford assigna aux Hollandais un délai de quinze jours pour signer (10 décembre). Le
duc de Savoie garderait les vallées d'Exilles et de Fénestrelles
avec la Sicile et serait reconnu roi. Le duc de Bavière aurait la
Sardaigne et serait maintenu à Luxembourg, Namur et Charleroy
jusqu'à son rétablissement dans ses états héréditaires. Les
Anglais demandèrent encore de nouvelles restrictions au droit de
pêche laissé sur les côtes de Terre-Neuve aux sujets français.
Ils prétendirent qu'une satisfaction fût donnée au roi de Portugal en Guyane, par exemple la moitié du territoire contesté
entre la rivière des Amazones et celle de l'Oyapock. Mais ces
questions secondaires pouvaient être facilement réglées et ne
devaient pas entraver la conclusion de la paix [2].

Dans l'intervalle, les renonciations de Philippe V à la couronne
de France avaient été solennellement approuvées par les Cortès,
le 5 novembre; celles du duc d'Orléans et du duc de Berry à la
couronne d'Espagne, conçues en termes analogues, furent signées
le 19 et le 24 novembre 1712, et enregistrées dans la séance du
13 mars 1713 par le parlement de Paris, auquel s'étaient
adjoints les pairs de France, mandés nominativement pour donner plus de solennité à ce grand acte [3]. Ces renonciations

---

1. En voir le résumé dans une lettre du 25 août du roi aux plénipotentiaires. Hollande, t. 237, fº 41 et suiv.
2. V. la correspondance du roi et de Torcy avec les plénipotentiaires à
Utrecht, Hollande, t. 237-240.
3. Les Anglais avaient demandé la garantie des États-Généraux pour la
renonciation. Torcy répondit à Bolingbroke par une fin de non recevoir
absolue : « Les États en France ne se mêlent point de ce qui regarde la succession à la couronne; ils n'ont le pouvoir ni de faire, ni d'abroger les lois.
Quand les rois les convoquent, on marque dans les lettres que c'est pour

régissent encore le droit successoral dans la monarchie espagnole et ont pu être invoquées ou contestées en ce siècle par ceux qui se sont portés ou se portent encore comme prétendants à la couronne de France. Il est intéressant d'en citer ici les articles essentiels [1].

.... « Il a été proposé et fait instance par l'Angleterre et il a été convenu de ma part et de celle du roi mon grand-père, que pour éviter, en quelque temps que ce soit, l'union de cette monarchie à celle de France,... il se fît des renonciations réciproques pour moi et tous mes descendants à la succession de la monarchie de France, et de la part des princes de France et de toute leur ligne présente et à venir, à la succession d'Espagne, faisant réciproquement une abdication volontaire de tous les droits que les deux maisons..... peuvent avoir de se succéder mutuellement, séparant, par le moyen de ma renonciation, ma branche de la tige royale de France et toutes les branches de France, de la tige du sang royal d'Espagne, prenant aussi des m··· ·es pour que l'on prévienne l'inconvénient qui arriveroit si, au défaut de mes descendants, le cas advenoit que la monarchie d'Espagne retombât à la maison d'Autriche, que ces États et leurs dépendances, même sans l'union de l'F··pire rendroient alors formidable;..... pour cet effet il a été convenu et accordé par l'Angleterre, avec moi et avec le roi mon grand père, qu'à mon défaut et à celui de mes descendants, le duc de Savoie serait appelé à la succession de cette monarchie, lui, ses enfants et descendants mâles, issus en légitime mariage, et, au défaut des

---

ouïr les plaintes des bons et fidèles sujets et pour chercher des remèdes aux maux présents. » Mais il proposa de chercher des formes solennelles de garantie. « Cette sûreté sera de faire publier et enregistrer dans tous les parlements du royaume la renonciation que le roi d'Espagne aura faite pour lui et pour ses descendants à la couronne de France. Les édits et les déclarations revêtus de ces formalités ont force de loi. Les Français sont accoutumés à cet usage; il se pratique à l'égard des traités faits avec les puissances étrangères; et l'intention du roi est de faire en même temps tirer et ôter publiquement des registres du parlement les lettres patentes que Sa Majesté fit expédier en faveur du roi d'Espagne, pour lui conserver les droits de sa naissance, lorsqu'il partit de France pour aller à Madrid. La révocation et l'anéantissement de ces lettres seront la suite et comme une espèce de confirmation de la renonciation. » (Giraud, *Le traité d'Utrecht*, p. 101.)

1. Le texte original en espagnol de la renonciation de Philippe V est aux archives nationales, musée n° 937. Voir aussi série KK, n° 1680. Le carton K 122 contient la traduction française en mss., le texte et la traduction en imprimé, ainsi que les renonciations du duc de Berry et du duc d'Orléans. *Voir encore les renonciations de Philippe V à la couronne d'Espagne dans Espagne, Mémoires et documents, t. 49, f° 232.*

lignes masculines, le prince Amédée de Carignan, et à son défaut le prince Thomas, frère du prince de Carignan, lesquels comme descendants de l'infante Catherine, fille de Philippe II, y ont un droit clair et connu..... J'ai résolu en conséquence, par l'amour que j'ai pour les Espagnols..... d'abdiquer pour moi et mes descendants, le droit de succession à la couronne de France, désirant de vivre et de mourir avec mes aimés et chers Espagnols..... De mon propre mouvement, de ma libre franche et saine volonté, moi don Philippe (suivent tous ses titres) je renonce par le présent acte pour toujours et à jamais, pour moi-même et mes héritiers et successeurs à toutes prétentions, droits et titres que moi, ou quelque autre de mes descendants que ce soit, ayons dès à présent, ou puissions avoir, en quelque temps que ce puisse être, à la succession de la couronne de France; je les abandonne et m'en désiste pour moi et pour eux; et je déclare et tiens, moi et mes enfants, héritiers et descendants pour exclus à perpétuité et inhabiles absolument et sans limitation, différence, ni distinction de personnes, de degrés, de sexe et de temps, du droit de succéder à la couronne de France; et je veux et consens pour moi et mes dits descendants, que dès à présent comme alors, moi et mes descendants étant exclus, inhabiles et incapables, l'on regarde ce droit comme passé et transféré à celui qui se trouvera me suivre en degré et immédiatement; et auquel successeur immédiat on déférera la succession de la couronne de France, en quelque temps et en quelque cas que ce soit, afin qu'il l'ait et la possède, comme légitime et véritable successeur, de même que si moi et mes descendants n'eussions pas été nés et ne fussions pas venus au monde..... Je veux et consens pour moi-même et mes descendants, que, dès à présent comme alors, ce droit de succession soit regardé et considéré comme passé et transféré au duc de Berry, mon frère, et à ses enfants et descendants mâles, nés en légitime mariage; et au défaut de ces lignes masculines, au duc d'Orléans, mon oncle et à ses enfants et descendants mâles nés en légitime mariage; et au défaut de ces lignes à mon cousin le duc de Bourbon et à ses enfants... et ainsi successivement à tous les princes du sang de France..... Je me dépossède et me désiste spécialement des droits qui pourroient m'appartenir par les lettres-patentes des actes par lesquels le roi mon grand père, m'a conservé et habilité le droit de succession à la couronne, lesquelles lettres patentes furent données à Versailles au mois de décembre 1700..... Je promets et engage ma foi et parole de roi, que de ma part et de celle de mesdits enfants et descendants je procurerai l'observation et l'accomplissement de cet acte..... et je me désiste et sépare de tous et chacun des moyens, connus ou inconnus, ordinaires ou extraordinaires, pouvant nous appartenir à moi et à mes enfants et descendants pour réclamer, dire ou alléguer contre ce qui est dit ci-dessus. Je renonce à tous les dits moyens, et spécialement à celui de lésion évidente énorme et très énorme, que l'on pourroit trouver dans le désistement et dans la renonciation du droit de pouvoir, en aucun temps succéder à la dite couronne..... » (Suit un serment sur les saints évangiles avec l'énumération de tous les grands d'Espagne devant lesquels la renonciation a été consentie.)

Les renonciations du duc d'Orléans et du duc de Berry sont datées de Paris 21 et 24 nov. 1712. En voici les passages les plus importants :

« Philippe, Petit-Fils de France, Duc d'Orléans, de Valois, de Chartres, et de Nemours : A tous Rois, Princes, Républiques, Potentats, Communautez, et à toutes personnes, tant présentes, que futures ; Faisons sçavoir par ces présentes, que la crainte de l'union des corronnes de France et d'Espagne, ayant esté le principal motif de la présente guerre ; et les autres puissances de l'Europe ayant toûjours appréhendé que ces deux couronnes ne fussent sur une même teste, on a posé pour fondement de la paix que l'on traite présentement, et qu'on espère cimenter de plus en plus, pour le repos de tant d'États qui se sont sacrifiez, comme autant de victimes, pour s'opposer au péril dont ils se croyoient menacez, qu'il falloit établir une espèce d'égalité et d'équilibre entre les princes qui étoient en dispute, et séparer pour toûjours, d'une manière irrévocable, les droits qu'ils prétendent avoir, et qu'ils deffendoient, les armes à la main, avec un carnage réciproque, de part et d'autre.

« Que dans la vûe d'établir cette égalité, la reine de la Grande-Bretagne a proposé, et sur ces instances il a esté convenu par le Roy nostre très-honoré Seigneur et Oncle, et par le Roy Catholique nostre très-cher Neveu, que pour éviter en quelque temps que ce soit, l'union des couronnes de France et d'Espagne, il seroit fait des renonciations réciproques ; sçavoir par le Roy Catholique Philippe V, nostre Neveu, pour luy et pour tous ses descendans à la succession de la couronne de France, comme aussi par le duc de Berry, nôtre très-cher Neveu, et par Nous,

pour nous et pour tous nos descendans à la couronne d'Espagne;
à condition aussi que la maison d'Autriche, ny aucun de ses
descendans ne pourront succéder à la couronne d'Espagne,
parce que cette maison même, sans l'union de l'Empire seroit
formidable, si elle ajoûtoit une nouvelle puissance à ses anciens
domaines; et par conséquent cet équilibre qu'on veut établir
pour le bien de tous les princes et Estats de l'Europe, cesseroit.

« Pour arriver à la fin qu'on se propose; et au moyen de ce que
Sa Majesté Catholique a de sa part fait sa renonciation le cin-
quiéme du présent mois : Nous consentons qu'au défaut de
Philippe V nôtre Neveu et de ses descendans, la couronne
d'Espagne passe à la maison du duc de Savoye, dont les droits
sont clairs et connus; d'autant qu'il descend de l'infante Catherine fille de Philippe II, et qu'il est appelé par les autres rois
ses successeurs; de sorte que son droit à la succession d'Espagne est incontestable.

« Et désirant de nôtre costé concourir à la glorieuse fin qu'on
se propose, de rétablir la tranquillité publique, et prévenir les
craintes que pourroient causer les droits de nôtre naissance, ou
tous autres qui pourroient nous appartenir : Nous avons résolu
de faire ce désistement, cette abdication et cette renonciation
de tous nos droits, pour nous et au nom de tous nos successeurs
et descendans. Et pour l'accomplissement de cette résolution,
que nous avons prise de nôtre pure, libre et franche volonté,
nous nous déclarons et nous tenons dès-à-présent, nous, nos
enfans et descendans, pour exclus et inhabiles, absolument et à
jamais, et sans limitation, ni distinction de personnes, de dégrez
et de sexe, de toute action et de tout droit à la succession de la
couronne d'Espagne. Nous, ny nos descendans ne devons plus
être considérez comme ayant aucun fondement de représentation
active, ou passive, ou faisant une continuation de ligne effective
ou contentieuse de substance, sang ou qualité, ny tirer droit de
nôtre descendance, ou de compter les dégrez de la reine Anne
d'Autriche, nôtre très-honorée dame et ayeule, ny des glorieux
rois ses ancestres : au contraire, nous ratifions la renonciation
que ladite dame reine Anne a faite, et toutes les clauses que les
rois Philippe III. et Philippe IV. ont insérées dans leurs testaments : nous renonçons pareillement à tout le droit qui nous
peut appartenir et à nos enfans et descendans en vertu de la
déclaration faite à Madrid le vingt-neuviéme Octobre mil sept
cens trois, par Philippe V roy des Espagnes nôtre neveu; et

quelque droit qui nous puisse appartenir pour nous et nos descendans, nous nous en désistons et y renonçons pour nous et pour eux. »

Voici enfin quelques passages de la renonciation du duc de Berry signée à Paris le 24 nov. 1712 :

« Il a été convenu et accordé entre le Roy Très-Chrétien, nôtre très-honoré seigneur et ayeul, le roy Philippe V nôtre Frére, et la reine de la Grande-Bretagne, que ledit roy Philippe renoncera pour luy et pour tous ses descendans à l'espérance de succéder à la couronne de France; que de nôtre côté nous renoncerons aussi pour nous et pour nos descendans à la couronne d'Espagne; que le duc d'Orleans, nôtre très-cher oncle fera la même chose, de sorte que toutes les lignes de France et d'Espagne respectivement, et relativement, seront exclués pour toûjours et en toutes maniéres de tous les droits que les lignes de France pourroient avoir à la Couronne d'Espagne, et les lignes d'Espagne à la couronne de France; Et enfin que l'on empêchera, que sous prétexte desdites renonciations, ni sous quelqu'autre prétexte que ce soit, la maison d'Autriche n'exerce les prétentions qu'elle pourroit avoir à la succession de la monarchie d'Espagne ; d'autant qu'en unissant cette monarchie aux pays et États héréditaires de cette maison, elle seroit formidable, même sans l'union de l'Empire, aux autres puissances qui sont entre-deux, et se trouveroient comme enveloppées, ce qui détruiroit l'égalité qu'on établit aujourd'huy pour assûrer et affermir plus parfaitement la paix de la chrêtienté, et ôter toutes jalousies aux puissances du Nord et de l'Occident, qui est la fin qu'on se propose par cet équilibre politique, en éloignant et excluant ainsi toutes ces branches, et appellant à la couronne d'Espagne, au défaut des lignes du roy Philippe V, nôtre frère, et de tous ses enfans et descendans, la maison du duc de Savoye qui descend de l'infante Catherine, fille de Philippe II. Ayant été considéré, qu'en faisant ainsi succéder immédiatement ladite maison de Savoye, on peut établir comme dans son centre cette égalité et cet équilibre entre ces trois puissances, sans quoy on ne pourroit éteindre le feu de la guerre qui est allumé, et capable de tout ruiner. »

Toutes les difficultés étaient bien près d'être aplanies; déjà Marlborough était parti pour Naples et le prince Eugène pour

Vienne; l'absence des deux grands chefs était le gage de la suspension des opérations militaires. Les relations diplomatiques furent officiellement reprises entre la France et l'Angleterre : le duc de Shrewsbury, avec Prior comme ministre plénipotentiaire, fut désigné pour l'ambassade de France; le duc d'Aumont partit pour Londres comme représentant du roi (17 Déc. 1712). La cabale hollandaise dut céder enfin et se résigner à accepter la paix sur les bases proposées par Strafford, mais non sans quelques restrictions. Les Hollandais s'acharnaient à réclamer Condé ; ils prétendaient installer leurs garnisons à Namur, Charleroy et Luxembourg, tant que le duc de Bavière, non réintégré encore, continuerait d'y exercer le gouvernement, ils osaient même indiquer comme souhaitable le retour de Strasbourg à l'Empire. Le 30 Janvier 1713, fut signé le traité de garantie « pour la succession de la couronne de la Grande-Bretagne et pour la Barrière de leurs hautes puissances. » A la suite de l'Angleterre, les États Généraux se résignaient à la paix[1]. Ce fut le signal de la débandade générale de la coalition. Les États secondaires n'avaient plus confiance dans le succès de l'Autriche, restée seule grande puissance en face de Louis XIV. Le roi de Prusse Frédéric I, craignant une diversion de Charles XII, engagea une double négociation : à Stralsund, Kniphausen remit à l'agent français de la Verne, le contenu des revendications prussiennes; à Utrecht, Döhnof et Biberstein

---

1. Correspond. du roi avec les plénipotentiaires, Hollande, t. 247. — Jusqu'aux derniers jours de la négociation les Hollandais réclamèrent le retour sans aucune exception au tarif de 1664. Mais Louis XIV avait déclaré, dans le mémoire remis à ses plénipotentiaires, le 18 novembre 1711, que les Hollandais n'obtiendraient ce tarif, que si l'électeur de Bavière était rétabli comme avant la guerre dans ses États et dignités. La paix d'Utrecht ne décida rien sur ce sujet; et ce fut apparemment pour cette raison que les Hollandais cessèrent d'insister et se contentèrent du tarif de 1699. Mesnager fit remarquer à ce propos, dans une lettre du 13 avril 1713 à Torcy, que les Anglais ayant réclamé le traitement de la nation la plus favorisée, les commissaires anglais, lors du règlement des tarifs, ne seraient plus fondés à réclamer le rétablissement du tarif de 1664 abandonné maintenant par les Hollandais. Torcy répondit qu'il fallait se contenter de la promesse de Shrewsbury de réclamer seulement le traitement de la nation la plus favorisée et ne pas susciter de difficultés nouvelles. (v. Angleterre, Mém. et docum. t. 33, f° 244-246). Finalement les Hollandais renoncèrent à toutes leurs prétentions douanières. Le traité de commerce de 1713 est la reproduction mot pour mot du traité de Ryswick, sauf l'art. XII de ce traité, qui stipulait qu'un nouveau tarif serait élaboré dans le délai de trois mois. Ce tarif est celui de 1699, qui fut remis en vigueur sans stipulation particulière à ce propos, comme fut remis en vigueur le traité commercial de Ryswick dans toute son étendue.

proposèrent d'échanger la principauté d'Orange contre le haut quartier de Gueldre, et le nouveau roi, Frédéric-Guillaume I, confirma les dernières volontés de son père (février 1713). Le mois de mars fut consacré à discuter les prétentions impériales. Sinzendorf réclamait la restitution de Strasbourg, de Landau et du nord de l'Alsace à l'Empire, ainsi qu'une satisfaction pour le duc de Lorraine. Il refusait de laisser la Sardaigne au duc de Bavière; et prétendait que le duc ne pourrait recouvrer ses États, sous prétexte qu'il avait été mis au ban de l'Empire, mais son fils y serait installé à sa place. Il proposait aussi l'évacuation simultanée de la Catalogne, par les troupes impériales, de l'Italie, par les troupes de la France et de ses alliés, c'est-à-dire des Espagnols, que les Autrichiens faisaient semblant d'ignorer dans tout le cours de cette négociation. Jusqu'au rétablissement de la paix, l'Italie serait reconnue terre neutre. Louis XIV admit les propositions relatives à la Catalogne et à l'Italie et signa avec la reine Anne deux conventions pour les définir [1]; mais il écarta les autres propositions qui étaient excessives et il remit à une date ultérieure le soin de s'entendre avec l'empereur. Les Anglais s'unirent aux plénipotentiaires français pour détacher les Hollandais en les amenant à abandonner leurs dernières revendications. Enfin, le 11 avril 1713, furent signés les sept traités d'Utrecht [2] qui désarmèrent la coalition, formée le 7 septembre 1701, sous le nom de grande alliance de la Haye.

---

1. Ces pièces existent en originaux aux archives des Affaires étrangères : 1° en français, à la date du 14 mars 1713, Convention signée à Utrecht entre le roi Louis XIV et la reine Anne pour l'évacuation de la Catalogne; 14 articles, en plus un article séparé, signatures d'Huxelles, de Mesnager, de Bristol et de Strafford avec cachets. 2° en latin, à la date du 24 mars, ratification des précédents; les articles sont reproduits comme toujours dans les ratifications, mais traduits en latin. Signature de la reine Anne.

2. La Grande-Bretagne et les Provinces-Unies signèrent chacune deux traités avec Louis XIV : un traité « de paix et d'amitié » et un traité « de navigation et de commerce. » Les trois autres signataires furent le roi Juan V de Portugal, l'électeur de Brandebourg Frédéric-Guillaume, reconnu roi de Prusse et le duc de Savoie Victor-Amédée, reconnu roi de Sicile. — Voir pour les dernières négociations, France, t. 440, f° 91 et suiv. — Hollande, Mém. et Docum., t. 54 et 55. — Si Louis XIV avait dirigé les négociations pour son petit-fils, il était nécessaire que celui-ci ratifiât de sa signature les engagements pris en son nom, de là une série de traités signés à Utrecht par les plénipotentiaires espagnols, le duc d'Ossuna, le comte de Bergeyck et le marquis de Monteleone : 13 juillet 1713; Traité avec le duc de Savoie, qui cède la Sicile à Victor-Amédée. — Même date. Traité avec l'Angleterre. — 26 juin 1714. Traité avec la Hollande. Ce traité, retardé longtemps par Philippe V, qui voulait assurer à la princesse des Ursins aux Pays-Bas une principauté d'un revenu de 30000 écus, passa sous silence les intérêts de la camerera mayor.

Il fallut une dernière campagne pour forcer l'Autriche à déposer les armes. Villars s'empara de Landau, le 17 août 1713, et de Fribourg en Brisgau, le 11 novembre suivant. Dès le 26 novembre, des conférences s'ouvrirent à Rastadt; le maréchal de Villars et le prince Eugène devaient négocier directement, assistés chacun de deux secrétaires : d'Hauteval et de la Houssaye pour la France, Penterrieder et Hundheim pour l'Autriche. Villars revendiqua Landau, une compensation pour Fribourg et une principauté pour la princesse des Ursins; le 4 décembre, il fut convenu que le traité de Ryswick servirait de base. C'était l'abandon de Fribourg; mais le roi demandait le rétablissement des deux électeurs de Bavière et de Cologne dans tous leurs biens et dignités. La réplique de Vienne ne se fit pas attendre : c'était un refus catégorique, accompagné de réclamations, en vue d'obtenir la garantie des privilèges de la Catalogne et l'évacuation de Porto Longone par les Espagnols. Aucune compensation n'était accordée en retour de l'abandon de Fribourg. Le 6 février 1714, une première rupture eut lieu. Villars, si remarquable sur les champs de bataille, avait le sang trop chaud, la verve trop franche et tombait trop facilement dans les pièges que lui tendait un adversaire plus maître de lui, plus fin et plus habile [1]. Les tentatives du roi, pour assurer aux Pays-Bas le domaine souverain promis à la princesse des Ursins, paralysèrent longtemps la négociation, et la firent même rompre une première fois [2]. Cependant les conférences reprirent le 28 février. Villars

---

1. Marquis de Voguë, *Villars, d'après sa correspondance et des documents inédits*, 1888, 2 vol. in-8. — V. aussi au dépôt de la Guerre le carton n° 2506 qui contient un grand nombre de lettres de Villars au secrétaire d'État de la guerre, Voysin, et au marquis de Torcy sur la négociation, avec quelques réponses de Versailles. Le 1er janv. 1714, Villars écrit que les ordres venus de Vienne retardent la paix, que les troupes la souhaitent, qu'il a beaucoup d'impatience de la conclure et qu'il espérait pouvoir annoncer au roi, pour le jour de l'an, qu'elle serait signée (pièce 100). — Le 4 janvier, il se porte garant de la loyauté du prince Eugène : « Il me disait encore aujourd'hui : Si nos Maîtres n'avoient pas voulu finir, ce n'estoit pas de nous dont ils devoient se servir, et gens comme nous ne doivent pas rompre pour des lanternes. » (pièce n° 101). — Le 21 janv., il croit la paix signée; il écrit triomphalement à Torcy : « Je viens de gagner, Monsieur, ma dernière bataille » (pièce 118). — Mais il reçoit peu de jours après cette lettre de Voysin, datée du 22 janvier : « Vous êtes bien loin de compte, Monsieur; le projet que vous avez envoyé a été lu au conseil; il y a des articles qui ne peuvent passer en particulier sur les Catalans. » Voysin annonce l'envoi d'un mémoire détaillé de Torcy sur les conditions à exiger, et il adresse un plan pour les opérations de la prochaine campagne » (pièce 120). Ainsi tombèrent plusieurs fois les illusions optimistes du brave Villars.

2. *Dépôt de la guerre*, Carton 2506, pièce 125. Villars à Voysin : « Donc,

avait reçu cinq jours auparavant ses pleins pouvoirs ; il se rendit de Strasbourg à Rastadt. Les pourparlers prirent plus d'extension : le roi demandait que l'empereur signât la paix « avec le concours de l'Empire » c'est-à-dire en engageant tout le corps germanique et que la négociation avec l'Espagne marchât de pair avec celle qui était engagée entre la France et l'Autriche. Enfin les derniers points litigieux sont réglés ; le traité est signé le 6 mars 1714 et Contades est délégué comme courrier extraordinaire pour en porter au roi les articles [1].

Le traité de Rastadt ne régla le différend qu'entre le roi et l'empereur. Mais les délégués des princes allemands ne faisaient aucune difficulté d'y adhérer. Ils se réunirent à Bade en Argovie et y confirmèrent, le 7 septembre 1714, le traité de Rastadt, traité glorieux, puisqu'il assura à la France la possession de l'Alsace accrue de Landau, avec Queichheim, Nussdorf et Dammheim et leur territoire. L'empereur n'obtint aucune promesse en faveur de ses protégés de Catalogne, renonça à son titre de Majesté Catholique et rétablit dans tous leurs États, charges et dignités les électeurs de Bavière et de Cologne. Il est vrai que l'acquisition des Pays-Bas, du Milanais, des Présides de Toscane, de Naples et de la Sardaigne constituait pour les Habsbourg une assez belle portion d'héritage ; et cet héritage était pleinement incorporé dans leurs États patrimoniaux sans aucune séparation de branche, sans aucune limitation [2]. Le traité d'Anvers du 19 novembre 1715, négocié entre l'autrichien Kœnigsegg et les représentants des Provinces-Unies, régla la transmission des Pays-Bas de l'Espagne à l'Autriche et constitua la *barrière* à laquelle les Hollandais attachaient tant de prix. De là le nom de traité de la Barrière sous lequel ce traité d'Anvers est souvent désigné [3]. L'état de guerre, mais sans reprise

---

Monsieur, si la guerre continue en Europe, ce sera l'intérêt de Mme des Ursins qui en sera la première cause...; peut-être que l'on veut la guerre en France au lieu de la paix qui m'a paru si désirable ; si cela est, on donne beau jeu au caractère opiniâtre de l'archiduc » (28 janv. 1714). — Sur la princesse des Ursins, consulter COMBES, *La princesse des Ursins*. Paris, 1858. — A. GEFFROY, *Mme de Maintenon, d'après sa correspondance authentique*. Paris, 1887 et surtout la thèse déjà souvent citée de M. Baudrillart

1. *Dépôt de la guerre*. Carton 2506 : la Houssaye au roi, 2 février 1714. — Villars au roi, 8 et 23 février, 2, 4 et 6 mars (pièces n°s 134, 141, 155, 167, 168, 170).

2. La correspondance de Villars avec le roi et Torcy se trouve aussi dans Vienne, t. 93, 94 et 96.

3. Les deux traités de Bade et d'Anvers sont publiés dans Dumont, t. VIII, part. I, p. 436 et 458. Nous ne les reproduirons pas ci-après. — Le traité de

effective des hostilités, n'exista plus qu'entre l'Espagne et l'Autriche. La paix entre ces deux puissances ne fut rétablie que par le premier traité de Vienne du 3 avril 1725. Encore ce traité n'est-il que le point de départ de nouvelles et graves difficultés diplomatiques.

Les négociations du congrès d'Utrecht, et celles de Villars à Rastadt sont donc les derniers actes importants de cette diplomatie si active et si glorieuse pendant tout le règne de Louis XIV. Si l'on peut reprocher au roi d'avoir trop sacrifié à sa propre grandeur et à celle de sa maison, il faut se souvenir toujours qu'il confondait les intérêts de sa famille et de sa propre gloire avec ceux de la France. La postérité, qui juge les événements du passé à un point de vue différent, peut regretter qu'il n'ait pas préféré l'exécution du second traité de partage à l'adoption du dernier testament de Charles II. Mais elle ne peut reprendre dans le vieux roi aucune pensée, aucun sentiment qui n'ait été réellement français. Dans les plus rudes épreuves, il resta inflexible sur tout ce que lui commandait l'honneur ; il sut parler dignement à la France et au nom de la France. Jusqu'au dernier jour, il a conduit personnellement les négociations avec une hauteur de vue, une lucidité, une possession de lui-même qui n'ont subi aucune éclipse. Sans doute il a été admirablement servi par Lionne et Arnaud de Pomponne; par Colbert de Croissy et le marquis de Torcy; et, après une étude si prolongée de l'œuvre de ces grands diplomates, il ne serait pas juste de ne leur point attribuer une large part dans les succès de notre diplomatie. Le roi n'en a pas moins exercé toujours, avec l'art souverain du commandement, la haute direction dans toutes les graves affaires. Il a su penser et écrire mieux qu'aucun de ceux qui l'entouraient. On ne peut lire sa correspondance intime avec Philippe V, ou les notes diplomatiques qu'il a dictées en personne, sans admirer également le mérite de l'écrivain et le génie du prince.

Bade est la copie presque identique du traité de Rastadt; nous indiquerons par des notes à ce dernier traité les très petites différences qui existent entre quelques articles. Le traité de la Barrière entre l'empereur Charles VI, le roi de la Grande-Bretagne Georges I et les seigneurs États-Généraux des Provinces-Unies, n'est signé par aucun ministre français et il est en conséquence en dehors de notre sujet.

II

BIBLIOGRAPHIE

1° PUBLICATION DES TEXTES DES TRAITÉS

DUMONT, *Corps diplomatique*, t. VIII, part. I, publie les sept
traités d'Utrecht, p. 339, 345, 353, 356, 362, 366 et 377 : le
traité de Rastadt est à la page 415 et le traité de Bade à la
page 436. Le traité avec le roi de Prusse est en latin ; tous les
autres sont en français. Dumont les publie d'après des copies
imprimées à Paris chez François Fournier avec privilège du roi.

*Actes, Mémoires et autres pièces autentiques (sic) concernant la
paix d'Utrecht depuis l'année 1706 jusqu'à présent.* Utrecht,
1723, 5 vol. in-18. — Voir les différents traités, t. II, p. 457,
p. 465 (les deux traités avec l'Angleterre en latin et en français);
p. 544, le traité avec le roi de Portugal ; p. 564, le traité avec
le roi de Prusse ; t. III, p. 1 et p. 77, les deux traités avec la
Hollande ; t. V, p. 342, le traité de Rastadt.

SCHŒLL, *Histoire abrégée des traités de paix de 1648 à 1815.*
Paris, 1818. 15 vol. in-8.

DE CLERCQ, *Recueil des traités de la France*, t. I, donne en
entier les traités de paix avec la Grande-Bretagne et avec le
Portugal, et quelques articles seulement du traité de navigation et de commerce avec la Grande-Bretagne.

Les négociations et les clauses des traités sont résumées dans :

FLASSAN, *Hist. de la Diplomatie*, 2ᵉ édit., t. IV, livre VI et VII
(période comprise de 1700 à 1715).

GARDEN, *Hist. des traités de paix*, t. II.

KOCH, *Abrégé de l'histoire des traités*, t. I.

2° MANUSCRITS

I. AUX ARCHIVES DES AFFAIRES ÉTRANGÈRES :

1° *Correspondance politique :*

Hollande, t. 189 à 250 ;
Angleterre, t. 189 à 238 ;
Espagne, t. 84 à 226 ;
Vienne, t. 74 à 96.

Et parmi les États secondaires : Brandebourg, t. 41 ; — Portugal,
t. 35 ; — Turin, t. 106 ; — Suisse, t. 124 ; — Lorraine, t. 51 ;
— Pologne, t. 123 ; — Danemark, t. 64 ; — Moscovie, t. 3.

2° *Mémoires et documents :*

> France, t. 435 et 436; 440 et 441, 1425 à 1427;
> Hollande, t. 53-57;
> Angleterre, t. 10, 17 et 33;
> Espagne, t. 49; 84 à 86; 101 à 116; 126 à 133;
> Allemagne, t. 56;
> Bavière, t. 1.

II. Aux archives nationales : Les archives nationales sont plus riches en documents espagnols qu'en tous autres documents étrangers. Une grande partie des papiers d'État de Simancas ont été transportés à Paris sous le premier empire et il en a été très peu restitué en 1815. — Voir surtout la série K, cartons 1300-1333, et la série KK, cartons 1321 à 1325 et 1680.

III. Au dépot de la guerre : Les lettres et mémoires des hommes de guerre chargés de négociations : Tallard, Marsin, d'Harcourt, Villars, etc., et spécialement la correspondance relative à l'ambassade de Marsin en Espagne (cartons n°⁸ 1598-1600). — Les lettres expédiées ou contresignées par le marquis de Torcy (n°⁸ 1615; 1908; 1992; 2016; 2148; 2218; 2443; 2485; 2509). — Lettres échangées entre Louis XIV, le roi et la reine d'Espagne (n°⁸ 1803 et 2075). Lettres diverses et surtout négociations de Villars à Rastadt (n° 2506).

3° IMPRIMÉS

A. Legrelle, *La diplomatie française et la succession d'Espagne,* t. IV.

A. Baudrillart, *Philippe V et la cour de France de 1700 à 1715.* Paris, 1889.

Ces deux ouvrages, très complets et très bien informés, ont une excellente bibliographie qui dispenserait à la rigueur d'indiquer ici les autres ouvrages français et étrangers sur la question. Nous citerons cependant les principaux :

Mémoires de Torcy, de Saint-Simon, du marquis de Sourches, de Dangeau, de Louville, etc.

Giraud, *Le traité d'Utrecht.* Paris, 1846.

Combes, *La princesse des Ursins.* Paris, 1858.

Hippeau, *Avènement des Bourbons au trône d'Espagne.* Paris, 1875, 2 vol.

De Courcy, *La coalition de 1701 contre la France*. Paris, 1886, 2 vol. — *L'Espagne après la paix d'Utrecht*. Paris, 1891, 1 vol.

Herm. Reynald, *Louis XIV et Guillaume III*. Paris, 1883, 2 vol.

De Vogüé, *Villars d'après sa correspondance*. Paris, 1888, 2 vol.

Fréd. Masson, *Journal inédit de J.-B. Colbert, marquis de Torcy*. Paris, 1884, 1 vol.

Sirtema de Grovestins, *Guillaume III et Louis XIV*. Paris, 1855, 8 vol. in-8.

Parmi les publications étrangères nous citerons principalement :

Onno Klop, *Der Fall des Hauses Stuart*. Vienne, 1875-88, 14 vol.

Von Noorden, *Der Spanische Erbfolgekrieg*. Leipzig, 1870-82, 3 vol.

Gœdeke, *Die Politik Œsterreichs in der Spanischen Erbfolgefrage*. Leipzig, 1877, 2 vol.

Paul Grimblot, *Letters of William III and Louis XIV*. Londres, 1848, 2 vol.

W. Gérard, *The Peace of Utrecht. A Historical Review of the great treaty of 1713-14, and of principal events of the spanish Succession*. New-York, 1835.

J. A. Vijnne, *Négociations de M. le comte d'Avaux en Suède pendant les années 1693, 1697 et 1698*. Utrecht, 1883, 3 vol.

Maldonado Macanaz, *Espana y Francia en el siglo* XVIII. Madrid, 1880.

Barozzi e Berchet, *Relazioni degli ambasciatori Veneziani nel secolo decimo settimo*. Venise, 1858 et 1874, 8 tomes en 9 vol.

Signalons en terminant le *Répertoire de l'histoire diplomatique de l'Europe depuis le congrès de Westphalie jusqu'à la paix d'Utrecht* publié par M. Sorel, en collaboration avec ses élèves les plus distingués, dans LES ANNALES DE L'ÉCOLE DES SCIENCES POLITIQUES (janvier 1890). Ce répertoire, sans être complet, est facile à consulter et peut abréger beaucoup de recherches.

III

INSTRUMENTS ORIGINAUX

Les pièces originales des archives des Affaires étrangères relatives aux traités d'Utrecht, de Rastadt et de Bade comprennent six séries :

SÉRIE A. — GRANDE-BRETAGNE. — NEUF PIÈCES

1° *Instrument original du traité de paix et d'amitié, du 11 avril 1713, entre Louis XIV et la reine Anne.* Cahier de papier de 18 f⁰ˢ doubles, 30 articles en français; signatures avec cachets, Huxelles et Mesnager à gauche, Bristol et Strafford à droite; suit la teneur de leurs pleins pouvoirs (Dumont, t. VIII, part. I, p. 339-343).

2° *4 articles séparés* signés le même jour entre les mêmes : le 1ᵉʳ relatif à la défectuosité des pouvoirs des plénipotentiaires anglais en latin (Dumont, p. 344); le 2ᵉ relatif à la cession des Pays-Bas par l'électeur de Bavière (non publié); le 3ᵉ relatif au chevalier de Saint-Georges (Dumont, p. 344); le 4ᵉ est l'acte d'échange des ratifications du 9 mai 1713 (Dumont, p. 344).

3° *Traité de navigation et de commerce* signé le même jour entre les mêmes : en français 39 articles, en outre un formulaire en français et deux en latin comprend 21 f⁰ˢ (Dun ', p. 345-350).

4° *Acte interprétatif* de plusieurs points du précédent. Il se rapporte surtout à l'art. IX.-9 art. en français sur papier; mêmes signatures (Dumont, p. 352).

5° et 6° *Ratifications* par la reine Anne des deux traités de navigation, à la date du 18 avril : en latin sur parchemin avec répétition des articles; cahiers, l'un de 23 f⁰ˢ doubles; l'autre, de 22 f⁰ˢ doubles.

7° *Ratification* par le roi de l'acte interprétatif (porté ci-dessus au n° 4) le 18 avril 1713 : en français, 5 f⁰ˢ sur parchemin ; avec cette note : « Cette ratification a été renvoyée d'Utrecht par les plénipotentiaires du Roy, ceux d'Angleterre n'en ayant pas reçu de leur cour pour l'échanger avec celle-ci. » La pièce anglaise fut oubliée ou égarée en route.

8° *Convention en interprétation de l'art. IX du traité de commerce* concernant l'exception de la règle du tarif de 1664 relative aux draps, sucre et poisson salé : 4 articles, en français, sur papier (v. Dumont, p. 353).

9° *Actes d'inclusion* dans le traité conclu entre la France et l'Angleterre : de la république de Venise (19 juin), du roi de Prusse et des cantons suisses (20 juillet 1713) en latin ; chaque pièce est sur un f⁰ distinct de parchemin (Dumont, p. 344 et 345).

Série B. — Portugal. — Six pièces

1° et 2° *Suspension d'armes* du 7 nov. 1712 et *ratification* de la précédente (7 déc. 1712) : la 1re pièce en français, 6 art. sur 5 pages papier; signatures : Huxelles, Polignac, Mesnager, cte de Farouka et dom Luis da Cunha; la seconde en portugais sur cahier de 6 fos parchemin.

3° et 4° *Renouvellement de la suspension d'armes* (1er mars 1713) et ratification du 27 mars : mêmes signatures, sauf celle de Polignac, qui a quitté Utrecht; 3 art. en français sur papier; la ratification en portugais sur parchemin.

5° et 6° *Traité de paix* du 11 avril 1713 et ratification du 9 mai 1713 : la 1re pièce comprend 19 art. en français, sur 10 fos de papier, avec les mêmes quatre signatures et les pleins pouvoirs des négociateurs; la seconde en portugais sur un cahier de 7 fos en parchemin (Dumont, p. 353-355).

Série C. — Prusse. — Six pièces

1° *Traité de paix* entre Louis XIV et Frédéric-Guillaume I, roi de Prusse, du 11 avril 1713 : 12 art. en français sur 4 fos de papier, avec les signatures : Huxelles, Mesnager, de Dönhof et maréchal de Biberstein. Dumont le publie en latin p. 356-358. Nous avons copié sur l'instrument original le texte français que nous publions.

2° et 3° *Deux articles séparés* : même date et même signatures en français chacun sur 1 feuillet de papier; l'un pour reconnaître à l'électeur le titre de roi de Prusse; l'autre concernant l'évacuation de Rheinberg (Dumont, p. 358).

4°, 5° et 6° *Ratification* des trois actes précédents, le 17 avril 1713; en latin et sur parchemin.

Série D. — Savoie. — Sept pièces

1° *Traité de paix* entre Louis XIV et Victor-Amé (*sic*) du 11 avril 1713 : 19 art. en français sur 11 fos doubles de papier, portant les signatures : Huxelles, Mesnager, le cte Maffei, Solar du Bourg, P. Mellarede, avec les renonciations des ducs d'Orléans, et de Berry à la couronne d'Espagne et les lettres patentes du roi (Dumont, p. 362).

2° *Article séparé* : même date, mêmes signatures. Le duc s'engage à ne bâtir, ni rebâtir aucune fortification à Pignerol; en français, 1 page papier.

3° *Ratification* du traité (25 avril 1713) sur 12 f⁰ˢ doubles de parchemin, avec deux grands sceaux de cire.

4° *Acte de rémission* de la ville et du comté de Nice au duc de Savoie (29 mai 1713) : mêmes signatures; en français, 3 pages papier.

5° *Acte concernant l'artillerie du château de Villefranche et autres places* (29 mai 1713); en français, 1 f⁰ papier.

6° *Acte de rémission des États de Savoie* fait par Sa Maj. Très-Chrétienne à Victor-Amé II (5 juin 1713); en français.

7° *Déclaration du duc de Savoie* pour l'inclusion des trois Ligues Grises dans le traité d'Utrecht du 11 avril (14 juin 1713); en français.

SÉRIE E. — ÉTATS-GÉNÉRAUX. — DIX-NEUF PIÈCES

1° *Traité de paix et d'amitié* entre Louis XIV et les seigneurs États-Généraux des Provinces-Unies (11 avril 1713) : 39 articles en français sur 11 f⁰ˢ doubles de papier; signatures : Huxelles et Mesnager pour le roi, J. V. Randwyck, Willem Buys, B. V. Dussen, C. V. Gheel van Spanbroeck, F. A. baron de Rheede de Renswoude, Sicco van Goslinga, graef van Kniphuysen (Dumont, p. 366-371).

2° *Traité de navigation et de commerce* entre les mêmes : même date et mêmes signatures; en français, 10 f⁰ˢ doubles sur papier (Dumont, p. 377-382).

3°-7° Même date : trois articles séparés et deux déclarations; 3° sur les conditions relatives à la *barrière* des Pays-Bas (Dumont, p. 373); 4° Louis XIV s'engage à obtenir la paix de Philippe V avec les Hollandais en assurant à ceux-ci pour leur commerce les mêmes avantages qu'ils avaient déjà obtenus de la France (Dumont, p. 372); 5° Engagement de remettre le royaume de Sardaigne au duc de Bavière (Dumont, p. 373); 6° *Une déclaration* sur l'envoi à Utrecht de commissaires nommés par les États-Généraux, l'Angleterre et la France, afin de régler les droits d'entrée et de sortie frappant les marchandises des Pays-Bas. Ces droits devaient être ramenés au tarif de 1680 jusqu'à la décision des commissaires (Dumont, p. 373); 7° *Une déclaration* relative à la pêche du hareng.

8°-12° *Ratifications*, à la date du 29 avril 1713; en français et sur parchemin : du traité de paix; des articles séparés 3 et 5; de la déclaration n° 6 et d'un article séparé sur la suppression du droit de 50 sous par tonneau dont l'exemplaire ne se trouve pas parmi les instruments originaux (v. cet art. séparé dans Dumont, p. 382).

13° *Acte relatif à l'art. III du traité de commerce* sur la restitution des prises faites (12 mai 1713); en français, sur papier.

14° *Acte relatif à la neutralité du Luxembourg* (11 juin 1713) pour assurer l'exécution des art. IX, X et XVII du traité de paix; français, sur papier.

15°-19° *Déclarations annexes (en français et sur papier)* : 15° traité relatif aux dettes des États-Généraux pour les villes et lieux occupés en Artois (19 nov. 1713); 16° traité de liquidation des prétentions des États-Généraux sur les mêmes (19 nov. 1713); 17°-19° ratification de trois autres conventions du même genre du 28 nov., du 12 déc. 1713 et du 21 mars 1714. Les originaux de ces trois dernières pièces manquent.

SÉRIE F. — EMPEREUR ET EMPIRE. — 10 PIÈCES

1° *Pleins pouvoirs* de l'empereur Charles VI au prince Eugène (Vienne, 6 déc. 1713); en latin, 1 grande feuille parchemin.

2° *Traité de paix de Rastadt* du 6 mars 1714 signé entre l'empereur Charles VI et l'Empire, d'une part, et Louis XIV de l'autre : 37 art. en français sur 18 f° doubles de papier avec les pleins pouvoirs, avec les signatures : Eugène de Savoie, le M. duc de Villars (Dumont, p. 415-421).

3° *Trois articles séparés*, même date et mêmes signatures : sur les titres pris de part et d'autres dans les pleins pouvoirs et le traité (Dumont, p. 422); 2° sur la langue française employée exceptionnellement dans un traité avec l'empereur (Dumont, p. 422); 3° sur le choix de la ville de Bade pour le traité définitif (Dumont, p. 422.

4° *Ratification du traité de Rastadt* du 17 mars 1714; en latin, 10 f° doubles de parchemin, reliure de velours cramoisi.

5° *Attestation des secrétaires d'ambassade* des deux parties que l'échange des ratifications du traité de paix a été opéré (6 avril 1714).

6° *Traité de Bade*, la pièce est en latin, datée du 7 sept. 1714. Elle contient 38 art. sur 22 f° doubles de papier; elle porte les signatures : Eugenius a Sabaudiâ, Petrus Comes de Goes, Joh.

Frid. C. a Seilern, le M. duc de Villars, le comte du Luc, de Barberie de Saint-Contest (Dumont, p. 436-441).

7º *Article séparé*, en latin, sur les titres pris ou omis de part et d'autre (7 sept. 1714).

8º *Décret de la diète de Ratisbonne* pour autoriser l'empereur à ratifier le traité de Bade, texte latin et traduction certifiée par le baron de Penterrieder, secrétaire de l'ambassade impériale à Bâle (9 oct. 1714).

9º *Ratification du traité de Bade*; en latin, 11 fºs doubles de parchemin, rel'ure de velours cramoisi (15 oct. 1714).

10º *Acte d'échange* des ratifications du traité de Bade (28 oct. 1714); en latin avec les signatures des secrétaires d'ambassade Penterrieder et du Theil.

TRAITÉ DE PAIX ET D'AMITIÉ

ENTRE LOUIS XIV, ROI DE FRANCE, ET ANNE, REINE DE LA GRANDE-
BRETAGNE, DU 31 MARS-11 AVRIL 1713

Louis, par la grace de Dieu, Roi de France et de Navarre
à tous ceux qui ces présentes Lettres verront, Salut. Comme
nôtre très-cher et bien aimé cousin le Marquis d'Huxelles
Maréchal de France, Chevalier de nos Ordres, et nôtre
Lieutenant Général au Gouvernement de Bourgogne, et
nôtre très-cher et bien aimé, le Sieur Mesnager, Chevalier
de nôtre Ordre de St. Michel, nos Ambassadeurs Extraordinaires et Plénipotentiaires, en vertu des Pleinpouvoirs
que nous leur avions donné, auroient conclu, arresté et
signé à Utrecht le onziéme du présent mois d'Avril, avec le
Sr. Jean Evèque de Bristol, Garde du Sceau privé d'Angleterre, Conseiller de notre très-chére et trés-amée Sœur,
la Reine de la Grande-Bretagne, en son Conseil d'Etat,
Doyen de Windsor et Sécretaire de l'Ordre de la Jarretière,
et le Sr. Thomas Comte de Strafford, Vicomte de Wentworth, Woodhouse, et de Stainboroug, Baron d'Overfley,
Neumarsh, et Raby, Conseiller de nôtredite Sœur en son
Conseil d'Etat, son Ambassadeur Extraordinaire et Plénipotentiaire auprès des États Généraux des Provinces-Unies
des Païs-bas, Colonel de son Regiment Royal de Dragons,
Lieutenant Général de ses Armées, premier Seigneur de
l'Amirauté de la Grande-Bretagne et d'Irlande, Chevalier
de l'Ordre de la Jarretière, en qualité d'Ambassadeurs
Extraordinaires et Plénipotentiaires de nôtredite Sœur
pareillement, munis de ses Pleinpouvoirs, le Traité de Paix
dont la teneur s'ensuit.

D'autant qu'il a plu à Dieu tout puissant et miséricor-
dieux pour la gloire de son St. nom, et pour le salut du
genre humain d'inspirer en son tems aux Princes le désir
réciproque d'une réconciliation qui fit cesser les malheurs

qui désolent la terre depuis si long-temps, Qu'il soit notoire à tous et à un chacun à qui il appartiendra que par la direction de la Providence Divine, le Sérénissime et très-Puissant Prince Louïs XIV, par la grace de Dieu Roy T. C. de France et de Navarre, et la Sérénissime et très-Puissante Princesse Anne, par la grace de Dieu, Reine de la Grande-Bretagne, mus du désir de procurer (autant qu'il est possible à la prudence humaine de le faire) une tranquillité perpétuelle à la Chrétienté, et portez par la considération de l'interest de leurs Sujets, sont enfin demeurez d'accord de terminer cette guerre, si cruelle par le grand nombre de combats, si funeste par la quantité de sang Chrétien qu'on y a versé, laquelle après s'être malheureusement allumée il y a plus de dix ans, a toûjours continué depuis avec opiniatreté. Leurs susdites Majestez, afin de poursuivre un projet si digne d'Elles, ont nommé et constitué de leur propre mouvement, et par le soin paternel qu'Elles ont pour leurs Sujets et pour la Chrétienté, leurs Ambassadeurs Extraordinaires et Plénipotentiaires respectifs, sçavoir Sa Majesté Très Chrétienne le Sieur Nicolas Marquis d'Huxelles [1], Maréchal de France, Chevalier des Ordres du Roy, Lieutenant Général au Gouvernement de Bourgogne, et le Sieur Nicolas Mesnager [2], Chevalier de l'Ordre de St.-Michel ; Et Sa Majesté Britannique, le Bien Révérend Jean

---

1. Nicolas du Bled, marquis d'Huxelles, né à Chalon-sur-Saône le 24 janvier 1652, fut d'abord destiné à l'état ecclésiastique. A la mort de son frère aîné, il entra dans l'armée (1671), où il obtint un avancement rapide grâce à ses beaux services dans la guerre de Hollande et à la protection de Louvois et de Mme de Maintenon. Sa valeur au siège de Philipsbourg (1688), sa brillante défense de Mayence (1689) et ses campagnes d'Allemagne sous Lorges, Choiseul et Catinat lui valurent la dignité de maréchal de France (14 janvier 1703). Ce fut la fin de sa carrière militaire et le commencement de sa carrière diplomatique. Aux pénibles conférences de Gertruydenberg et au congrès d'Utrecht, où il siégea comme premier plénipotentiaire français, il montra de réelles qualités de souplesse et de pénétration. Louis XIV le récompensa de ces nouveaux services en le nommant gouverneur général d'Alsace, puis de Strasbourg. Il le désigna dans son testament pour faire partie du conseil de régence. D'Huxelles fut président du conseil des affaires étrangères après la mort du roi. Il mourut le 10 avril 1730. C'était un homme de plaisir, d'esprit fin, qui fut constamment l'ami de MMmes de la Fayette et de Sévigné.

2 Nicolas .e Baillif, comte de Saint-Jean, dit le Mesnager, né à Rouen en 1658, mort à Paris le 15 juin 1714, s'était désigné lui-même au choix du roi par un mémoire de juillet 1711 où il concluait à l'utilité de négocier à

Evesque de Bristol[1], Garde du Sceau privé d'Angleterre, Conseiller de la Reyne en son Conseil d'Etat, Doyen de Windsor, et Sécretaire de l'Ordre de la Jarretière et le Sieur Thomas Comte de Strafford, Vicomte de Wentworth, Woodhouse, et de Stainborough, Baron de Neumarsh, Overfley, et Raby, Conseiller de la Reyne en son Conseil d'Etat, son Ambassadeur Extraordinaire et Plénipotentiaire auprès des États Généraux des Provinces-Unies, Colonel du Regiment Royal de Dragons de Sa Majesté, Lieutenant Général de ses Armées, premier Seigneur de l'Amirauté de la Grande Bretagne et d'Irlande, et Chevalier de l'Ordre de la Jarretière, auxquels leurs Majestez Royales ont donné leur Pleinpouvoirs pour traiter, convenir et conclure une paix ferme et stable. Les susdits ambassadeurs Extraordinaires et Plénipotentiaires, après plusieurs conférences épineuses tenues dans le congrez étably pour cette fin à Utrecht, ayant enfin surmonté, sans l'intervention d'aucune médiation[2], tous les obstacles qui s'opposoient à l'accom-

---

Londres afin d'obtenir « des restrictions » aux demandes adressées par les ennemis du roi. Il prépara très habilement les préliminaires de Londres et mérita d'être envoyé comme ministre plénipotentiaire au congrès d'Utrecht. Il s'entendait surtout au règlement des affaires de commerce.

1. Le docteur John Robinson, né à Cleasby, Yorkshire, le 7 novembre 1650, gradué d'Oxford et fellow de l'Oriel Collège de 1675 à 1686, fut envoyé comme ambassadeur en Suède auprès de Charles XI (1686), contribua à faire abandonner à ce prince l'alliance française, accompagna Charles XII à Narva et devint évêque de Bristol, le 19 novembre 1710. Il remplaça lord Jersey dans la négociation avec Mesnager, le 4 octobre 1711 (v. Anglet., t. 234, f° 1 à 35). Lorsqu'il quitta Londres pour se rendre au congrès d'Utrecht, la foule le suivit en l'acclamant et en le conjurant de rapporter bientôt la paix (voir Dangeau, 16 janvier 1712). A son retour du congrès, le 8 août 1713, il fut nommé évêque de Londres, mais il fut disgracié par Georges I à cause de son attachement aux tories. Il mourut à Hampstead le 11 avril 1723.

2. Au commencement de l'année 1710, le roi de Pologne Auguste II proposa sa médiation conjointement avec le tsar. Leur ennemi commun, Charles XII, venait d'être écrasé à Poltawa. Auguste II espérait par là obtenir la reconnaissance du roi. Bezenval demandait que les princes du Nord fussent associés à cette médiation. A la mort de Joseph I, Louis XIV envoya même à Auguste II un agent secret, Hooke, afin de lui offrir son appui en vue d'obtenir la couronne impériale. Mais les rois de Danemark et de Prusse refusèrent de s'engager. Le tsar, à qui Baluze proposait, au nom de la France, de faire arriver son fils Alexis au trône de Hongrie, était prévenu contre la France et ne s'occupa que de préparer la guerre contre la Turquie. Auguste II laissa passer le temps d'obtenir l'honneur de cette médiation. Les bonnes dispositions de l'Angleterre en faveur de la paix dispensèrent de rechercher les bons offices de quelque autre puissance médiatrice (v. Pologne, t. 124, 126 et 132, et Moscovie, t. 3).

plissement d'un dessein si salutaire, et après avoir
demandé à Dieu qu'il daignât conserver à jamais leur
ouvrage en son entier, et qu'il en fit ressentir le fruit à la
postérité la plus reculée, et s'être communiqué respectivement leurs pleinpouvoirs, dont les copies seront insérées
de mot à mot à la fin du présent Traité, et en avoir
duement fait les échanges, sont enfin convenus des articles
d'une paix et amitié mutuelle entre leurs dites Majestez
Royales, leurs peuples et sujets de la manière qui suit.

I. Il y aura une paix universelle et perpetuelle, une vraye
et sincere amitié entre le Sérénissime et très-Puissant
Prince Louïs XIV, Roy très-Chrètien et la Sérénissime et
très-Puissante Princesse Anne, Reine de la Grande-
Bretagne, leurs héritiers et successeurs, leur Royaumes,
États et Sujets, tant au dedans qu'au dehors de l'Europe[1];
cette paix sera inviolablement observée entre eux si religieu-
sement et sincèrement qu'ils feront mutuellement tout ce
qui pourra contribuer au bien, à l'honneur. et à l'avantage
l'un de l'autre, vivant en tout comme bons voisins et avec
une telle confiance et si réciproque que cette amitié soit de
jour en jour fidellement cultivée, affermie et augmentée.

II. Toutes inimitiez, hostilitez, guerres et discordes
entre ledit Roy Très-Chrètien et ladite Reyne de la
Grande-Bretagne et pareillement entre leurs Sujets, cesseront et demeureront éteintes et abolies, en sorte qu'ils
éviteront soigneusement à l'avenir de se faire de part ni
d'autre aucun tort, injure ou préjudice, et qu'ils s'abstien-
dront de s'attaquer, piller, troubler, ou inquiéter en quelque
manière que ce soit par terre, par mer, ou autres eaux
dans tous les endroits du monde, et particulièrement dans
toute l'étendue des Royaumes, Terres et Seigneuries dud.
Roy et de lad. Reyne sans aucune exception.

III. Tous les torts, dommages, injures, offenses, que led.

---

1. L'article I et l'article II sont la copie des articles correspondants du
traité de Ryswick, sauf l'addition importante de ce petit membre de phrase :
« tant au dedans qu'au dehors de l'Europe. » Les possessions hors d'Europe
deviennent, à leur tour, l'objet des préoccupations des diplomates.

Roy T. C. et lad. Reyne de la Grande Bretagne et leurs Sujets auront soufferts et receus les uns des autres pendant cette guerre, seront absolument oubliez ; et leurs Majestez et leurs Sujets pour quelque cause ou occasion que ce puisse être, ne feront désormais, ni ne commanderont, ou ne souffriront qu'il soit réciproquement fait de part, ni d'autre, aucun acte d'hostilité, ou d'inimitié, trouble ou préjudice, de quelque nature ou maniére que ce puisse être, par autruy ou par soi-mesme, en public ou en secret, directement ou indirectement, par voye de fait ou sous prétexte de justice.

IV. Et pour affermir de plus en plus l'amitié fidèle et inviolable qui est établie par cette Paix, et pour prévenir tous prétextes de défiance qui pourroient naistre, en quelque tems que ce soit, à l'occasion de l'ordre et droit de succession héréditaire établie dans le Royaume de la Grande Bretagne de la manière qu'elle a été limitée par les loix de la Grande Bretagne tant sous le Règne du Roy Guillaume III de très-glorieuse mémoire, que sous le présent régne de lad. Reyne, en faveur de ses descendans, et au défaut d'iceux, en faveur de la Sérénissime Princesse Sophie, doüairiere de Brunswik-Hanovre [1], et ses Héritiers dans la ligne protestante d'Hannover : Et afin que cette Succession demeure ferme et stable, le Roy T. C. reconnoist sincerement et solemnellement lad. Succession au Royaume de la Grande Bretagne limitée comme dessus, et déclare et promet en foy et parole de Roy, tant pour luy que pour ses héritiers et successeurs, de l'avoir pour agréable à présent et à toûjours, engageant à cet effet son honneur et celui de ses Successeurs, promettant en outre sous la même foy et parole de Roy et sous le même engagement d'honneur, tant pour luy que pour ses Héritiers et Successeurs, de ne reconnoistre jamais qui que

---

1. Il s'agit ici de l'*act of settlement* de 1701, voté par le parlement, qui reconnoit comme héritière d'Anne Stuart, pour remplacer le jeune duc de Glocester mort récemment, la princesse Sophie, duchesse douairière de Hanovre, fille de l'électeur palatin Frédéric V et petite-fille de Jacques I.

ce soit pour Roy ou Reyne de la Grande Bretagne, si ce n'est lad. Reyne et ses Successeurs selon l'ordre de lad. limitation : Et afin de donner encore plus de force à cette reconnoissance et promesse, le Roy T. C. promet que luy et ses Successeurs et Héritiers apporteront tous leurs soins pour empescher que la personne qui du vivant du Roy Jacques II avoit pris le titre de Prince de Galles, et au décès dud. Roy celuy de Roy de la Grande Bretagne, et qui depuis peu est sorti volontairement[1] du Royaume de France pour demeurer ailleurs, ne puisse y rentrer, ni dans aucunes des Provinces de ce Royaume, en quelque tems et sous quelque prétexte que ce puisse être[2].

V. Le Roy T. C. promet de plus tant en son nom que pour ses Héritiers et Successeurs, de ne jamais troubler, ni molester lad. Reyne de la Grande Bretagne, ses Héritiers et Successeurs, issus de la ligue protestante, qui posséderont la Couronne de la Grande Bretagne et les États qui en dépendent ; et de ne donner ni luy, ni aucun de ses Successeurs, directement ou indirectement, par terre ou par mer, en argent, armes, munitions, appareil de Guerre, vaisseaux, soldats, matelots, et en quelque manière ou en quelque tems que ce soit, aucune assistance, secours, faveur, ni conseil à aucune personne ni personnes, quelles

---

1. Lors des premières négociations de Londres (octobre 1711), une difficulté fut soulevée par Shrewsbury à cause de la présence en France du prince de Galles, que Louis XIV avait reconnu roi à la mort de Jacques II. Un acte de la Chambre des lords interdisait de traiter avec tout prince qui donnerait asile dans ses États au « prétendu roi d'Angleterre ». Mesnager était sans instruction sur ce sujet. Louis XIV se refusa à intimer au prince l'ordre de quitter la France. Mesnager suggéra l'idée qu'il s'éloignerait du royaume au moment de la conclusion de la paix pour n'y plus rentrer désormais. Cet expédient donnait satisfaction aux Anglais sans blesser les justes susceptibilités du roi (v. les négociations de Mesnager en Angleterre de 1711 à l'ouverture du congrès d'Utrecht, *Mémoires et documents*, Angleterre t. 17, f° 85). Voir sur le prince de Galles et ses pratiques de dévotion le carton K 1303 aux Archives nationales.

2. Pour compléter cet article 4 auquel les Anglais attachaient une grande importance, une déclaration, formant article séparé, fut signée dans les termes ci-après : « Aux instances des ambassadeurs extraordinaires de S. M. la reine de la Grande-Bretagne, les ambassadeurs extraordinaires de S M. très chrétienne déclarent que la personne nommée au 4° article du traité de paix qui doit être signé aujourd'hui pour devoir sortir de France en est déjà sortie. » Fait à Utrecht, le 11 avril 1713.

qu'elles puissent être, qui sous quelque prétexte ou cause
que ce soit, voudroient s'opposer à l'avenir à lad. Succession
soit ouvertement, ou en fomentant des séditions et formant des conjurations contre tel Prince ou Princes, qui en
vertu desd. actes du Parlement occuperont le trosne, de la
Grande Bretagne, ou contre le Prince ou la Princesse en
faveur de qui lad. Succession à la couronne de la Grande
Bretagne sera ouverte par lesdits actes du Parlement.

VI. D'autant que la guerre, que la présente paix doit
éteindre, a été allumée principalement, parce que la seureté
et la liberté de l'Europe ne pouvoient pas absolument souffrir que les Couronnes de France et d'Espagne fussent réünies sur une même teste, et que sur les instances de Sa
Majesté Britannique, et du consentement tant de S. M. T. C.
que de S. M. Cath. on est enfin parvenu, par un effet de la
Providence Divine, à prévenir ce mal pour tous les tems à
venir, moiennant des renonciations conçues dans la meilleure
forme, et faites en la manière la plus solemnelle dont la
teneur suit ci-après [1].

Etant suffisamment pourvû par la renonciation ci-relative,
laquelle doit être éternellement une loi inviolable et toûjours
observée, à ce que le Roy Catholique, ni aucun Prince de sa
postérité, puisse jamais aspirer ni parvenir à la Couronne de
France ; et d'un autre costé les renonciations réciproques
à la Couronne d'Espagne faites par la France, ainsi que les
autres actes qui établissent la succession héréditaire à la

---

1. Dans l'instrument original sont insérées des renonciations et pièces à la
suite de ce paragraphe. Il y en a cinq, savoir : 1° la renonciation du roi Philippe V, faite à Madrid, le 5 novembre 1712, réitérée et confirmée au Buenre-
tiro, le 7 du même mois, avec le certificat de D François Antoine de Quincores,
notaire public et du consentement, approbation et confirmation des États
de Castille sur ladite renonciation, daté à Madrid, le 9 Novembre 1712.
2° Renonciation du duc de Berry à la couronne d'Espagne, faite à Marly, le
24 novembre 1712. 3° Celle du duc d'Orléans, faite à Paris au Palais-Royal,
19 novembre 1712. 4° Les lettres patentes du roi T. C. données au mois de
décembre 1700 pour conserver au duc d'Anjou, son petit-fils, le droit de pouvoir succéder à la couronne de France, et 5° les autres lettres-patentes de
ce même roi, données à Versailles et enregistrées au Parlement, le 16 mars 1713
cassant et annulant celles-là, admettant et autorisant les susdites renonciations. Toutes ces pièces sont insérées dans l'instrument original; nous les
avons résumées dans notre notice. Ces pièces remplissent 24 folios doubles.

Couronne de France, lesquelles tendent à la même fin ; ayant aussi suffisamment pourvû à ce que les Couronnes de France et d'Espagne demeurent séparées et désunies ; de maniére que les susd. renonciations et les autres transactions qui les regardent, subsistant dans leur vigueur et étant observées de bonne foi, ces Couronnes ne pourront jamais être réünies : ainsi le Sérénissime Roi T. C. et la Sérénissime Reine de la Grande Bretagne s'engagent solennellement et par parole de Roi, l'un à l'autre, qu'eux ni leurs Héritiers et Successeurs ne feront jamais rien, ni ne permettront que jamais il soit rien fait capable d'empêcher les Renonciations et autres transactions susd. d'avoir leur plein et entier effet ; au contraire leur Majestez Royales prendront un soin sincère et feront leurs efforts, afin que rien ne donne atteinte à ce fondement du salut public, ni ne puisse l'ébranler : En outre S. M. trés-Chrestienne demeure d'accord et s'engage que son intention n'est pas de tâcher d'obtenir [1], ni même d'accepter à l'avenir que pour l'utilité de ses Sujets, il soit rien changé, ni innové dans l'Espagne ni dans l'Amérique Espagnole, tant en matiére de Commerce qu'en matiére de Navigation, aux usages pratiquez en ces Païs sous le Règne du feu Roi d'Espagne Charles II, non plus que de procurer à ses Sujets dans les susd. Païs aucun avantage qui ne soit pas accordé de même dans toute son étendue aux autres Peuples et Nations lesquelles y négotient.

VII. La navigation et le commerce seront libres entre les Sujets de leursd. Majestés, de même qu'ils l'ont toûjours été en tems de paix, et avant la déclaration de la dernière guerre, et particulièrement de la maniére dont on en est

---

[1]. On sait que les Anglais refusèrent de reconnaître Philippe V avant que la question des renonciations fût réglée, et Louis XIV dut signer la paix au nom de l'Espagne et de la France en se portant fort de l'acceptation de son petit-fils. Cependant, dès le 12 mars 1713, le comte de Lexington obtint de Philippe V la signature d'un décret en 42 articles sur le droit de l'assiento et le navire de permission. Le 27 mars, les préliminaires de la paix avec l'Espagne furent signés entre le marquis Grimaldo et le comte de Lexington. Mais c'est seulement le 13 juillet 1713 que fut signé, à Utrecht, par les plénipotentiaires espagnols, le duc d'Ossuna et le marquis de Monteleone, le traité de paix avec l'Angleterre en 26 articles publié par Dumont, t. VIII, part. I, pp. 393-397 (v. France, t. 440, f° 91 à 132).

convenu entre les deux nations par un traité de commerc
aujourd'hui conclu [1].

VIII. Les voyes de la justice ordinaires seront ouvertes
le cours en sera libre réciproquement dans tous le
Royaumes, terres et seigneuries de l'obéïssance de leur
Majestez, et leurs Sujets de part et d'autre pourront libre
ment y faire valoir leur droits, actions et prétentions, sui
vant les loix et statuts de chaque païs.

IX. Le Roi T. C. fera raser toutes les Fortifications de l
Ville de Dunquerque, combler le port, ruïner les Écluses
qui servent au nétoiement dud. port, le tout à ses dépen
et dans le terme de cinq mois après la paix concluë e
signée : scavoir les ouvrages de Mer dans l'espace de deu
mois, et ceux de terre avec lesd. Ecluses dans les trois sui
vans, à condition encore que lesd. fortifications, ports e
Écluses ne pourront jamais être rétablis, laquelle démolitio
toutefois ne commencera qu'après que le Roi T. C. aura ét
mis en possession généralement de tout ce qui doit être
cedé en équivalent de la susd. démolition.

X. Le Roi T. C. restituera au Royaume et à la Reine d
la Grande Bretagne pour les posséder en plein droit et
perpétuïté, la Baye et le détroit d'Hudson avec toutes le
terres, mers, rivages, fleuves, et lieux qui en dépendent e
qui y sont situez, sans rien excepter de l'étendue desd. terres
et mers possédez présentement par les François ; le tou
aussi bien que tous les édifices et forts construits, tan
avant que depuis que les François s'en sont rendu
maistres, seront délivrez de bonne-foy en leur entier, et e
l'état où ils sont à présent, sans en rien démolir, avec tout
l'artillerie, boulets, la quantité de poudre proportionnée
celle des boulets (si elle s'y trouve et autres choses servan
à l'artillerie, à ceux des Sujets de la Reine de la Grande-
Bretagne munis de ses Commissions pour les demander e
recevoir dans l'espace de six mois, à compter du jour de la
ratification du présent traité, ou plutôt si faire se peut,

1. Cet article VII fut arrêté le 16 février 1713 (v. Angleterre, *Mémoires e*
Documents, t. 33, f° 205).

condition toutefois qu'il sera permis à la Compagnie de Québec et à tous autres sujets quelconques du Roy T. C. de se retirer desd. terres et détroit, où ils voudront par terre ou par mer avec tous leurs biens, marchandises, armes, meubles et effets de quelque nature ou espèce qu'ils soient, à la réserve de ce qui a été excepté cy-dessus. Quant aux limites entre la baye d'Hudson et les lieux appartenant à la France, on est convenu réciproquement qu'il sera nommé incessamment des Commissaires de part et d'autre, qui les détermineront dans le terme d'un an, et il ne sera pas permis aux sujets des deux nations de passer lesd. limites pour aller les uns aux autres, ni par mer, ni par terre. Les mêmes Commissaires auront le pouvoir de régler pareillement les limites entre les autres Colonies Françoises et Britanniques dans ces païs-là.

XI. Le Roi T. C. fera donner une juste et équitable satisfaction aux Interessez de la Compagnie Angloise de la Baye d'Hudson, des pertes et dommages qu'ils peuvent avoir soufferts pendant la paix, de la part de la Nation Françoise par des courses ou déprédations tant en leurs personnes que dans leurs Colonies, Vaisseaux et autres biens, dont l'estimation sera faite par des Commissaires qui seront nommés à la réquisition de l'une ou de l'autre des parties. Les mêmes Commissaires prendront connoissance des plaintes qui pourront être faites tant de la part des sujets de la Grande Bretagne touchant les Vaisseaux pris par les François durant la paix et les dommages qu'ils pourront avoir soufferts l'année dernière dans l'Isle de Montserrat, ou autres, que de la part des Sujets de la France touchant les Capitulations faites dans l'Isle de Nieves[1] et au fort de Gambie et des vaisseaux françois qui pourroient avoir été pris par les sujets de la Grande Bretagne en temps de paix, et toutes autres contestations de cette nature, meues entre les deux nations, et qui n'ont point encore été réglées; et il en sera fait de part et d'autre bonne et prompte justice.

---

1. Il s'agit de l'île de Nevis.

XII. Le Roi T. C. fera remettre à la Reine de la Grande
Bretagne, le jour de l'échange des ratifications du présent
traité de paix, des lettres et actes authentiques qui feront
foy de la cession faite à perpétuité à la Reine et à la Couronne de la Grande Bretagne de l'Isle de St. Christophe [1]
que les Sujets de Sa Majesté Britannique désormais posséderont seuls ; de la nouvelle Ecosse autrement dite Acadie,
en son entier, conformément à ses anciennes limites,
comme aussi de la ville de Port-Royal, maintenant appellée
Annapolis Royale, et généralement de tout ce qui dépend
desd. Terres et Isles de ce païs-là, avec la souveraineté,
propriété, possession et tous droits acquis par Traitez ou
autrement que le Roy T. C., la Couronne de France ou ses
sujets quelconques ont eu jusqu'à présent sur lesd. Isles,
Terres, lieux et leurs habitans, ainsi que le Roy T. C. cèdé
et transporte le tout à lad. Reine, et à la Couronne de la
Grande-Bretagne, et cela d'une manière et d'une forme si
ample qu'il ne sera pas permis à l'avenir aux Sujets du Roi
T. C. d'exercer la pêche dans lesd. Mers, Bayes et autres
endroits à trente lieuës près des costes de la nouvelle
Ecosse au Sud Est, en commençant depuis l'Isle appellée
vulgairement de *Sable* inclusivement, et en tirant au Sud-
Ouest.

XIII. L'Isle de Terreneuve [2] avec les Isles adjacentes
appartiendra désormais et absolument à la Grande Bretagne,
et à cette fin le Roi T. C. fera remettre à ceux qui se trou-

---

1. Les Anglais s'établirent dans l'île de Saint-Christophe en 1623; les
Français en 1625. Unis d'abord pour chasser les naturels du pays, ils s'y
firent plus tard une guerre sanglante (v. PIERRE CLÉMENT, lettres, mémoires
et instructions de Colbert, t. II, p. 534.)
2. Pendant la plus grande partie du XVII° siècle, Terre-Neuve fut disputée
ou partagée entre Français et Anglais. Les Français envoyaient dès 1580
quatre fois plus de navires de pêche (150 contre 30 à 40 anglais) : mais les
Anglais s'étaient attribué l'arbitrage en cas de contestations. En 1583, Hum-
phrey Gilbert prit possession de l'île au nom de l'Angleterre et John Guyon
de Bristol fonda Saint-Jean (1608). Mais dès 1635, les Français, moyennant
un droit de 5 °, sur le poisson pêché, avaient obtenu le droit de séchage sur
toutes les côtes; en 1660, ils fondèrent le village de Plaisance, dans un site
bien abrité. En 1675, la taxe payée à l'Angleterre comme reconnaissance de
son droit fut abolie. En 1691, Saint-Jean fut pris par les Français et la garnison anglaise dut se rembarquer pour l'Angleterre. En 1708, l'île tomba de
nouveau sous la domination française à l'exception d'un seul poste.

veront à ce commis en ce païs-là, dans l'espace de sept mois à compter du jour de l'échange des ratifications de ce Traité, ou plutost si faire se peut, la ville et le fort de Plaisance, et autres lieux que les François pourroient encore posséder dans ladite Isle, sans que ledit Roy T. C., ses héritiers et successeurs, ou quelques-uns de ses sujets puissent désormais prétendre quoique ce soit, et en quelque tems que ce soit, sur ladite Isle, et les Isles adjacentes en tout, ou en partie. Il ne leur sera pas permis non plus d'y fortifier aucun lieu, ni d'y établir aucune habitation en façon quelconque, si ce n'est des échafauts et cabanes nécessaires et usitées pour sécher le poisson[1], ni aborder dans ladite Isle

---

1. La question du droit de pêche sur l'une des côtes de Terre-Neuve fut la plus longuement discutée. Les Anglais voulaient le refuser absolument : Louis XIV le réclamait sur la côte septentrionale. Dans la conférence du 4 octobre 1711, tenue avec Prior, l'article relatif aux cessions des territoires américains fut renvoyé à la conclusion de la paix générale. Mais Mesnager menaça de rompre, si le droit de pêche n'était pas réservé aux marins français dans les conditions maintenues par le roi. Le terme de poisson est devenu vague et insuffisant depuis les classifications nouvelles des naturalistes. Au XVIII° siècle, on entendait par poissons tous les animaux susceptibles d'être l'objet de la pêche (*Mémoires et documents*, Angleterre, t. 17, f° 79 à 88).

Tout d'abord l'exercice du droit de pêche ne suscita pas de grandes difficultés ; l'île était peu peuplée, car la plupart des colons avaient émigré au Canada ou étaient revenus en France. Les pêcheurs français usaient sans être dérangés de leur droit de pêche sur le French Shore. Ce droit fut expressément confirmé après la guerre de sept ans par les articles V et VI du traité de Paris du 10 février 1763, qui sont conçus dans les termes suivants :

Art. V. Les sujets de la France auront la liberté de la pêche et de la sécherie sur une partie des côtes de l'île de Terre-Neuve, telle qu'elle est spécifiée par l'art. XIII du traité d'Utrecht, lequel article est renouvelé et confirmé par le présent traité (à l'exception de ce qui regarde l'île du cap Breton ainsi que les autres îles et côtes dans l'embouchure et dans le golfe Saint-Laurent). Et Sa Majesté Britannique consent à laisser aux sujets du roi T. C. la liberté de pêcher dans le golfe S¹ Laurent, à condition que les sujets de la France n'exercent ladite pêche qu'à la distance de trois lieues de toutes les côtes appartenantes à la Grande Bretagne, soit celles du continent, soit celles des îles situées dans ledit golfe S¹ Laurent. Et pour ce qui concerne la pêche sur les côtes de l'île du cap Breton, hors dudit golfe, il ne sera permis aux sujets du roi T. C. d'exercer la dite pêche qu'à la distance de quinze lieues des côtes de l'île du cap Breton et la pêche, sur les côtes de la nouvelle Écosse ou Acadie et partout ailleurs hors du dit golfe, restera sur le pied des traités antérieurs. — Art. VI. Le roi de la Grande-Bretagne cède les îles de S¹ Pierre et de Miquelon, en toute propriété, à S. M. T. C. pour servir d'abri aux pêcheurs français et Sa dite M. T. C. s'engage à ne point fortifier les dites isles à n'y établir que des bâtiments civils pour la commodité de la pêche (v. MARTENS, t. I, p. 38).

Au contraire les contestations se multiplièrent dans la suite. Les colons anglais devenaient nombreux à S¹-Jean, qui était la capitale de l'île, et occupaient de proche en proche les rivages très découpés et les innombrables îles des baies de Bonavista et de Notre-Dame. Ils prétendaient pêcher dans ces

dans d'autres temps, que celui qui est propre pour pêcher, et nécessaire pour sécher le poisson. Dans laquelle Isle il ne sera pas permis auxdits sujets de la France de pescher

---

parages en concurrence avec les Français; ce qui amenait des rixes sans cesse renaissantes. Pour y mettre un terme, un arrangement fut conclu par l'art. V du traité de Versailles du 3 sept. 1783 qui est ainsi conçu :

« Sa Majesté le roi très chrétien, pour prévenir les querelles qui ont eu lieu jusqu'à présent entre les deux nations française et anglaise, consent à renoncer au droit de pêche qui lui appartient, en vertu de l'article XIII susmentionné du traité d'Utrecht, depuis le cap de Bonavista jusqu'au cap Saint-Jean, situé sur la côte orientale de Terre-Neuve, par les 50 degrés de latitude septentrionale. Et Sa Majesté le roi de la Grande-Bretagne consent de son côté que la pêche assignée aux sujets de Sa Majesté très chrétienne, commençant audit cap Saint-Jean, passant par le nord et descendant par la côte occidentale de l'île de Terre-Neuve, s'étende jusqu'à l'endroit appelé Cap-Raye, situé au 47°50' de latitude. *Les pêcheurs français jouiront de la pêche qui leur est assignée par le présent article, comme ils ont droit de jouir de celle qui leur est assignée par le traité d'Utrecht,* » En outre, l'art. VI portait : « A l'égard de la pêche dans le golfe de St-Laurent, les Français continueront à l'exercer conformément à l'art. V du traité de Paris. » (V. MARTENS, t. II, p. 465.) — Enfin le caractère de cette pêche fut défini en termes précis par une déclaration signée le 2 sept. 1783, la veille de la conclusion du traité. La voici d'après SCHOELL (*Hist. abrégée des traités de paix,* t. III, p. 410) :

« Pour que les pêcheurs des deux nations ne fassent point naître des querelles journalières, Sa Majesté britannique prendra les mesures les plus positives pour prévenir que ses sujets ne *troublent en aucune manière par leur concurrence* la pêche des Français, pendant l'exercice temporaire qui leur est accordé, sur les côtes de l'île de Terre-Neuve, et elle fera retirer à cet effet les établissements secondaires qui y seront formés. Sa Majesté britannique donnera les ordres pour que les pêcheurs français ne soient pas gênés dans la coupe de bois nécessaire pour la réparation de leurs échafaudages, cabanes et bâtiments de pêche.

« L'article XIII du traité d'Utrecht et la méthode de faire la pêche qui a été de tout temps reconnue sera le modèle sur lequel la pêche s'y fera; on n'y controviendra pas, ni d'une part, ni de l'autre; les pêcheurs français ne bâtissant rien que leurs échafaudages, se bornant à réparer leurs bâtiments de pêche et n'y hivernant point: les sujets de Sa Majesté britannique, de leur part, ne molestant aucunement les pêcheurs français durant leurs pêches, ni ne dérangeant leurs échafaudages durant leur absence. »

L'expression « par leur concurrence » a donné lieu à toutes les discussions qui ont surgi. Cela veut-il dire que les sujets anglais ne troubleront en aucune manière la pêche des Français par une concurrence qu'ils n'ont pas le droit de leur faire? c'est la théorie française; ou bien que les Anglais ne troubleront pas la pêche des Français dans la concurrence qu'ils auraient droit de leur faire? c'est l'explication qu'ont trouvée les Terreneuviens et qui prévaut actuellement en Angleterre. Mais pas depuis bien longtemps.

L'art. XIII du traité de Paris du 30 mai 1814 porte : « Quant au droit de pêche des Français sur le grand banc de Terre-Neuve, sur les côtes de l'île de ce nom et des îles adjacentes et dans le golfe de St-Laurent, tout sera remis sur le même pied qu'en 1792. » C'est le *statu quo ante bellum* confirmé par l'art. XI du second traité de Paris du 20 nov. 1815 (v. DE CLERCQ, t. II, p. 419 et 647). Pendant toute la durée des guerres de la révolution et de l'empire, les Français n'avaient pu pratiquer leur droit de pêche. Un grand nombre de sujets anglais s'étaient établis sur la côte du French Shore, où ils n'avaient pu vivre que de la pêche. De là une situation de fait qui ne portait

et de sécher le poisson en aucune autre partie, que depuis le
lieu appellé Cap de Bona Vista, jusqu'à l'extrémité septentrionale de ladite Isle et de là en suivant la partie Occidentale, jusqu'au lieu appelé Pointe-Riche. Mais l'Isle dite Cap-
Breton et toutes les autres quelconques, situées dans l'embouchure et dans le golfe de St. Laurent, demeureront à
l'avenir à la France, avec l'entière faculté au Roy T. C. d'y
fortifier une ou plusieurs places.

XIV. Il a esté expressément convenu que dans tous les
lieux et Colonies qui doivent être cédées ou restituées en
vertu de ce traité par le Roy T. C., les sujets dudit Roy
auront la liberté de se retirer ailleurs dans l'espace d'un an
avec tous leurs effets mobiliaires, qu'ils pourront transporter où il leur plaira. Ceux néanmoins qui voudront y demeurer et rester sous la domination de la Grande Bretagne
doivent jouir de l'exercice de la Religion Catholique
Romaine entant que le permettent les loix de la Grande
Bretagne [1].

---

aucune atteinte au droit si souvent reconnu et confirmé des pêcheurs français, mais dont les Anglais devaient naturellement arguer pour demander
des modifications aux anciens traités. Dans une déclaration publiquement
formulée du 30 mai 1835, les jurisconsultes officiels de la couronne d'Angleterre ont cependant encore exprimé leur avis dans les termes suivants :
« Nous pensons que les sujets français ont le droit exclusif de pêcher sur la
partie de la côte de Terre-Neuve spécifiée dans le cinquième article du traité
signé à Versailles le 3 sept. 1783. » Toutefois, par pure humanité, pour
ne pas chasser les Anglais des établissements où ils ne gênaient pas nos
pêcheurs, les Français eux-mêmes ont ouvert la porte à toutes les revendications des Anglais. La convention du 14 janvier 1857 précisa « les parties du
French Shore où les sujets français auront le droit exclusif de pêcher et de
se servir du rivage pour les besoins de leur pêche ». C'était sanctionner
l'établissement des sujets anglais sur les autres parties du French Shore.
Les conventions signées le 26 avril 1884 et le 14 nov. 1885 ont accordé de
nouvelles concessions. Le gouvernement anglais ne manqua dans aucune de
ces négociations de reconnaître le droit absolu de la France. Mais le gouvernement local de Terre-Neuve, considérant ces transactions comme insuffi-
santes, y a fait une opposition telle qu'aucune n'a été ratifiée; ce qui les rend
caduques (v. DE CLERCQ, t. VII, p. 208 à 214, et t. XV, p. 892). La question
de la pêche, et de la conserve des homards dans les homarderies de la côte,
ouverte depuis 1880 a produit une animosité nouvelle contre les Français.
Les sujets anglais de Terre-Neuve ne seront satisfaits que si les Français
sont entièrement évincés du French Shore. L'Angleterre semble disposée à
racheter ce droit à la France.

1 « L'article XIV, écrivait encore Louis XIV le 7 mars 1713, me fait toujours la même peine; car il n'y a point de justice à priver les particuliers de
la liberté naturelle de vendre leurs biens immeubles dans les pays de l'Amérique que je laisse à l'Angleterre... Je ne veux pas cependant retarder la paix

XV. Les habitans du Canada et autres Sujets de la
France, ne molesteront point à l'avenir les cinq nations ou
cantons des Indiens soûmis à la Grande Bretagne ni les
autres nations de l'Amérique, amies de cette Couronne.
Pareillement les Sujets de la Grande Bretagne se comporteront pacifiquement envers les Américains Sujets ou amis
de la France [1], et les uns et les autres joüiront d'une pleine
liberté de se fréquenter pour le bien du Commerce, et avec
la même liberté les habitans de ces Régions pourront visiter les Colonies Françoises et Britanniques pour l'avantage
réciproque du Commerce, sans aucune molestation, ni empêchement de part, ni d'autre. Au surplus, les Commissaires
régleront exactement et distinctement, quels seront ceux
qui seront ou devront être censez sujets et amis de la
France, ou de la Grande Bretagne.

XVI. Toutes les lettres, tant de représailles que de
marque et de contremarque qui ont été délivrées jusqu'à
présent pour quelque cause, et occasion que ce puisse être,
demeureront et seront reputées nulles, inutiles, et sans
effet; et à l'avenir aucune des Majestez n'en délivrera
de semblables contre les Sujets de l'autre, s'il n'apparoist
auparavant d'un délay ou d'un dény de justice manifeste, ce
qui ne pourra être tenu pour constant à moins que la
Requeste de celuy qui demandera des lettres de représailles,
n'ait été rapportée ou représentée au ministre ou ambassadeur qui sera dans le païs de la part du prince contre les
sujets duquel on poursuivra lesdites lettres, afin que dans
l'espace de quatre mois il puisse s'éclaircir du contraire, ou

en cette considération, et vous passerez cet article tel qu'il est dressé dans le
projet que vous m'avez envoyé. Mais j'ordonnerai au duc d'Aumont d'en parler encore à la reine de la Grande-Bretagne et de lui dire que c'est à sa justice même que je me rapporte et que je suis persuadé que lorsqu'elle aura
bien examiné cette question, elle se désistera de ce qu'elle a demandé sur ce
sujet avec tant d'insistance. » (Le roi aux plénipotentiaires, Hollande.
t. 249.)

1. Les cinq nations soumises à la Grande-Bretagne étaient les cinq tribus
des Iroquois connues sous les noms de Agmègues-Mohawks ou Agniers,
Oneidas ou Onneyouts, Onondaguas, Cayugas, Senecas ou Tsonnontorians. —
Les sujets ou amis de la France étaient principalement les Hurons et les
Algonquins (v. Cuoq. Études philologiques sur quelques langues sauvages,
Montréal, 1866.)

faire en sorte que le Deffendeur satisfasse incessament le demandeur, et s'il ne se trouve sur le lieu aucun Ministre ou Ambassadeur du Prince contre les Sujets duquel on demandera lesdites Lettres, l'on ne les expédiera encore qu'après quatre mois expirez à compter du jour que la requeste de celuy qui demandera lesdites lettres, aura été présentée au Prince contre les Sujets duquel on les demandera, ou à son Conseil privé.

XVII. D'autant que dans les articles de la suspension d'armes conclue le vingt deuxième Aoust et prorogée ensuite pour quatre mois entre les Parties contractantes, il est expressément stipulé en quels cas les vaisseaux, marchandises et autres effets pris de part et d'autre doivent demeurer à celui qui s'en est rendu Maistre, ou être restituez à leur premier propriétaire, il a esté convenu que dans lesdits cas les conditions de la suspension d'armes demeureront en toute vigueur, et que tout ce qui concernera ces sortes de prises faites, soit dans les mers Britannique et Septentrionale, ou partout ailleurs, sera exécuté de bonne foy selon leur teneur.

XVIII. Que s'il arrivoit par hazard, inadvertance, ou autre cause quelle qu'elle puisse estre, qu'aucun des Sujets desd. Majestez fit, ou entreprit quelque chose par terre, par mer ou autres eaux, en quelque lieu du monde que ce soit, qui pût contrevenir au présent traité, et en empêcher l'entière exécution, ou de quelqu'un de ses articles en particulier, la paix et bonne correspondance rétablie entre ledit Roy T. C. et lad. Reyne de la Grande Bretagne ne sera pas troublée, ni censée interrompue à cette occasion, et elle demeurera toujours au contraire en son entière et première force et vigueur; mais seulement celuy desdits sujets qui l'aura troublée, répondra de son fait particulier, et en sera puni conformément aux Loix et suivant les règles établies par le droit des gens.

XIX. Et s'il arrivoit aussi (ce qu'à Dieu ne plaise) que les mésintelligences et inimitiez éteintes par cette Paix se renouvelassent entre leursdites Majestez et qu'ils en vinssent à une guerre ouverte, tous les vaisseaux, Marchandises, et tous les effets mobiliaires et immobiliaires des Sujets de l'une des deux parties qui se trouveront engagez dans les ports et lieux de la domination de l'autre, n'y seront point confisqués ni en aucune façon endommagez. Mais l'on donnera aux Sujets desdites Majestez le terme de six mois entiers à compter du jour de la rupture, pendant lesquels ils pourront sans qu'il leur soit donné aucun trouble ni empêchement, vendre, enlever ou transporter où bon leur semblera, leurs bien de la nature cy-dessus exprimée et tous leurs autres effets, et se retirer eux-mêmes.

XX. Il sera donné à tous et à chacun des hauts-alliez de la Reine de la Grande Bretagne une satisfaction juste et équitable, sur ce qu'ils peuvent demander légitimement à la France.

XXI. Le Roy T.C. en considération de la Reine de la Grande Bretagne consentira que dans le Traité à faire avec l'Empire, tout ce qui regarde dans ledit Empire l'état de la Religion, soit conforme à la teneur des Traitez de Westphalie, en sorte qu'il paroisse manifestement que l'intention de S. M. T. C. n'est point et n'a point esté, qu'il y ait rien de changé auxdits Traitez.

XXII. Le Roy T. C. promet encore qu'il fera incessamment après la Paix faite, faire Droit à la famille d'Hamilton au sujet du Duché de Châtelleraut, au Duc de Richemont [1], sur les prétentions qu'il a en France, comme aussi au Sr. Charles de Douglas touchant quelques terres en fonds qu'il repète et à d'autres particuliers.

---

1. La famille Hamilton était représentée, en 1703, par la duchesse Anne, fille du premier duc de Hamilton, morte en 1716, et par son petit-fils James, dont le père, James, comte d'Arran, duc de Hamilton et de Brandon, avait été tué en duel en 1712 par lord Mohun. Le duché de Châtellerault avait été donné par Henri II, en 1554, à James, comte d'Arran et lord Hamilton, lorsqu'il abandonna la régence d'Écosse à Marie de Guise, mère de Marie Stuart. De nombreux collatéraux portaient ce même nom de Hamilton. — Charles de Lennox, né le 29 juillet 1672, fils du roi d'Angleterre Charles II et de sa favorite, Louise de Kéroualle, duchesse de Portsmouth, à laquelle Louis XIV donna le fief d'Aubigny en Berry. Louise de Kéroualle y était fixée depuis 1688. Son fils, le duc de Richmond, mourut en 1718. — Lord Charles Douglas, troisième fils d'Anne, duchesse de Hamilton, dont il est question plus haut, et de son mari, lord William Douglas, créé duc de Hamilton en 1660, fut créé comte de Selkirk, titre qu'avait aussi porté son père. Il mourut sans enfants en 1739.

XXIII. Du consentement réciproque du Roy T. C. et de la Reyne de la Grande Bretagne, les sujets de part et d'autre faits prisonniers pendant la guerre, seront remis en liberté sans distinction et sans rançon, en payant les dettes qu'ils auront contractées durant leur captivité.

XXIV. Le Traité de Paix signé aujourd'huy entre S. M. T. C. et S. M. Portugaise fera partie du présent Traité, comme s'il estoit inséré icy mot à mot; Sa Majesté la Reyne de la Grande Bretagne déclarant qu'Elle a offert sa garantie, laquelle elle donne dans les formes les plus solemnelles pour la plus exacte observation et exécution de tout le contenu dans ledit traité.

XXV. Le Traité de Paix de ce jourd'huy entre S. M. T. C. et son Altesse Royale de Savoye est spécialement compris et confirmé par le présent comme partie essentielle d'iceluy, et comme si ledit Traité estoit inseré icy mot à mot, Sa Majesté la Reyne de la Grande Bretagne s'engageant expressement aux mêmes promesses de maintenance et de garantie stipulées par ledit traité, ou celles par elle cy-devant promises.

XXVI. Le Sérénissime Roy de Suède, ses Royaumes, Territoires, Provinces et Droits, comme aussi le Grand Duc de Toscane, la République de Gênes et le duc de Parme, sont inclus dans ce Traité de la meilleure manière.

XXVII. Leurs Majestez ont aussi bien voulu comprendre dans ce Traité les Villes Hanséatiques, nommément Lubec, Brême et Hambourg, et la ville de Dantzick, à cet effet qu'après que la paix générale sera faite, elles puissent jouïr à l'avenir, comme amis communs, des mêmes émolumens dans le Commerce avec l'un et l'autre Royaume, dont ils ont cy-devant jouï en vertu des traitez, ou anciens usages.

XXVIII. Seront en outre compris dans le présent Traité de Paix, ceux qui avant l'échange des ratifications qui en seront fournies, ou dans l'espace de six mois après, seront nommez à cet effet de part et d'autre et dont on conviendra réciproquement [1].

1. Le 20 juillet 1713, le roi de Prusse, les cantons évangéliques de l'Helvétie et la république de Venise se sont fait comprendre dans le traité pour

XXIX. Enfin les ratifications solemnelles du présent Traité, expédiées en bonne et dûe forme seront rapportées et échangées de part et d'autre à Utrecht, dans l'espace de quatre semaines, ou plutost s'il est possible, à compter du jour de la signature [1].

XXX. En foy de quoy nous soussignez Ambassadeurs Extraordinaires et Plénipotentiaires du Ro[y] T. C. et de la Reyne de la Grande Bretagne avons signé les présens Articles de nôtre main et y avons fait apposer les Cachets de nos Armes. *Fait à Utrecht, le 11 Avril 1713.*

HUXELLES [2].

MESNAGER.

JOH. BRISTOL.

STRAFFORD.

---

obtenir la garantie de la Grande-Bretagne (v. les trois actes d'inclusion avec la signature de Bolingbroke dans Dumont, t. VIII, part. 1, pp 3.4 et 345).

1. Les ratifications du présent traité furent échangées le 18 avril 1713 (v. Dumont, p. 343).

2. Les signatures sont accompagnées du cachet de chacun des négociateurs à la cire rouge, excepté le cachet du maréchal d'Huxelles, qui est toujours à la cire noire. — L'abbé de Polignac, qui travailla activement aux préliminaires de la paix d'Utrecht, fut rappelé par le roi, le 31 janvier 1713, parce qu'il venait d'être nommé cardinal et qu'il dut partir aussitôt pour Rome afin de défendre, avec le cardinal de Rohan, les intérêts français (Le roi à Polignac, 31 janvier 1713, Hollande, t. 247).

TRAITÉ DE NAVIGATION ET DE COMMERCE D'UTRECHT

ENTRE LOUIS XIV, ROI DE FRANCE, ET ANNE, REINE DE LA GRANDE-BRETAGNE, DU 31 MARS-11 AVRIL 1713

D'autant que depuis que le Sérénissime et très puissant Prince Loüis XIV, par la grâce de Dieu, Roy Tres-Chrétien de France et de Navarre; Et la Sérénissime et très puissante Princesse Anne, par la grâce de Dieu, Reine de la Grande-Bretagne etc. ont porté leurs vûes, par l'inspiration de Dieu tout puissant, du côté de la paix; Leurs Majestés ont jugé que le moyen, le plus solide, de la confirmer, estoit de procurer à leurs Sujets les avantages qu'ils en doivent attendre, par une mutuelle liberté, et accroissement de Navigation et de Commerce; animées respectivement de ce désir, elles ont par un effet de leur clémence commandé à leurs Ambassadeurs Extraordinaires et Plénipotentiaires de s'assembler à Utrecht, pour y traiter non-seulement de la Paix, mais encore pour renouveller les anciens Traités de Commerce, qui ont été cy-devant faits entre les deux Nations; Savoir de la part du Roy Très-Chrétien, au Sieur Nicolas Marquis d'Huxelles, Maréchal de France, Chevalier des Ordres du Roy, Lieutenant Général au Gouvernement du Duché de Bourgogne, et au Sieur Nicolas Mesnager, Chevalier de l'Ordre Royal de St. Michel, Et de la part de la Reine de la Grande-Bretagne, au bien Révérend Jean Évesque de Bristol, Garde du Sceau privé d'Angleterre, Conseiller de la Reine en son Conseil d'Etat, Doyen de Windsor, et Secrétaire de l'Ordre de la Jarretière, et au Sieur Thomas Comte de Strafford, Vicomte Wenthworth, de Wentworth, Woodhouse et de Stainborong, Baron d'Over-fley, Neumarsh, et Raby, Conseiller de la Reine en son Conseil d'État, son Ambassadeur Extraordinaire et Pléni-potentiaire auprès des États Généraux des Provinces-Unies du Pays-bas, Collonel du Régiment Royal de Dragons, Lieutenant Général de ses Armées, premier Seigneur de l'Amirauté de la Grande Bretagne et d'Irlande et Chevalier du très noble Ordre de la Jarretière; Lesquels, pour parvenir à une fin si pieuse, et remplir un désir si salutaire de leurs Majestés, après s'estre communiqué respectivement leurs Pleins-pouvoirs dont les copies seront insérées de mot à mot à la fin du présent traité, en avoir duement fait l'échange et avoir tenu diverses conférences et discuté la matière, autant que la brieveté du temps l'a pû permettre, sont enfin convenus, sur le fait de la navigation et du commerce, des articles qui s'ensuivent [1].

I. Il a esté convenu et accordé entre le Sérénissime et très puissant Roy Très-Chrétien, et la Sérénissime et très-puissante Reine de la Grande-Bretagne, qu'il y ait entre les Sujets de part et d'autre une liberté réciproque et en toutes manières absolué de Navigation et de Commerce dans tous et chacun des Royaumes, États, Provinces, et terres de l'obeissance de Leurs Majestez en Europe, pour toute et chacune sorte de Marchandises dans les lieux, aux conditions, en la manière, et en la forme qu'il est reglé et établi dans les articles suivans [2].

---

1. Ce traité est tout au long dans *Mémoires et Documents, Angleterre*, t. 33, f° 200-239. Il est intéressant de rapprocher ce traité de commerce du traité de commerce conclu le même jour avec les Hollandais. Les clauses générales règlent les mêmes objets et suivent les mêmes principes. Cependant l'ordre des articles n'est pas le même; non plus que les termes employés ; un examen attentif fait observer des différences de détail assez nombreuses.

2. Nous devons rappeler ici (v. plus haut p. 40 et 44) les principes qui furent posés dans le mémoire remis à Mesnager, le 2 janvier 1712 : « Il ne faut pas se flatter, y est-il dit, ... : on puisse refuser aux Anglais tout ce qui peut préjudicier au commerce de ce royaume. Mais il faut aller et se contenter de se retrancher à ce qui est le plus essentiel pour soutenir nos manufactures et pour procurer la vente des fruits et denrées que la France produit en plus grande abondance. » 1° *Avec l'Angleterre* : Les arrêts rendus en 1687 ont établi des droits exclusifs sur les marchandises a du crû et fabrique d'Angleterre ». Les Anglais usant de représailles, presque tout le commerce a cessé entre les deux pays. Il faut réclamer sur les vins et eaux-de-vie de France le retour au tarif anglais de 1667; sur les draperies et bonneteries anglaises, maintenir le tarif de 1690 ; il faut obtenir pour les soieries, toiles et papiers exportés de France l'égalité des tarifs qui frappent en Angleterre les produits similaires des autres pays ; il faut aussi négocier la suppression respective du droit de 50 sous par tonneau et des droits établis par représailles en Angleterre à l'entrée des navires français. — Les principes du traité à conclure avec

II. Pour asseurer à l'avenir le Commerce et l'amitié entre les Sujets de leurs dites Majestez et afin que cette bonne correspondance soit à l'abri de tout trouble et de toute inquiétude, il a esté convenu et accordé, que si quelque jour il survient quelque mauvaise intelligence, interruption d'amitié, ou rupture entre les *Couronnes* de Leurs Majestez (ce qu'à Dieu ne plaise), il sera donné pour lors un terme de six mois après ladite rupture aux Sujets des deux Parties, et habitans qui demeureront dans les États de l'une et de l'autre, en sorte qu'ils puissent se retirer avec leurs familles, biens, marchandises, et facultez, et les transporter où bon leur semblera. Comme aussi qu'il leur sera permis alors de vendre et d'aliéner leurs biens meubles et immeubles librement, et sans aucun trouble; Que pendant ce tems, ils ne seront retenus ni molestez par arrest ni par saisie de leurs effets, biens, marchandises, et facultez, ni de leurs personnes; et de plus il sera rendu aux Sujets de part et d'autre une bonne et prompte justice, en sorte qu'ils puissent en profiter pour retirer dans ledit espace de six mois leurs effets, et leurs facultez confiez tant aux particuliers qu'au public.

III. On est aussi convenu, et il a été arresté que les Sujets et habitants des Royaumes, Provinces, et Etats de Leurs Majestez n'exerceront à l'avenir aucuns actes d'hostilité ni violences les uns contre les autres, tant sur Mer que sur terre, fleuves, riviéres, ports et rades, sous quelque nom et prétexte que ce soit, en sorte que les Sujets de part

---

l'Angleterre seront les suivants : Réciprocité absolue des droits à l'entrée de chacun des deux royaumes sur les produits de l'autre et fixation de ces droits, de façon à ce qu'ils n'altèrent pas trop le tarif de 1664, maintenu à l'égard de la Hollande. Fixation sur les vins et eaux-de-vie de France de droits égaux à ceux qui sont levés sur les vins et eaux-de-vie des autres pays. Les soies travaillées en France et en Angleterre ne pourront entrer que par Londres et par Rouen. Le droit d'entrée sur ces produits pourra être fixé à 10 ou 15 %. de leur valeur. Les draps et autres marchandises entreront en France par Saint-Valery sur Somme, Rouen et Bordeaux; chez les Anglais par Londres, Edimbourg et Dublin. Suppression réciproque des 50 sols par tonneau en France et des 5 schellings en Angleterre. Le cabotage de port en port dans l'un et l'autre royaume sera seulement permis aux regnicoles. En cas de résistance des Hollandais à la paix, on pourra gagner les Anglais par des abaissements exclusifs de tarifs sur leurs produits.

et d'autre ne pourront prendre aucune patente, commission,
ou instruction pour armemens particuliers et faire la course
en mer, ni lettres vulgairement appellées de représailles de
quelques Princes ou Etats Ennemis de l'un ou de l'autre,
ni troubler, molester, empêcher, ou endommager de quelque
manière que ce soit, en vertu ou sous pretexte de telles
patentes, commissions, ou lettres de représailles, les Sujets
et habitans susdits du Roy Très-Chrétien ou de la Reine de
la Grande-Bretagne, ni faire ces sortes d'armemens, ou s'en
servir pour aller en mer; Et seront à cette fin toutes et
quantes fois qu'il sera requis de part et d'autre, renouvellées,
et publiées des deffenses étroites et expresses d'user en
aucune manière de telles commissions ou lettres de représailles, sous les plus grandes peines qui puissent être ordon-
nées contre les infracteurs, outre la restitution et la satisfaction entière, dont ils seront tenus envers ceux auxquels
ils auront causé quelque dommage ; Et ne seront données à
l'avenir par l'un desdits Alliez au préjudice et au dommage
des Sujets de l'autre, aucunes lettres de représailles, si ce
n'est seulement au cas de dény ou de délai de justice,
lequel dény ou délai de justice ne sera pas tenu pour
verifié, si la requeste de celuy qui demande lesd. représailles n'est communiquée au Ministre, qui se trouvera sur
les l ux de la part du Prince, contre les Sujets duquel elles
doivent être données, afin que dans le terme de quatre mois,
ou plûtost s'il se peut, il puisse faire connoître le contraire,
ou procurer la juste satisfaction qui sera dûe.

IV. Qu'il sera libre aux Sujets et habitans des susdits Alliez
d'entrer, et d'aller librement et seulement sans permission
ni saufconduit général ou spécial, soit par terre ou par mer, et
enfin par quelque chemin que ce soit dans les Royaumes,
Etats, Provinces, Terres, Isles, villes, bourgs, places murées
ou non murées, fortifiées ou non fortifiées, ports et domaines
de l'autre Allié situez en Europe, quels qu'ils puissent être,
et d'en revenir, d'y séjourner, ou d'y passer, et d'y acheter
aussi et acquérir à leur choix toutes les choses nécessaires
pour leur subsistance, et pour leur usage, et qu'ils seront

traitez réciproquement avec toute sorte de bienveillance et
de faveur ; Bien entendu néantmoins, que dans toutes ces
choses, ils se comporteront et se conduiront conformément
à ce qui est prescrit par les loix et par les ordonnances,
qu'ils vivront les uns avec les autres en amis et paisiblement,
et qu'ils entretiendront par leur bonne intelligence l'union
réciproque.

V. Il sera libre et permis aux Sujets de leursdites Majestez réciproquemment d'aborder avec leurs Vaisseaux, aussi
bien qu'avec les marchandises et les effets dont ils seront
chargez, et dont le Commerce et le transport ne sont point
deffendus par les Loix de l'un ou de l'autre Royaume, d'entrer dans les terres, Etats, villes, ports, lieux, et rivières de
part et d'autre situez en Europe, d'y fréquenter, séjourner,
et demeurer sans aucune limitation de tems, mesme d'y loüer
des maisons ou de loger chez d'autres, d'acheter où ils jugeront à propos toutes sortes de marchandises permises, soit
de la première main, soit du Marchand, et de quelque autre
manière que ce puisse être, soit dans les places et marchez
publics où sont exposées les marchandises, et dans les foires,
soit dans tout autre endroit où ces marchandises se fabriquent
ou se vendent. Il leur sera aussi permis de serrer et de
garder dans leurs magazins ou entrepôts, les marchandises
apportées d'ailleurs, et de les exposer ensuite en vente,
sans être obligez en aucune façon de porter leurs marchandises susdites dans les marchez et dans les foires, si ce n'est
de leur bon gré, et de leur bonne volonté, à condition néantmoins qu'ils ne les vendront point en détail dans des bou-
tiques ou ailleurs, et ils ne pourront pour raison de ladite
liberté de Commerce, ou pour toute autre cause que ce
soit, être chargez d'aucun impost ou droits, à l'exception
de ceux qui doivent être payés pour leurs navires ou pour
leurs marchandises, suivant les loix et coûtumes receües
dans l'un et dans l'autre Royaume. Il leur sera aussi permis
de sortir de l'un et de l'autre Royaume, quand ils le voudront, et d'aller où ils le jugeront à propos par terre ou par
mer, par les rivieres, et eaux douces ; Et aussi au cas qu'ils

fussent mariez ils pourront emmener leurs femmes, enfans, domestiques, aussi bien que leurs marchandises, facultez, biens et effets achetez ou apportez, après avoir payé les droits accoûtumez, non-obstant toute loy, privilége, concession, immunités ou Coustumes à ce contraires en façon quelconque. Et quant à ce qui concerne la Religion, les Sujets des deux Couronnes, et leurs femmes et enfans au cas qu'ils fussent mariez, joüiront d'une entière liberté, ils ne pourront être contraints d'assister aux offices divins, soit dans les Eglises ou ailleurs; Mais au contraire il leur sera permis sans aucun empêchement, de faire en particulier dans leurs propres maisons, sans qu'il y intervienne qui que ce soit, les exercices de leur Religion suivant leur usage, quoique deffendu par les loix du Royaume. On ne refusera point de part ni d'autre la permission d'enterrer dans des lieux commodes et décents qui seront désignez à cet effet, les corps des sujets de l'un et de l'autre Royaume décédez dans l'étenduë de la Domination de l'autre, et il ne sera apporté aucun trouble à la sépulture des morts. Les loix et les statuts de l'un et de l'autre Royaume demeureront dans leur force et vigueur, et seront exactement exécutez, soit que ces Loix ou Statuts regardent le commerce et la navigation, ou qu'ils concernent quelque autre droit à la réserve seulement des cas, auxquels il est dérogé par les Articles du présent Traité [1].

VI. Les Sujets de part et d'autre payeront les Doüanes, imposts, et les droits d'entrée et de sortie dûs et accoutumez dans tous les États et Provinces de part et d'autre, Et afin que chacun puisse sçavoir certainement en quoi consistent les susdits Impôst, doüanes, et droits d'entrée et de sortie, quels qu'ils soient, on est convenu qu'il y aura dans les lieux publics tant à Roüen, et dans les autres villes marchandes de France qu'à Londres, et dans les autres villes de l'obéis-

---

1. Cet article fondamental est conforme au principe proposé dans le mémoire de Mesnager qui demandait « une égalité de conditions pour les sujets des deux couronnes et une stipulation de ne point favoriser par des privilèges plus amples quelqu'autre nation que ce soit. » (Mémoires et docum. Anglet., t. 33, f° 21).

sance de la Reyne de la Grande-Bretagne, des tarifs qui indiquent les impôts, douanes ou droits accoûtumez, afin que l'on y puisse avoir recours, toutes les fois qu'il s'élevera quelque contestation ou differend à l'occasion de ces impôts, douanes ou droits, qui ne pourront se lever que conformément à ce qui sera clairement expliqué dans les susdits tarifs, et selon leur sens naturel. Si quelque officier ou quelqu'un en son nom, sous quelque prétexte que ce soit, exige et reçoit publiquement ou en particulier, directement ou indirectement, d'un Marchand ou d'un autre, aucune somme d'argent, ou quelque autre chose que ce soit à raison de droit dû, d'impost, de visites, ou de compensation, même sous le nom de don fait volontairement ou sous quelque autre prétexte que ce soit, au delà ou autrement qu'il n'est marqué cy-dessus; En ce cas si ledit Officier ou son Substitut, estant accusé devant le Juge competant du lieu où la faute a été commise, s'en trouve convaincu il donnera une satisfaction entière à la partie lézée, et il sera même puny de la peine dûe et prescrite par les Loix.

VII. Les Marchands, les Capitaines de Vaisseau, les Maîtres de Navires, les Matelots, et quelque personne que ce soit, les navires, et généralement toutes marchandises et effets de l'autre allié, et de ses Sujets ou habitans ne pourront être pris, saisis, ou arrestez, ni contraints par aucune sorte de violence, molestez, ou maltraitez au nom du public, ou d'un particulier, en vertu de quelque édit général ou spécial que ce soit, dans les terres, ports, hâvres, rades, et États que ce puisse être de l'autre Allié pour le service public, pour des expéditions militaires, ou autres causes, encore moins pour aucun usage particulier, mais il sera deffendu de prendre ou d'enlever par la force aucune chose aux Sujets de part et d'autre sans le consentement de celuy à qui elle appartient, et sans le luy payer en argent comptant; ce qui ne doit point néantmoins s'entendre de la saisie et de l'arrest qui sera fait par les voyes ordinaires, par ordonnance et de l'autorité de la Justice, pour cause de dette ou de crime commis, dans lesquelles occasions on procédera par les voyes dé droit et selon les régles de la justice.

VIII. De plus on est convenu et il a été establi pour règle générale que tous et chacun des Sujets du Sérénissime Roy Très-Chrétien, et de la Sérénissime Reyne de la Grande-Bretagne, useront et joüiront respectivement dans toutes les terres et lieux de leur obéissance des mêmes priviléges, libertez, immunitez, sans aucune exception, dont joüit et use, ou pourra joüir et user et être en possession à l'avenir la nation la plus amie, par rapport aux droits, doüanes, et impositions quels qu'ils soient à l'égard des personnes, marchandises, effets, navires, fret, matelots, enfin en tout ce qui regarde la navigation et le commerce, et qu'ils auront la même faveur en toutes choses, tant dans les Cours de Justice, que dans tout ce qui concerne le Commerce, ou tous autres droits.

IX. On est convenu que dans l'espace de deux mois depuis qu'il aura été fait une loy dans la Grande Bretagne, par laquelle il sera suffisamment pourvû à ce qu'il ne soit exigé sur les effets et marchandises qui seront portées de France dans la Grande Bretagne, aucuns impôts ou droits plus grands que ceux qui se lèvent sur les effets et marchandises de la mesme nature qui y sont aportées de quelque pays que ce soit, situé dans l'Europe, et que toutes les loix faites dans la Grande Bretagne depuis l'année 1664, pour deffendre le transport de quelques effets ou marchandises venant de France qui n'avoit point été deffendu avant ladite année, soient abrogées; Alors le Tarif général fait en France le 18 Septembre 1664, sera derechef observé dans ce Royaume, et les Droits que les Sujets de la Grande Bretagne doivent payer pour les effets qu'ils apporteront en France, ou qu'ils en tireront, seront réglés suivant la teneur dudit Tarif, sans excéder la manière établie suivant ledit Tarif, pour les Provinces, dont il y est fait mention. Quant aux autres Provinces les droits n'y seront levés que suivant la règle prescrite en ce temps-là. Toutes les deffences, tarifs, édits, déclarations ou arrests postérieurs à l'année 1664 faits en France et contraires au tarif de laditte année, en ce qui concerne les effets et marchandises de la Grande Bretagne seront abrogez; Et comme on insiste de la part de la France que quelques Marchandises, savoir, celles de laine, le sucre, les poissons sallés et ce qui provient de la Baleine soient exceptés de la régle du susdit Tarif, et qu'il y a d'autres points qui regardent ce traité proposés de la part de la Grande Bretagne, et dont il n'a pas encore esté convenu de part et d'autre, de tous lesquels la spécification est contenue dans un Acte séparé [1] signé des Ambassadeurs Extraordinaires et Plénipotentiaires du Roy T. C. et de la Reyne de la Grande Bretagne ; on est convenu et demeuré d'accord par ce présent article, que dans l'espace de deux mois à compter de l'échange des ratifications de ce traité, les Commissaires de part et d'autre s'assembleront à Londres pour examiner et résoudre les difficultés sur les marchandises à excepter du tarif de l'année 1664 [2] et sur les autres

---

1. L'énumération des articles portés ici comme exceptés du tarif de 1664 ayant paru trop vague, la reine d'Angleterre demanda à ses ministres une spécification plus précise. De là la convention additionnelle signée le 9 mai 1713. (V. Anglet., Mém et docum., p. 33, f° 247, et Dumont, p. 353, col. 1.) — Le traité de commerce donna lieu à de vives attaques de la part du parlement anglais, qui, dans la séance du 5 juillet 1713, rejeta à la majorité des voix en particulier les art. VIII et IX (v. des lettres du duc d'Aumont, ambassadeur à Londres, et de du Theil, chargé d'affaires français en Hollande). Anglet., ouvrage cité (f° 230-234). Louis XIV répondit qu'il laissait aux Anglais le choix d'exécuter ces deux articles du traité, dont le dernier, d'ailleurs, est seulement conditionnel ou de maintenir les choses en l'état actuel (idem, f° 234-235).

2. Sur les exceptions au tarif de 1664, la résistance des plénipotentiaires français fut très énergique; les Anglais y avaient trop d'intérêt et n'avaient pas osé d'abord en parler. Mais l'Angleterre a plus d'intérêt encore que la Hollande à un règlement définitif sur les *quatre espèces de marchandises*, principalement sur les articles de laine : Torcy propose de renvoyer l'examen de la question à des commissaires après la paix signée; les Anglais réclament un règlement immédiat de peur de ne pouvoir obtenir les mêmes avantages. Mesnager, dans une lettre à Torcy (14 déc. 1712), fait ressortir les dangers pour les manufactures françaises de l'introduction des draps anglais frappés de droits modérés. Les Hollandais réclament aussi de comprendre au tarif de 1664 même les quatre espèces de marchandises. Louis XIV y consent moyennant la restitution de Tournai. Les Anglais promettent, en retour du tarif de 1664 appliqué aux «quatre espèces», un abaissement de droits sur nos marchandises, proportionné à celui dont jouiraient leurs propres marchandises à leur entrée en France. Torcy persiste à renvoyer après la paix à modification réciproque des tarifs. C'est la doctrine qui prévalut, grâce à l'intervention de Shrewsbury, sur l'ordre exprès de la reine Anne. Le débat commencé en oct. 1712, ne prit fin que le 7 février 1713; à cette date fut arrêté l'art. IX. — V. Anglet., Mém. et doc., t. 33, f° 184-204.

points qui ne sont pas encore assez dévelopez, comme il est dit cy-dessus. Et les mesmes Commissaires donneront pareillement leurs soins (conformément à l'interest des deux nations) à bien examiner les avantages réciproques du commerce, à lever tout embarras sur ce sujet, à trouver enfin, et à établir de part et d'autre des moyens justes et utiles pour modérer réciproquement les droits. Bien entendu toutefois, que tous et chacun des articles de ce Traité demeureront en attendant dans leur pleine vigueur, et principalement que rien ne puisse empescher sous quelque prétexte que ce soit, que l'avantage du tarif général de l'année 1664 soit accordé aux Sujets de la Grande Bretagne, et qu'ils en jouïssent sans aucun embaras ou retardement dans l'espace de deux mois après que la loy dont il a esté parlé cy-dessus aura esté publiée dans la Grande Bretagne [1]; cette jouïs-

1. Les commissaires nommés par le roi furent les sieurs Anisson et Fénelon, auxquels devait se joindre le duc d'Aumont, ambassadeur français à Londres. Ils furent désignés dès le mois de juillet 1713, mais ils ne se pressèrent pas de délibérer à cause de l'opposition du parlement qui avait rejeté l'art IX. Louis XIV, dans une dépêche au duc d'Aumont, du 10 août, proposait même avant d'ouvrir les conférences d'attendre la prochaine réunion du parlement; mais le roi est décidé à ne rendre aux marchandises anglaises les privilèges stipulés dans l'art IX qu'autant que les Anglais feront bénéficier les marchandises françaises des avantages réciproquement convenus. D'un autre côté, il ne faut pas que les représentants de la France en Angleterre s'expliquent nettement; car si le parlement croyait que le roi veut faire annuler le traité de commerce, l'opposition de ce chef prendrait une force nouvelle et pourrait arriver à renverser le ministère, ce qui serait contraire à l'intérêt de la France. Il conviendra donc d'ouvrir les conférences des commissaires seulement après la convocation du parlement (Anglet., Mém. et docum., t. 33, f° 250-260). Le 31 oct., d'Iberville, adjoint aux commissaires français, est chargé de déclarer que le roi exécutera le traité de commerce quand même l'art. IX serait rejeté par le parlement, puisque cet article n'a été signé que conditionnellement (id., f° 260-263). — A la suite de vives instances de la reine Anne et de Bolingbroke, pour régler au plus vite les discussions restées ouvertes par l'art. IX, les trois commissaires français, Anisson, Fénelon et Iberville, qui remplaçait le duc d'Aumont, tinrent leur première conférence le 10 mars 1714. Les commissaires français déclarent que le traité du 11 avril 1713, doit servir de base à toute la négociation ultérieure. Les Anglais remettent, le 21 mars, un mémoire pour le roi, contenant leurs revendications : ils veulent étendre le bénéfice de l'art. IX à toutes les marchandises qu'on y énumère importées par des Anglais en France, alors même qu'elles ne seraient pas du cril d'Angleterre. Les commissaires français s'opposent à cette prétention, en se référant au texte même de l'art IX, et au sens qui en a été précisé par l'énumération des marchandises contenue dans l'art. séparé du 9 mai : dès lors, les Anglais ne doivent pas profiter de cet article pour faire entrer en France, aux conditions de l'art. IX des marchandises des Indes ou du Levant. Toute la question est de savoir le sens précis des mots bona mercesque Britanniæ, cela veut-il dire les marchandises du

sance devant être pour les sujets de la Grande Bretagne
dans la forme et manière aussi ample que les Sujets de la
Nation la plus amie jouiront du bénéfice du mesme tarif,
sans qu'aucunes choses à faire ou à discuter par lesdits
Commissaires le puissent empescher [1].

X. Les Droits sur le tabac préparé ou non préparé, lorsqu'il sera apporté en France, seront modérez à l'avenir sur
le mesme pied de réduction, dont jouit déja, ou pourra jouir
à son entrée en France le mesme tabac de quelque crû qu'il
soit de l'Europe ou de l'Amérique. Les Sujets de part et
d'autre payeront en France les mesmes droits sur le tabac. Ils
auront une liberté égale d'en vendre, et les mesmes loix dont
jouiront les marchands François mesmes, ou auxquelles ils
seront assujettis, seront communes aux Sujets de la Grande
Bretagne [2].

XI. On a aussi statué que l'impost ou le tribut de 50 sols
tournois par tonneau, mis en France sur les navires de la
Grande Bretagne, cesse, et soit abrogé entièrement à l'avenir, et l'on supprimera pareillement le Droit de 5 sols
Sterling par tonneau, imposé dans la Grande Bretagne sur
les Navires François. Ces levées et d'autres charges semblables ne seront plus imposées, dans la suite sur les vaisseaux de part et d'autre [3].

---

crû, ou toutes celles que peuvent acheter et importer des sujets anglais? La
reine Anne mourut le 12 août, avant que la question eût été décidée. — (V.
Anglet., Mém. et docum., t. 33, f° 239 à 305). A l'avénement de Georges I,
le roi rappela ses commissaires et la question fut suspendue jusqu'aux
traités de la triple alliance de 1717.

1. Cet article fut longuement discuté à propos du second projet de traité
remis à Mesnager par l'évêque de Bristol, le 16 juillet 1712. C'est l'article IX
de ce projet. Dès ce moment-là, l'application aux Anglais de la clause de la
nation la plus favorisée avait été arrêtée en faveur de l'Angleterre. (V.
Mémoire de Ledran, Angleterre, Mém. et docum., t. 33, f° 182.) Il fut convenu à ce moment que le tarif de 1664 serait appliqué aux marchandises
anglaises dans les provinces françaises où il avait été en vigueur; que dans
les autres provinces, les droits seraient réglés suivant l'usage établi.

2. L'art. III de la convention du 11 avril 1713, où sont stipulés les points
renvoyés à l'examen des commissaires, porte : « Il ne sera plus défendu aux
marchands anglais, à l'avenir, de vendre leur tabac à l'acheteur auquel ils
trouveront bon de le vendre; et à cette fin, le bail fait avec les fermiers qui
ont racheté les droits sur ladite herbe, cessera et ne pourra être étably
dans la suite. » (Dumont, p. 352.)

3. En vertu de l'ordonnance du 20 juin 1659, la liberté du commerce est
accordée à tous les étrangers, mais chacun de leurs navires devra payer à

XII. Il a été statué de plus, et l'on est convenu qu'il soit entièrement libre à tous les Marchands, Capitaines de Vaisseau, et autres Sujets de la Reyne de la Grande Bretagne dans tous les lieux de France, de traiter leurs affaires par eux-mêmes ou d'en charger qui bon leur semblera, et ils ne seront tenus de se servir d'aucun interprète ou facteur, ni de leur payer aucun salaire, si ce n'est qu'ils veuillent s'en servir. En outre les Maîtres des Vaisseaux ne seront point tenus de se servir pour charger ou décharger leurs navires des personnes établies à cet effet par l'autorité publique, soit à Bordeaux, soit ailleurs; mais il leur sera entièrement libre de charger ou de décharger leurs vaisseaux par eux-mêmes, ou de se servir de ceux qu'il leur plaira pour les charger ou les décharger, sans payer aucun salaire à quelqu'autre personne que ce puisse être. Ils ne seront point tenus aussi de décharger dans les navires d'autruy, ou de recevoir dans les leurs quelque marchandise que ce soit, ni d'attendre leur chargement, plus longtemps qu'ils ne le jugeront à propos; et tous les Sujets du Roy Très-Chrétien, joüiront pareillement, et seront en possession des mêmes Privilèges et Libertez dans tous les lieux de l'obéissance de la Grande Bretagne en Europe.

XIII. Il sera entièrement libre et permis aux Marchands et aux autres Sujets du Roy Très-Chrétien, et de la Reyne de la Grande-Bretagne de léguer ou donner, soit par testament, par donation ou par quelque autre disposition que ce soit, faite tant en santé qu'en maladie, en quelque tems que ce soit, même à l'article de la mort, toutes les Marchandises, effets, argent, dettes actives, et autres biens mobiliaires, qui se trouveront, ou devront leur apartenir au jour de leur décez dans les territoires et tous lieux de la domi-

son entrée dans un port français un droit de 50 sols par tonneau de jauge. — Le 23 sept. 1660, les Anglais taxèrent par représailles à cinq shellings par tonneau tout navire français pénétrant dans un port anglais. L'évêque de Bristol demanda que pendant la suspension d'armes, le payement du droit de 50 sols par tonneau fût suspendu. Torcy réclama par réciprocité l'abolition du droit anglais de cinq schellings (12-14 sept. 1712). (Anglet. id., t. 33, fᵉ 182).

nation du Roy Très-Chrétien, et de la Reyne de la Grande Bretagne : En outre, soit qu'ils meurent après avoir testé, ou *ab intestat*, leurs légitimes héritiers, exécuteurs, ou administrateurs demeurans dans l'un ou dans l'autre des deux royaumes, ou venant d'ailleurs quoiqu'ils ne soient pas reçus dans le nombre des Citoyens, pourront recouvrer et jouïr paisiblement de tous lesdits biens et effets quelconques, selon les loix respectives de la France et de la Grande-Bretagne, de manière cependant que les Sujets de l'un et de l'autre Royaume soient tenus de faire reconnoître selon les loix, les testamens, ou le droit de recueillir les Successions *ab intestat* dans les Lieux où chacun sera décédé, soit en France, soit dans la Grande Bretagne, et ce nonobstant toutes loix, statuts, édits, coûtumes, ou droit d'aubeine à ce contraires.

XIV. Lorsqu'il arrivera quelque différent entre un Capitaine de navire et ses matelots, dans les ports de l'un ou de l'autre Royaume, pour raison de Salaires dus auxdits matelots, ou pour quelque autre cause civile que ce soit, le Magistrat du lieu exigera seulement du deffendeur, de donner au demandeur sa déclaration par écrit, atestée par le Magistrat, par laquelle il promettra de répondre dans sa patrie sur l'affaire dont il s'agira par devant un Juge competant, au moyen de quoy il ne sera pas permis aux Matelots d'abandonner le vaisseau, ni d'apporter quelque empêchement au Capitaine du Navire dans la continuation de son voyage. Il sera aussi permis aux Marchands de l'un ou de l'autre Royaume de tenir dans les lieux de leur domicile, ou par tout ailleurs où bon leur semblera, des livres de compte et de commerce, et d'entretenir aussi correspondance de lettres dans la langue, ou dans l'idiome qu'ils jugeront à propos, sans qu'on puisse les inquiéter, ni les rechercher en aucune manière pour ce sujet; Et s'il leur étoit nécessaire pour terminer quelque procez ou différend, de produire leurs livres de compte, en ce cas ils seront obligez de les apporter en entier en Justice, sans toutefois qu'il soit permis au juge de prendre connoissance dans lesdits livres, d'autres articles que de ceux seulement qui regarderont l'affaire dont il s'agit, ou qui seront nécessaires pour établir la foy de ces livres, et il ne sera pas permis de les enlever des mains, de leurs propriétaires ni de les retenir sous quelque prétexte que ce soit, excepté seulement dans le cas de banqueroute. Les Sujets de la Grande-Bretagne ne seront pas tenus de se servir de papier timbré pour leurs livres, leurs Lettres, et les autres pièces qui regarderont le Commerce, à la réserve de leur journal, qui pour faire foi en justice, devra être cotté, et paraphé gratis par le Juge, conformément aux loix établies en France, qui y assujettissent tous les marchands.

XV. Il ne sera pas permis aux armateurs étrangers, qui ne seront pas Sujets de l'une ou de l'autre Couronne, et qui auront Commission de quelque autre Prince ou Etat ennemi de l'un et de l'autre, d'armer leurs vaisseaux dans les ports de l'un et de l'autre desdits deux Royaumes, d'y vendre ce qu'ils auront pris, ou de changer en quelque manière que ce soit leurs vaisseaux, marchandises, ou quelques autres chargemens que ce soit, ny d'acheter même d'autres vivres, que ceux qui leur seront nécessaires pour parvenir au port le plus prochain du Prince dont ils auront obtenu des Commissions.

XVI. On ne pourra obliger les vaisseaux chargez des deux parties, passant sur les costes l'une de l'autre, et que la tempeste aura obligez de relascher dans les rades ou ports, ou qui y auront pris terre de quelque autre manière que ce soit, d'y décharger leurs marchandises en tout ou en partie, ou de payer quelque Droit, à moins qu'ils ne les y déchargent de leur bon gré, et qu'ils en vendent quelque partie : Il sera cependant libre après en avoir obtenu la permission de ceux qui ont la direction des affaires maritimes de décharger et de vendre une petite partie du chargement, seulement pour acheter les vivres ou les choses nécessaires pour le radoub du vaisseau, et dans ce cas on ne pourra exiger de droits pour tout le chargement, mais seulement pour la petite partie qui aura été déchargée ou vendue.

XVII. Il sera permis à tous les Sujets du Roy Très-Chrétien et de la Reyne de la Grande Bretagne de naviger avec leurs vaisseaux en toute seureté et liberté, et sans distinction de ceux à qui les marchandises de leur chargement appartiendront, de quelque port que ce soit dans les lieux qui sont déjà, ou qui seront cy-après en guerre avec le Roy Très-Chrétien, ou avec la Reyne de la Grande Bretagne. Il sera aussi permis auxdits Sujets de naviger et de négocier avec leurs Vaisseaux et Marchandises, avec la même liberté et seureté des lieux, ports et endroits appartenant aux Ennemis des deux Parties ou de l'une d'Elles, sans être aucunement inquietez ni troublez, et d'aller directement non-seulement desdits lieux Ennemis à un lieu neutre, mais encore d'un lieu Ennemi à un autre lieu Ennemi, soit qu'ils soient sous la juridiction d'un même ou de différens Princes ; Et comme il a été stipulé par rapport aux navires et aux marchandises, que les Vaisseaux libres rendront les marchandises libres, et que l'on regardera comme libre, tout ce qui sera trouvé sur les vaisseaux apartenant aux Sujets de l'un ou de l'autre Royaume, quoique tout le chargement, ou une partie de ce même chargement appartienne aux Ennemis de leursdites Majestez, à l'exception cependant des Marchandises de contrebande, lesquelles étant interceptées, il sera procédé conformément à l'esprit des Articles suivans ; De même il a été convenu que cette même liberté doit s'estendre aussi aux personnes qui navigent sur un Vaisseau libre, de manière que quoi qu'elles soient Ennemies des deux parties, ou de l'une d'Elles, elles ne seront point tirées du vaisseau libre, si ce n'est que ce fussent des gens de guerre actuellement au service desdits Ennemis.

XVIII. Cette liberté de navigation et de commerce s'estendra à toute sorte de marchandises, à la réserve seulement de celles qui sont exprimées dans l'article suivant, et désignées sous le nom de Marchandises de contrebande.

XIX. On comprendra sous ce nom de Marchandises de contrebande ou deffendues, les armes, canons, arquebuses, mortiers, pétards, bombes, grenades, saucisses, cercles poissez, affuts, fourchettes, bandoullieres, poudre à canon, mesche, salpêtre, balles, picques, espées, morions, casques, cuirasses, hallebardes, javelines, fourreaux de pistolets, baudriers, chevaux avec leurs harnois, et tous autres semblables genres d'armes et d'instrumens de guerre servant à l'usage des Troupes.

XX. On ne mettra point au nombre des marchandises deffendues celles qui suivent, sçavoir toutes sortes de drap, et tous autres ouvrages de manufactures de laine, de lin, de soye, de cotton, et de toute autre matière, tous genres d'habillemens avec les choses qui servent ordinairement à les faire, or, argent monnoyé et non monnoyé, estain, fer, plomb, cuivre, laiton, charbons à fourneau, bled, orge, et toute autre sorte de grains et de légumes, la nicotiane, vulgairement appellée tabac, toutes sortes d'aromates, chairs salées, et fumées, poissons salez, fromage et beurre, bière, huile, vins, sucres, toutes sortes de sels et de provisions servant à la nourriture et à la subsistance des hommes, tous genres de cotton, chanvre, lin, poix, tant liquide que sèche, cordages, cables, voiles, toiles propres à faire des voiles, ancres et parties d'ancre, quelles qu'elles puissent être, mâts de navires, planches, madriers, poûtres de toute sorte d'arbres, et toutes les autres choses nécessaires pour construire ou pour radouber les vaisseaux; On ne regardera pas non plus comme marchandises de contrebande, celles qui n'auront pas pris la forme de quelque instrument ou attirail servant à l'usage de la guerre sur terre ou sur mer, encore moins celles qui sont préparées ou travaillées pour tout autre usage. Toutes ces choses seront censées marchandises libres de mesme que toutes celles qui ne sont pas comprises, et special. ment désignées dans l'article précèdent, ensorte qu'elles pourront estre librement transportées par les Sujets des deux Royaumes, mesme dans les Lieux Ennemis, excepté seulement dans les Places assiégées, bloquées, et investies [1].

---

1. De nos jours, certains hommes politiques anglois prétendent considérer les blés et vivres destinés à une nation belligérante comme contrebande de guerre.

XXI. Mais pour éviter et prévenir la discorde, et toute sorte d'inimitiez de part et d'autre, il a esté convenu, qu'en cas que l'une des deux parties, se trouvast engagée dans la guerre, les vaisseaux et les bâtiments appartenant aux Sujets de l'autre partie, devront estre munis de lettres de mer, qui contiendront le nom, la proprieté et la grandeur du vaisseau, de mesme que le nom et le lieu de l'habitation du Maître ou du Capitaine de ce vaisseau, en sorte que par là il paroisse que ce vaisseau appartient véritablement et réellement aux Sujets de l'une ou de l'autre partie; et ces lettres de mer seront accordées et conçûes en la manière insérée dans ce Traité. Elles seront aussi renouvellées chaque année, s'il arrive que le vaisseau revienne dans le cours de l'an. Il a été aussi convenu que ces sortes de vaisseaux chargez ne devront pas estre seulement munis des Lettres de Mer, cy-dessus mentionnées, mais encore de certificats contenant les espèces de la charge, le lieu d'où le vaisseau est parti et celuy de sa destination, afinque l'on puisse connoître s'il ne porte aucune des marchandises deffendues, ou de contrebande spécifiées dans le 19° Article de ce Traité. Lesquels certificats seront expediez par les officiers du lieu d'où le vaisseau sortira, selon leur coûtume; Il sera libre aussi, si on le désire, et si on le juge à propos, d'exprimer dans lesdites lettres à qui appartiennent les marchandises [1].

---

1. *Formulaire des Passeports et Lettres, qui se doivent donner dans l'Amirauté de France, aux Navires et Barques qui en sortiront, suivant l'Article vingt-un du présent Traité.*

Louis Comte de Toulouse, Amiral de France, à tous ceux qui ces présentes lettres verront, Salut. Sçavoir faisons, que nous avons donné Congé et Permission à   Maître et Conducteur du navire nommé   de la ville de   du port de   Tonneaux ou environ, étant de présent au port et havre de   de s'en aller à   chargé de   après que la visitation aura été faite de son navire: avant que de partir, fera serment devant les officiers qui exercent la jurisdiction des causes maritimes, comme ledit vaisseau appartient à un ou plusieurs des Sujets de Sa Majesté, dont il sera mis acte au bas des présentes: comme aussi de garder, et faire garder par ceux de son Équipage les ordonnances et réglements de la marine, et mettre au greffe le rôle signé, et verifié, contenant les noms et surnoms, la naissance et demeure des hommes de son équipage, et de tous ceux qui s'embarqueront; lesquels il ne pourra embarquer, sans le sçu, et permission des officiers de la marine, et en chacun port ou havre où il entrera avec son

XXII. Les vaisseaux des Sujets et habitans de leurs Sérénissimes Majestés de part et d'autre arrivant sur quelque coste de l'un ou de l'autre Allié, sans cependant vouloir entrer dans le port, ou y étant entrez, et ne voulant point débarquer ou rompre leurs charges, ne seront point obligez de rendre compte de leur chargement, qu'au cas qu'il y eût des indices certains qui les rendissent suspects de porter aux Ennemis de l'autre allié des marchandises deffendues appellées de contrebande.

XXIII. Et dans ledit cas de soupçon manifeste, les susdits Sujets et habitans des pays de leurs Sérénissimes Majestez de part et d'autre, seront obligez, de montrer dans les ports, leurs lettres de mer, et certificats en la forme cy-dessus expliquée.

XXIV. Que si les vaisseaux desdits Sujets ou habitans de leurs Sérénissimes Majestez de part et d'autre estoient rencontrés faisant route sur les côtes ou en pleine Mer par quelque vaisseau de guerre de leurs Sérénissimes Majestez ou par quelques vaisseaux armez par des particuliers, lesdits vaisseaux de guerre ou Armateurs particuliers, pour éviter tout désordre, demeureront hors de la portée du canon, et pourront envoyer leurs Chaloupes au bord du vaisseau Marchand qu'ils auront rencontré, et y entrer seulement au nombre de deux ou trois hommes, à qui seront montrées par le maître ou Capitaine de ce Vaisseau ou bâtiment, les lettres de mer, qui contiennent la preuve de la propriété du Vaisseau, et conceûes dans la forme insérée au présent Traité; et il sera libre au vaisseau qui les aura montrées de poursuivre sa route sans qu'il soit permis de le molester et le visiter en façon quelconque, ou de luy donner la chasse, ou de l'obliger à se détourner du lieu de sa destination.

---

navire, fera apparoir aux officiers et juges de la marine du présent congé; et leur fera fidelle rapport de ce qui sera fait, et passé durant son voyage; et portera les pavillons, armes, et enseignes du Roi, et les nôtres, durant son voyage. En témoin de quoi nous avons fait apposer nôtre seing, et le séel de nos armes à ces présentes, et icelles fait contresigner par nôtre Sécretaire de la Marine à   Jour de   mil sept cens...

XXV. Le bâtiment marchand de l'une des parties qui aura résolu d'aller dans un port ennemi de l'autre, et dont le voyage et l'espèce des marchandises de son chargement, seront justement soupçonnez, sera tenu de produire en pleine mer, aussi bien que dans les ports et rades, non seulement ses lettres de mer, mais aussi des certificats, qui marquent que ces Marchandises ne sont pas du nombre de celles, qui ont été deffendues, et qui sont énoncées dans l'Article XIX de ce Traité.

XXVI. Que si par l'exhibition des certificats susdits contenant un état du chargement, l'autre partie y trouve quelques unes de ces sortes de marchandises deffendues et déclarées de contrebande par le 19° article de ce traité, et qui soient destinées pour un port de l'obéïssance de ses Ennemis, il ne sera pas permis de rompre ⋅ i d'ouvrir les Escoutilles, caisses, coffres, balles, tonneaux, et autres vases trouvez sur ce navire, ni d'en détourner la moindre partie des marchandises, soit que ce vaisseau appartienne aux Sujets de la France, ou à ceux de la Grande Bretagne, à moins que son chargement n'ayt été mis à terre en la présence des Juges de l'amirauté, et qu'il n'ayt été par eux fait inventaire desdites marchandises. Elles ne pourront aussi être vendues, échangées, ou autrement aliénées de quelque manière que ce puisse être, qu'après que le procès aura été fait dans les règles, et selon les loix et les coûtumes, contre ces marchandises deffendues, et que les Juges de l'amirauté respectivement les auront confisquées par sentence, à la réserve néantmoins tant du vaisseau même que des autres marchandises qui y auront été trouvées, et qui en vertu de ce traité doivent être censées libres, et sans qu'elles puissent être retenues, sous prétexte qu'elles seroient chargées avec des marchandises deffendues, et encore moins être confisquées, comme une prise légitime; et supposé que lesdites marchandises de contrebande ne faisant qu'une partie de la charge, le Patron du vaisseau agréât, consentit et offrit de les livrer au vaisseau qui les a découvertes, en ce cas, celui-ci après avoir reçû les marchandises de bonne prise, sera

tenu de laisser aller aussitôt le bâtiment et ne l'empêchera
en aucune manière de poursuivre sa route vers le lieu de sa
destination.

XXVII. Il a été au contraire convenu et accordé, que tout
ce qui se trouvera chargé par les sujets et les habitans de
part et d'autre, en un navire appartenant aux ennemis de
l'autre, bien que ce ne fût pas des marchandises de contrebande, sera confisqué comme s'il appartenoit à l'Ennemi
même, excepté les marchandises et effets qui auront été
chargez dans ce vaisseau avant la déclaration de la guerre,
ou même depuis sa déclaration, pourvû que ç'ait été dans
les termes qui suivent : à sçavoir de six semaines après cette
déclaration, si elles ont été chargées dans quelque port et
lieu compris dans l'espace qui est entre Terreneuze en
Norwegue et les Sorlingues [1]; De deux mois depuis les
Sorlingues jusqu'à la Ville de Gibraltar ; de dix semaines
dans la mer Méditerrannée, et de huit mois dans tous les
autres pays, ou lieux du monde, de manière que les marchandises des Sujets de l'un et de l'autre Prince, tant celles
qui sont de contrebande, que les autres qui auront été
chargées, ainsi qu'il est dit, sur quelque Vaisseau Ennemi,
avant la guerre, ou même depuis sa déclaration, dans les
tems et les termes susdits, ne seront en aucune manière
sujettes à confiscation, mais seront sans délay et de bonne
foy rendûes aux propriétaires, qui les redemanderont,
ensorte neantmoins qu'il ne soit nullement permis, de porter
ensuite ces marchandises dans les Ports Ennemis, si elles
sont de contrebande.

XXVIII. Et pour pourvoir plus amplement à la seureté
réciproque des Sujets de leurs Sérénissimes Majestez, afin
qu'il ne leur soit fait aucun préjudice par les vaisseaux de
guerre de l'autre partie, ou par d'autres, armez aux dépens
des particuliers, il sera fait deffense à tous capitaines des
vaisseaux du Roi Très-Chrétien, et de la Reine de la Grande-

---

1. Le texte latin des ratifications porte : intra terminos *the nace* in Nor-
wegiâ et Soundings vocatos.

Bretagne, et à tous leurs Sujets, de faire aucun dommage, ou insulte à ceux de l'autre partie, et au cas qu'ils y contreviennent ils en seront punis, et deplus ils seront tenus et obligez en leurs personnes et en leurs biens de réparer tous les dommages et intérêts de quelque nature qu'ils soient, et d'y satisfaire.

XXIX. Et pour cette cause, chaque Capitaine de vaisseaux armez en guerre par des particuliers sera tenu et obligé à l'avenir, avant que de recevoir ses patentes ou ses commissions spéciales, de bailler et donner, par devant un Juge competant, caution bonne et suffisante de personnes solvables, qui n'ayent aucun interest dans ledit vaisseau, et qui s'obligent chacune solidairement pour la somme de seize mille cinq cents livres Tournois ou de mille cinq cents livres Sterlings; et si ce Vaisseau est monté de plus de cent cinquante Matelots ou Soldats, pour la somme de trentetrois mille livres Tournois, ou de trois mille livres Sterlings, pour répondre solidairement de tous les dommages et torts, que lui, ses officiers ou autres étant à son service, pourroient faire en leur course contre la teneur du présent traité, et contre les édits faits de part et d'autre en vertu du même Traité, par leurs Sérénissimes Majestez, sous peine aussi de révocation et de cassation desdites patentes, et commissions spéciales [1].

XXX. Leurs Majestez ..ss, tant d'une part que de l'autre, voulant respectivement traiter dans tous leurs États les Sujets l'une de l'autre aussi favorablement que s'ils estoient leurs propres Sujets, donneront les ordres nécessaires et efficaces, pour faire rendre les jugemens et arrêts concernant les prises, dans la Cour de l'Amirauté, selon les règles de la justice et de l'équité, et conformément à ce qui est prescrit par ce traité, par des Juges qui soient au dessus de tout soupçon, et qui n'ayent aucun interest au fait dont il est question.

XXXI. Toutes les fois que les Ambassadeurs de Leurs

---

1. La livre sterling valait 10 l. t. 600.

Majestez susdites, tant d'une part que de l'autre, ou quelque autre de leurs Ministres publics, qui résideront à la Cour de l'autre Prince, se plaindront de l'injustice des Sentences qui auront été rendûes, Leurs Majestez respectivement feront revoir et examiner de nouveau lesdits jugemens en leur Conseil afin que l'on connoisse avec certitude si les ordonnances et les précautions prescrites au présent traité auront été suivies et observées. Leursdites Majestez auront soin pareillement d'y faire pourvoir pleinement, et de faire rendre justice dans l'espace de trois mois à chacun de ceux qui la demanderont, Et néantmoins avant ou après le premier jugement, et pendant la révision, les effets qui seront en litige ne pourront être en aucune manière vendus ni déchargez, si ce n'est du consentement des Parties intéressées, pour éviter toute sorte de dommage.

XXXII. Lorsqu'il y aura procez meu entre ceux qui auront fait des prises d'une part, et ceux qui les réclameront d'autre part, et que lesdits Réclamateurs auront obtenu un jugement ou arrest favorable, ledit jugement ou arrest aura son exécution, en donnant caution, non obstant l'appel de celuy qui aura fait la prise à un juge Supérieur; ce qui n'aura point de lieu, si la Sentence est rendûe contre les réclamateurs.

XXXIII. Arrivant que des navires de guerre ou marchands contraints par tempeste ou autre accident, échouent contre des rochers ou des écueils aux côtes de l'un ou de l'autre allié, qu'ils s'y brisent et qu'ils fassent naufrage, tout ce qui aura été sauvé des Vaisseaux et de leurs apparaux, effets, ou marchandises, ou le prix qui en sera provenu, le tout étant réclamé par les Propriétaires ou autres ayant charge, et pouvoir d'eux, sera restitué de bonne foy, en payant seulement les frais qui auront été faits pour les sauver, ainsi qu'il aura été réglé par l'une et l'autre partie pour le droit de sauvement; sauf cependant les droits et coutumes de l'une et de l'autre nation : Et leurs Sérénissimes Majestez de part et d'autre interposeront leur autorité, pour faire chatier sévèrement ceux de leurs sujets, qui auront inhumainement proffité d'un pareil malheur.

XXXIV. Les sujets de part et d'autre pourront se servir de tels Avocats, Procureurs, Notaires, Solliciteurs et Facteurs que bon leur semblera, à l'effet de quoi, ces mesmes Avocats, et les autres susdits seront commis par les juges ordinaires, lorsqu'il sera besoin, et que lesdits Juges en seront requis.

XXXV. Et pour la plus grande seureté et liberté du commerce et de la navigation, on est convenu en outre, que ni le Roy Très-Chrétien ni la Reyne de la Grande Bretagne, ne recevront dans aucun de leurs ports, rades, villes ou places des Pirates, et des Forbans quels qu'ils puissent être, et ne souffriront qu'aucun de leurs Sujets, et Citoyens de part et d'autre les reçoivent et protègent dans ces mesmes ports, les retirent dans leurs maisons, ou les aydent en façon quelconque; mais encore ils feront arrester, et punir tous ces sortes de Pirates et de Forbans, et tous ceux qui les auront receus, cachés, ou aydés, des peines qu'ils auront méritées, pour inspirer de la crainte, et servir d'exemple aux autres; Et tous leurs Vaisseaux, les effets et marchandises enlevées par eux et conduites dans les ports de l'un ou de l'autre Royaume, seront arrestez, autant qu'il pourra s'en découvrir, et seront rendus à leurs propriétaires ou à leurs facteurs ayant leur pouvoir ou procuration par écrit, après avoir prouvé la propriété devant les Juges de l'Amirauté par des certificats suffisans, quand bien mesme ces effets seroient passés en d'autres mains par vente; et généralement tous les vaisseaux et marchandises de quelque nature qu'elles soient, qui seront prises en pleine mer, seront conduites dans quelque port de l'un ou de l'autre des deux royaumes, et seront confiées à la garde des officiers de ce même port, pour être rendûes entières au véritable propriétaire, aussitost qu'il sera dûment et suffisamment reconnu.

XXXVI. Les vaisseaux de guerre de Leurs Majestez de part et d'autre, et ceux qui auront été armés en guerre par leurs Sujets, pourront en toute liberté conduire où bon leur semblera, les vaisseaux et les marchandises, qu'ils auront pris sur les Ennemis, sans être obligez de payer aucun droit, soit aux sieurs amiraux, soit aux autres juges quels qu'ils soient, sans qu'aussi lesdites prises abordant et entrant dans les ports de Leursdites Sérénissimes Majestez tant d'une part que de l'autre, puissent être arrestées ou saisies, ni que les visiteurs ou autres officiers des lieux puissent les visiter, et prendre connoissance de la validité desdites prises : en outre il leur sera permis de mettre à la voile en quelque tems que ce soit, de partir, et d'emmener les prises au lieu porté par les Commissions ou patentes, que les Capitaines desditz navires de guerre seront obligez de faire apparoir; et au contraire il ne sera donné azile ni retraite dans leurs ports à ceux qui auront fait des prises sur les Sujets de l'une ou de l'autre Majesté, mais y estant entrez par nécessité de tempeste ou de péril de la Mer, on employera fortement les soins nécessaires afin qu'ils en sortent et s'en retirent le plûtôst qu'il sera possible, autant que cela ne sera point contraire aux Traitez antérieurs faits à cet égard avec d'autres Roys ou États.

XXXVII. Leurs dites Sérénissimes Majestez de part et d'autre ne souffriront point que sur les Costes et dans les Ports et les Rivières de leur obéïssance, des Navires et des Marchandises des Sujets de l'autre soient pris par des vaisseaux de guerre, ou par d'autres qui seront pourvûs de Patentes de quelque Prince, République ou villes quelconques, et au cas que cela arrive, l'une et l'autre partie employeront leurs forces unies pour faire réparer le dommage causé.

XXXVIII. S'il survenoit à l'avenir par inadvertance ou autrement quelques inobservations ou contraventions au présent traité de part ou d'autre, l'amitié et la bonne intelligence ne sera pas d'abord rompue pour cela, mais ce traité subsistera, et aura son entier effet, et l'on procurera des remèdes convenables pour lever les inconvéniens, comme aussi pour faire réparer les contraventions : Et si les Sujets de l'un ou de l'autre Royaume sont en faute, ils seront seuls punis, et sévérement chatiez.

XXXIX. Que s'il est prouvé que celuy qui aura fait une prise, ait employé quelque genre de torture contre le Capitaine, l'équipage, ou autres personnes qui seront trouvées dans quelque vaisseau appartenant aux Sujets de l'autre partie, en ce cas non seulement ce vaisseau, et les personnes, marchandises, et effets quels qu'ils puissent être seront relâchez aussitôt, et sans aucun délai, et remis en pleine liberté, mais même ceux qui seront convaincus d'un crime si énorme; aussi bien que leurs complices, seront punis des plus grandes peines, et proportionnées à leur faute; Ce que le Roi Très-Chrétien et la Reine de la Grande-Bretagne s'obligent réciproquement de faire observer sans aucun égard pour quelque personne que ce soit [1].

Le présent traité sera ratifié par le Roi T. C. et la Reine de la Grande Bretagne, et les ratifications en seront duement échangées à Utrecht dans l'espace de quatre semaines ou plus tôt si faire se peut.

En foi de quoi Nous soussignez Ambassadeurs extraordinaires et plénipotentiaires du Roi T. C. et de la Reine de la Grande Bretagne avons signé le présent Traité de notre main et y avons fait apposer les cachets de nos armes. Fait à Utrecht, le 11 d'Avril 1713.

(*Mêmes signatures qu'au précédent traité.*)

---

1. L'article XXXIX est suivi de trois modèles : 1° du formulaire publié en note, p. 103; 2° du formulaire de l'acte contenant le serment; 3° du formulaire (en latin) du certificat de chargement délivré par les officiers des douanes du port de départ.

TRAITÉ DE PAIX ET D'AMITIÉ D'UTRECHT

ENTRE LOUIS XIV, ROI DE FRANCE, ET JEAN V, ROI DE PORTUGAL,
DU 11 AVRIL 1763

La Providence divine ayant porté les cœurs du très-Haut
et très-Puissant Prince Louis XIV, par la grâce de Dieu,
Roy T. C. de France et de Navarre, et du très-Haut et
très-Puissant Prince Jean V [1], par la grâce de Dieu Roy
de Portugal et des Algarbes, à contribuer au repos de
l'Europe, en faisant cesser la guerre entre leurs Sujets ; Et
leurs Majestés souhaitant non seulement de rétablir, mais
encore d'affermir davantage l'ancienne paix et amitié qu'il
y a toujours eû entre la Couronne de France et la
Couronne de Portugal ; A cette fin, ils ont donné leurs plein-
pouvoirs à leurs ambassadeurs Extraordinaires et Plénipotentiaires, Sçavoir : Sa Majesté T. C. au sieur Nicolas
marquis d'Huxelles, Maréchal de France, Chevalier des
Ordres du Roy, Lieutenant Général au Gouvernement de
Bourgogne, et au Sieur Nicolas Mesnager, Chevalier de
l'Ordre de Saint Michel. Et Sa Majesté Portugaise au sieur
Jean Gomes da Silva, Comte de Tarouca [2], Seigneur des

---

1. Dom Juan, fils de dom Pedro, lui succéda le 9 oct. 1706 à l'âge de dix-huit
ans. Il paraissait mieux disposé que son père à l'égard de la France ; malgré
la guerre, les deux familles de Bourbon et de Bragance n'avaient pas inter-
rompu leurs relations personnelles ; des consuls français résidèrent à Lisbonne pendant une partie de la durée des hostilités, sans compter les agents
secrets qui travaillaient à rétablir la paix. Le 7 nov. 1712, une suspension
d'armes fut conclue entre le Portugal d'une part, la France et l'Espagne de
l'autre ; elle fut prorogée pour quatre mois le 1er mars 1713 et aboutit à la
paix définitive. « Dom Juan n'était connu que par sa passion bizarre pour les
cérémonies de l'Église. Il avait obtenu par un bref du pape le droit d'avoir un
patriarche, et par un autre bref, celui de dire la messe, à la consécration
près. Ses plaisirs étaient des fonctions sacerdotales ; ses bâtiments des cou-
vents ; ses armées des moines, et ses maîtresses des religieuses. » (Frédéric II, *Hist. de mon temps.* Éd. de 1789, p. 163.) C'est le premier souverain
portugais qui ait obtenu le titre de *très fidèle.* (1748.)
2. Le comte de Tarouca, fils cadet du marquis d'Allegrette, était, comme
son père, partisan de la maison d'Autriche et des Anglais. Il fut ambassadeur
du Portugal en France de 1724 à 1732.

Villes de Tarouca, Lalim, Lazarim, Penalva, Gulfar, et leurs dépendances, Commandeur de Villa Cova, du Conseil de Sa Majesté, et Mestre de Camp de ses armées; et au sieur Don Louis da Cunha[1], Commandeur de Sainte Marie d'Almendra, du Conseil de Sa Majesté. Lesquels s'étant trouvés au Congrès d'Utrecht, et après avoir imploré l'assistance Divine, et avoir examiné réciproquement lesdits plein-pouvoirs, dont les copies seront insérées à la fin de ce Traité, sont convenus des Articles qui s'ensuivent.

I. Il y aura à l'avenir une paix perpétuelle, une vraye amitié, et une ferme et bonne correspondance entre Sa Majesté T. C. ses hoirs, successeurs et héritiers, tous ses États et Sujets d'une part, et Sa Majesté Portugaise, ses hoirs, successeurs, et héritiers, tous ses États et Sujets de l'autre; laquelle sera sincérement et inviolablement observée, sans permettre que de part et d'autre on exerce aucune hostilité en quelques lieux et sous quelque prétexte que ce soit. Et s'il arrivoit que par quelque accident mesme imprévu on vînt à faire la moindre contravention à ce Traité, elle se réparera de part et d'autre de bonne foy, sans délay, ni difficulté, et les agresseurs en seront punis, le présent Traité ne laissant pas de subsister dans toute sa force.

II. Il y aura de part et d'autre un entier oubli de toutes les hostilités commises jusqu'ici; en sorte que tous et chacun des Sujets de la Couronne de France et de la Couronne de Portugal ne puissent alléguer réciproquement les pertes et dommages soufferts pendant cette Guerre, ni en demander satisfaction par voie de justice ou autrement[2].

---

1. Dom Luis da Cunha, né à Lisbonne le 23 janvier 1662, était un jurisconsulte renommé. Chargé d'une mission extraordinaire à Londres, en 1696, il fut ensuite second plénipotentiaire à Utrecht, puis il revint à Londres et passa de là à Madrid et à Paris, où il résida encore pendant neuf ans (1737-1746) et où il mourut (9 oct. 1749). Associé au comte de Tarouca, comme lors des négociations d'Utrecht, il ne réussit pas à obtenir l'admission du Portugal au congrès de Cambrai de 1724.

2. Cependant, dès l'année 1714, l'abbé de Mornay, envoyé en ambassade, fut chargé de réclamer du roi de Portugal « de nouveaux ordres aux gouverneurs de Goa, Diu, de la baie de Tous les Saints, du Rio de Janeiro, des ports de la côte d'Afrique et des îles du cap Vert pour les obliger à tenir la main à ce

III. Tous les prisonniers de guerre faits de part et d'autre, seront promptement rendus et mis en liberté, sans exception, et sans qu'on demande aucune chose pour leur rançon, ni pour leur dépense [1].

IV. S'il étoit arrivé que dans les Colonies, ou autres Domaines de leursdites Majestés hors de l'Europe on eût pris de costé ou d'autre quelque place, occupé quelque poste, et basti quelque fort, dont on ne sçaurait être assuré présentement à cause d'un si grand éloignement; Lesdites places ou postes seront incessamment rendus entre les mains du premier possesseur, dans l'état où ils seront trouvés au temps de la publication de la paix, et les nouveaux forts en seront démolis, en sorte que les choses restent sur le même pied, où elles étoient avant le commencement de cette guerre.

V. Le Commerce se fera dans le Continent de France et de Portugal de la même manière qu'il se faisoit avant la présente Guerre; bien entendu que chacune des parties se réserve par cet article la liberté de régler les conditions dudit Commerce par un Traité particulier qu'on pourra faire pour ce sujet [2].

VI. Les mêmes privilèges et exemptions, dont les Sujets de Sa Majesté T. C. jouiront en Portugal, seront accordés aux Sujets de Sa Majesté portugaise en France. Et afin de mieux pourvoir à l'avancement et à la seureté des Marchands des deux Nations, on leur accordera réciproquement des Consuls avec les mêmes privilèges et exemptions, dont ceux de France avoient coûtume de jouir en Portugal [3].

---

que les Français ne soient ni vexés ni molestés et que les choses dont ils auront besoin leur soient fournies à des prix raisonnables. » (*Recueil des Instructions, Portugal*, par le V'' de Caix de Saint-Aymour, p. 263.)

1. Les Anglais, pleins de mépris pour leurs alliés les Portugais, avaient refusé de les comprendre dans les échanges de prisonniers de guerre. (*Id.*, p. 246.)

2. Le roi de Portugal, en 1712, avait prohibé les eaux-de-vie des pays étrangers; comme les eaux-de-vie de France avoient toujours été d'un bon débit en Portugal, l'abbé de Mornay, en 1714, fut chargé d'invoquer cet article V pour obtenir que les vins et autres denrées de France fussent admis en Portugal comme avant la guerre, sous la menace de prohiber par représailles les sucres et tabacs de Portugal dont le débit étoit considérable à Marseille et à Bayonne. (*Id.* p. 259.)

3. La France entretenait des consuls à Lisbonne, à Porto, à Madère et dans les îles de Terceire, de San Miguel et de Fayal.

VII. Il sera permis réciproquement aux Vaisseaux tant marchands que de guerre d'entrer librement dans les Ports de la Couronne de France et dans ceux de la Couronne de Portugal, où ils avoient coûtume d'entrer par le passé, pourvû que ceux-ci n'excèdent tous ensemble le nombre de six à l'égard des ports d'une plus grande capacité, et le nombre de trois à l'égard des ports qui sont moindres. En cas qu'un plus grand nombre de Vaisseaux de guerre de l'une des deux nations se présente devant quelque port de l'autre, ils n'y pourront entrer sans avoir demandé la permission au Gouverneur, ou bien au Magistrat. Et s'il arrivoit que lesdits vaisseaux, poussés par le gros tems, ou contraints par quelque autre nécessité pressante vinssent à entrer dans quelque port, sans en avoir demandé la permission, ils seront obligés de faire part d'abord au Gouverneur ou au Magistrat de leur arrivée, et ils n'y pourront séjourner au delà du tems qui leur sera permis, s'abstenant cependant de faire la moindre chose, dont ledit port puisse être endommagé.

VIII. Afin de prévenir toute occasion de discorde, qui pourroit naistre entre les Sujets de la Couronne de France, et ceux de la Couronne de Portugal, Sa Majesté T. C. se désistera pour toujours, comme elle se désiste dès à présent par ce Traité, dans les termes les plus forts, et les plus authentiques, et avec toutes les clauses requises, comme si elles étaient insérées ici, tant en son nom, qu'en celui de ses Hoirs, Successeurs et Héritiers de tous droits et prétentions, qu'elle peut et pourra prétendre sur la propriété des Terres appellées du Cap du Nord, et situées entre la Rivière des Amasones et celle de Japoc, ou de Vincent Pinson [1], sans se réserver ou retenir aucune portion

1. La délimitation indiquée dans cet article a donné lieu à des contestations qui ne sont pas encore réglées aujourd'hui. Quel est ce fleuve Yapok ou Vincent Pinzon ? Les Portugais croyaient désigner parmi tant de Yapock, c'est-à-dire de grandes rivières du littoral, celle dont l'estuaire s'ouvre entre la montagne d'Argent et le cap Orange que l'on appelle seule aujourd'hui du nom d'Oyapock. Mais les Français prétendaient que la rivière de Vincent Pinzon n'est autre que l'Amazone et qu'à défaut de cette limite, il fallait fixer

desdites terres, afin qu'elles soient désormais possédées par Sa Majesté Portugaise, ses Hoirs, Successeurs et Héritiers avec tous les Droits de Souveraineté, d'absolue puissance, et d'entier Domaine, comme faisant partie de ses États; et qu'elles lui demeurent à perpétuité; sans que Sadite Majesté Portugaise, ses Hoirs, Successeurs et Héritiers puissent jamais être troublés dans ladite possession par Sa Majesté T. C. ni par ses Hoirs, Successeurs et Héritiers.

IX. En conséquence de l'Article précédent, Sa Majesté Portugaise pourra faire rebâtir les Forts d'Arguari, (sic) et de Camau, ou Massapa, aussi bien que tous les autres, qui ont été démolis en exécution du Traité provisionel fait à Lisbonne, le 4 Mars 1700, entre Sa Majesté T. C. et Sa Majesté Portugaise, Pierre II de glorieuse mémoire, ledit Traité provisionel restant nul et de nulle vigueur en vertu de celui-ci[1]. Comme aussi il sera libre à Sa Majesté Portugaise de faire bâtir dans les terres mentionnées au précedent article autant de nouveaux Forts qu'elle trouvera à propos, et de les pourvoir de tout ce qui sera nécessaire pour la défense desdites Terres.

X. Sa Majesté T. C. reconnoit par le présent Traité que les deux bords de la Rivière des Amasones, tant le Méridional que le Septentrional, appartiennent en toute Propriété, Domaine, et Souveraineté à Sa Majesté Portugaise;

---

la frontière au cours de l'Araguary qui est le plus considérable de la région. Les deux articles IX et X semblent, en effet, militer en faveur de cette conclusion. En adoptant cette limite, le roi de Portugal se trouve maître de reconstruire le fort d'Araguary sur la rive droite du fleuve du même nom et celui de Macapa sur la rive gauche de l'Amazône dont tout l'estuaire est nommément désigné dans l'art. X comme devant faire partie du domaine portugais.

1. Massapa (Macapa, Macapa) est situé sur la rive gauche de la branche septentrionale de l'Amazône, dans une position beaucoup plus favorable que Para ou Belem qui n'est pas sur le fleuve même; moins fréquenté cependant que Para à cause de la difficulté de la navigation qui provient d'un courant extrêmement rapide. Macapa, bâti en 1688 par les Portugais, occupé en 1697 par les Français Férolles, fut repris par les Portugais la même année, démoli en vertu du traité du 4 mars 1700 et reconstruit en 1744. Le terrible pororaca se fait sentir avec beaucoup de force à Macapa, mais plus violemment encore à l'embouchure de l'Araguary. C'est ce qui fait que les relations de Mapa et de Counani, les deux principaux postes du territoire contesté, sont beaucoup plus fréquentes avec Cayenne qu'avec les ports brésiliens de l'embouchure de l'Amazone.

et promet tant pour Elle, que pour tous ses Hoirs, Successeurs et Héritiers, de ne former jamais aucune prétention
sur la Navigation et l'usage de ladite Rivière, sous quelque
prétexte que ce soit.

XI. De la même manière que Sa Majesté T. C. se départ
en son nom, et en celui de ses Hoirs, Successeurs et Héritiers de toute prétention sur la Navigation et l'usage de la
Rivière des Amasones, elle se désiste de tout Droit, qu'elle
pourroit avoir sur quelque autre Domaine de Sa Majesté
Portugaise tant en Amérique, que dans toute autre partie
du Monde.

XII. Et comme il est à craindre qu'il n'y ait de nouvelles
dissentions entre les Sujets de la Couronne de France et
les Sujets de la Couronne de Portugal à l'occasion du
Commerce que les habitans de Cayenne pourroient entreprendre de faire dans le Maragnon, et dans l'embouchure
de la Rivière des Amasones; Sa Majesté T. C. promet tant
pour Elle, que pour tous ses Hoirs, Successeurs, et Héritiers de ne point consentir que lesdits habitans de Cayenne,
ni aucuns autres Sujets de Sadite Majesté aillent commercer dans les endroits susmentionnés, et qu'il leur sera absolument défendu de passer la Rivière de Vincent Pinson pour
négocier, et pour acheter des esclaves dans les terres du
Cap du Nord ; comme aussi Sa Majesté Portugaise promet
tant pour Elle que pour ses Hoirs, Successeurs et Héritiers,
qu'aucuns de ses Sujets n'iront commercer à Cayenne[1].

XIII. Sa Majesté T. C. promet aussi en son nom, et en

1. Il n'y a pas d'autre article relatif au commerce, dans ce traité que cet
article XII qui interdit tout trafic entre la Guyane française et le Brésil.
Louis XIV était cependant très préoccupé de rendre au commerce français
dans le Portugal son ancienne prospérité. C'était le moment où la découverte
de l'or au Brésil avait affolé les Portugais qui commençaient à délaisser les
plantations pour les mines. L'Angleterre avait profité de l'hostilité grandis-
sante contre la France pour signer avec le Portugal le traité du 27 déc. 1703,
négocié par S. John Méthuen, qui mit pour un siècle le Portugal à la merci de
la Grande-Bretagne. Dans un mémoire du 23 oct. 1713, concernant le commerce, la navigation et les colonies du Portugal, qui est annexé aux instructions de l'abbé de Mornay, Torcy indique la politique à suivre et les mesures
à adopter pour détruire les effets du traité de Méthuen et rétablir les
anciennes relations commerciales entre la France et le Portugal. (Rec. Instr.,
Portugal, par le Vte de Caix de Saint-Aymour, p. 256-266.)

celui de ses Hoirs, Successeurs, et Héritiers, d'empêcher qu'il y ait des Missionnaires François, ou autre, sous sa protection dans toutes lesdites Terres, censées appartenir incontestablement par ce Traité à la Couronne de Portugal ; La direction spirituelle de ces peuples restant entièrement entre les mains des Missionnaires Portugais, ou de ceux qu'on y envoyera de Portugal.

XIV. Sa Majesté T. C. et Sa Majesté Portugaise n'ayant rien tant à cœur, que le prompt accomplissement de ce Traité d'où s'ensuit le repos de leurs Sujets, on est convenu qu'il aura toute sa force, et vigueur immédiatement après la publication de la Paix.

XV. S'il arrivoit par quelque accident (à ce que Dieu ne plaise), qu'il y eût quelque interruption d'amitié, ou quelque rupture entre la Couronne de France, et la Couronne de Portugal, on accordera toujours le terme de six mois aux Sujets de part et d'autre après ladite rupture, pour vendre, ou transporter tous leurs effets, et autres biens, et retirer leurs personnes où bon leur semblera.

XVI. Et parce que la très-Haute, très Excelente et très-Puissante Princesse, la reine de la Grande Bretagne, offre d'être garante de l'entière exécution de ce traité, de sa validité, et de sa durée ; Sa Majesté T. C. et Sa Majesté Portugaise acceptent la susdite garantie dans toute sa force et vigueur, pour tous et chacun des présents articles.

XVIII. Lesdits Seigneurs rois T. C. et Roi de Portugal consentent aussi que tous Rois, Princes et Républiques, qui voudront entrer dans la même garantie, puissent donner à leurs Majestés leurs promesses et obligations pour l'exécution de tout ce qui est contenu dans ce Traité.

XVIII. Tous les Articles ci-dessus énoncés, ensemble le contenu en chacun d'iceux, ont été traités, accordés, passés, et stipulés entre les susdits ambassadeurs Extraordinaires, et Plénipotentiaires desdits Seigneurs, Roi Très-Chrétien, et Roi de Portugal, au nom de leurs Majestés ; et ils promettent en vertu de leurs Plein-pouvoirs, que lesdits articles en général, et chacun en particulier, seront inviolablement observés et accomplis par les susdits Seigneurs Rois, leurs Maîtres.

XIX. Les Ratifications du présent Traité, données en bonne et dûe forme, seront échangées de part et d'autre dans le terme de cinquante jours, à compter du jour de la signature, ou plutôt si faire se peut.

En foi de quoi, et en vertu des ordres et Plein-pouvoirs, que nous soussignés avons reçûs de nos maîtres le Roi T. C., et le Roi de Portugal, avons signé le présent Traité, et y avons fait apposer les Sceaux de nos Armes.

Fait à Utrecht, le 11 Avril 1713.

HUXELLES.   CONDE DE TAROUCA.
MESNAGER.   DOM LUIS DA CUNHA.

TRAITÉ DE PAIX D'UTRECHT

ENTRE LOUIS XIV ET FRÉDÉRIC GUILLAUME I, ROI DE PRUSSE
ET ÉLECTEUR DE BRANDEBOURG [1], DU 11 AVRIL 1713

Au nom de la Très Sainte Trinité,

Soit notoire à tous présens et à venir qui ont ou pourront avoir intérest, que pendant le cours d'une guerre longue et sanglante [2] dont l'Europe a esté affligée depuis plusieurs années, il a plu à la Divine Providence de procurer à la Chrestienté la fin de ses maux, en conservant un ardent désir de la paix dans les cœurs de très Haut, très Excellent et très Puissant Prince Louis XIV, par la grâce de Dieu, roy très chrestien de France et de Navarre, et de très Haut, très Excellent et très Puissant Prince Frédéric Guillaume, par la grâce de Dieu, roy de Prusse [3], Margrave de Brandebourg, archichambellan et Prince Electeur du St Empire, Prince souverain d'Orange, de Neufchâtel et Valengin, duc de Magdebourg, de Clèves, de Juliers et de Berg, de Stettin, de Poméranie, de Cassubie, des Vandales, de Mecklembourg en Silésie et de Crossen, Bourggrave de Nurenberg, Prince de Halberstadt, de Minden, de Camin, de Vandalie, de Swerin, de Ratzenbourg et de Meurs, comte de Hohenzollern, de Ruppin, de Marck, de Ravensperg de Hohenstein

---

1. Bien que Louis XIV ait consenti à accorder à Frédéric-Guillaume les honneurs d'une tête couronnée, il n'admettait pas qu'il y eût parité entre lui et le roi de Prusse. Il voulut d'abord que les deux exemplaires du traité fussent rédigés en français. Il céda cependant et l'exemplaire prussien, publié par Dumont, fut rédigé en latin (v. t. VIII, part. I, p. 336).

2. Frédéric I avait adhéré à la grande Alliance par le traité du 30 déc. 1701. L'empereur, par un traité secret du 16 déc. 1702, s'engagea à ne pas conclure la paix sans exiger de Louis XIV la reconnaissance comme roi de Frédéric I; mais celui-ci devait fournir 8,000 hommes à la coalition (A. Waddington, *l'Acquisition de la couronne royale de Prusse par les Hohenzollern*, p. 362-364).

3. Voir dans Dumont (t. VIII, part. I), p. 358, l'article séparé du 11 avril 1713 en vertu duquel Louis XIV s'engage à reconnaître le titre de roi de Prusse à Frédéric I et à ses descendants. Ce même article stipule aussi la reconnaissance du titre royal par Philippe V.

de Tecklembourg, de Lingen, de Suérin, de Buren et de Leerdam, marquis de Weer et de Vlesingue, Seigneur de Ravenstein, de Rostock, de Stargard, de Lawenbourg, de Butow et de Breda, etc. Lesquels souhaitant également de concourir de bonne foy autant qu'il est en eux au rétablissement de la tranquillité publique, dans les conférences établies à Utrecht à cet effet auraient chargé leurs Ambassadeurs Extraordinaires et Plénipotentiaires en ce lieu-là; savoir de la part de S. M. T. C. le sieur Nicolas marquis d'Huxelles mareschal de France, chevalier de ses ordres, lieutenant général du Roy dans le gouvernement de Bourgogne et le sieur Nicolas Mesnager chevalier de l'ordre de St Michel; et de la part de S. M. Prussienne le sieur Otton Magne de Döhnhoff comte du St Empire, ministre d'État et de guerre, lt général de l'infanterie, chevalier de l'ordre de l'Aigle noir de Prusse, Gouverneur et Drossard de Memmel, seigneur de Frédérichstein, Wenefeld, Schunmor, etc. et le sieur Jean Auguste Marschalch (sic) de Bieberstein, ministre d'Etat de S. M. Prussienne, Grand Maistre des armoiries, baillif de Gibrehenstein et de St Moritzbourg, chevalier des ordres de l'Aigle noir de Prusse et de St Jean, etc. Lesquels après avoir imploré l'assistance Divine et s'estre communiquez respectivement et échangé leurs Pleinpouvoirs dont les Copies seront insérées à la fin du présent Traité, sont convenus à la gloire de Dieu et pour le bien de la Chrestienté des conditions de paix et d'amitié qui suivent :

1. Il y aura une bonne et sincère paix entre S. M. T. C. et ses Successeurs d'une part et S. M. Prussienne et ses Successeurs de l'autre, sans pouvoir jamais estre altérée en aucune manière, en sorte que dès ce mesme jour, toutes sortes d'actes d'hostilitez cesseront de part et d'autre absolument tant par terre que par mer et que l'ancienne bonne amitié soit rétablie entre Sadite Maj. T. C. et S. M. le Roy de Prusse de manière qu'ils tascheront réciproquement à se garentir de tout dommage et à se procurer toutes sortes d'avantages [1].

---

1. Plusieurs négociations avoient été tentées pendant la guerre en vue de rétablir la paix : En 1702, négociation de Bielke et de Schleinits avec

II. En conséquence de ce renouvellement d'amitié réciproque, le dit seigneur Roy de Prusse retirera de bonne foy toutes ses troupes tant des Pays Bas qu'ailleurs aussi tost après l'échange faite des Ratifications du présent Traité et promet de ne leur faire servir durant la présente guerre contre le Roy T. C. nulle part, sous quelque prétexte que ce soit, au de là du contingent qu'il est obligé de fournir en qualité de Membre de l'Empire [1].

III. Il y aura de part et d'autre un oubli perpétuel de toutes les hostilitéz exercées pendant le cours de cette guerre, en sorte qu'en aucune manière et sous quelque prétexte que ce soit, on ne s'en puisse jamais souvenir et moins encore en tirer vengeance.

IV. Les vassaux et sujets jouiront de part et d'autre de cette même amnistie et seront à couvert de tout ressentiment.

V. Tous les prisonniers de guerre, seront délivrez de part et d'autre sans distinction et réserve et sans payer aucune rançon, aussi tost après la publication de la paix.

VI. D'autant que S. M. T. C. a toujours regardé le traité de Westphalie, comme le plus solide fondement de la tranquillité publique et de l'amitié réciproque entre Elle et les

---

Frédéric I, à Wesel, et du baron de Blaspiel avec le maréchal de Boufflers. — En 1703, Besenval est envoyé s'aboucher à Aix-la-Chapelle avec Diest, conseiller prussien ; mais il arrive après le départ de celui-ci. — En 1704 et 1706, l'agent français Poussin cherche à s'entendre avec le représentant prussien et, en 1705, le marquis de Bonnac confère à Dantzig avec Rubach, résident de Frédéric I. — Le suisse Martine ne cessait d'intriguer à Paris en faveur du roi de Prusse. — Dans les conférences de la Haye, en 1709, la reconnaissance du roi de Prusse était impliquée ; et lorsqu'elles furent rompues, la Sourdière alla proposer des subsides au brigadier Grumbkow à Anvers pour détacher son maître de la coalition. — La mission la plus importante en ce sens fut celle du comte de la Verne qui, à Vienne d'abord, avec Metternich, envoyé prussien, puis à Stralsund et à Schwérin, avec Kniphausen, offrit la reconnaissance du titre royal et un subside de 600,000 écus si Frédéric rappelait ses 20.000 soldats (1711-1712). — Toutes ces négociations échouèrent (A. Waddington, *op. cit.*, p. 363-367).

1. Il faut se souvenir que la paix avec l'empereur et l'empire ne fut conclue qu'en 1714. Un article séparé, signé le 11 avril, stipula que la garnison prussienne occuperait Rheinberg jusqu'à la conclusion de la paix avec l'empire. Le roi de Prusse faisait toutes réserves à propos de ses prétentions contre l'archevêque de Cologne. Le roi de France s'engageait à obtenir dudit archevêque en faveur du roi de Prusse une satisfaction raisonnable (Dumont, t. VIII, p. I, p. 358).

Electeurs, Princes et Estats de l'Empire dont le dit Seigneur Roy de Prusse par rapport aux Estats qu'il y possède en est un membre si considérable, son intention est que ledit Traité demeure en son entier, tant pour le spirituel que pour le temporel, comme s'il estoit inséré ici mot à mot [1].

VII. La partie du haut Quartier de Gueldre, dite Gueldre Espagnole, que possède et occupe le Sr Roy de Prusse, nommément la ville de Gueldres, les Préfectures, Villes, Bourgs, Fiefs, Terres, Fonds, Cens, Rentes, Revenus, Péages de quelque nature qu'ils soient, Subsides contributions, etc. Collectes, Droits féodaux, domaniaux et autres quelconques, et généralement tout ce qui est compris dans cette partie du haut Quartier de Gueldres, que le dit Sr Roy de Prusse, occupe et possède actuellement avec tout ce qui y appartient et en dépend, sans rien excepter, luy est cédé à perpétuité par S. M. T. C. en vertu du pouvoir qu'Elle en a du Roy Catholique et demeurera au dit Sr Roy de Prusse, ses héritiers et successeurs de l'un et de l'autre sexe, en pleine propriété et souveraineté, ainsi et de la manière que tout ce que dessus a esté possédé par les Roys d'Espagne et que l'a possédé le Roy Charles II de glorieuse mémoire, nonobstant toutes exceptions, prétentions ou contradictions faites ou à faire pour troubler le dit Sr Roy de Prusse dans la paisible possession de la dite partie cy dessus cédée. Tous pactes, conventions, ou dispositions contraires au présent article estant censez nuls et de nule valeur. Cette cession ainsi faite avec cette clause expresse que l'estat de la Religion Catholique subsistera dans les dits lieux cédéz en tout et partout, tel qu'il estoit avant leur occupation et sous la domination des Roys d'Espagne sans que le dit Sr Roy de Prusse, y puisse rien changer.

VIII. Pareillement S. M. T. C. cède à perpétuité à S. M. Prussienne, en vertu du pouvoir qu'elle en a du Roy Catholique, dans le haut Quartier de Gueldres, le pays de Kessel

---

1. Cet art. est identique pour le fond, sinon pour la forme, à l'art. IV du traité de Saint-Germain de 1679. Cf. Vast, *Grands Traités du règne de Louis XIV*, t. II, p. 119.

et le bailliage de Krickenbeck pour les posséder luy et ses héritiers et successeurs de l'un et l'autre sexe en pleine souveraineté et propriété, ainsi et de la manière que les Roys d'Espagne les possédoient et que les a possédez le Roy Charles II de glorieuse mémoire, avec toutes leurs appartenances et dépendances, Villes, Bourgs, fiefs, Terres, Fonds, Cens, Rentes, Revenus, péages de quelque nature qu'ils soient, Subsides, Contributions, Collectes, Droits féodaux, domaniaux et autres quelconques et généralement tout ce qui est compris sous le nom du dit pays et bailliage. Cette cession ainsi faite, nonobstant toutes exceptions prétentions ou contradictions faites ou à faire, tous pactes, conventions ou dispositions contraires au présent article, estant censez nuls et de nulle valeur : à condition toutes fois que l'estat de la Religion Catholique subsistera dans les dits pays et Bailliage, comme dans les pays cy dessus cédez, en tout et par tout, tel qu'il estoit sous la domination des roys d'Espagne, sans que le dit Sr Roy de Prusse y puisse rien changer. S. M. T. C. promet de faire fournir la ratification du Roy Catholique de cet Article et du septiesme qui le précède, les deux contenant la cession d'une partie du haut Quartier de Gueldres, faite en faveur de S. M. Prussienne, et de la délivrer en l'espace de deux mois à compter du jour du présent traité [1].

IX. Le Roy T. C. recognoistra le Roy de Prusse pour Souverain Sr de la Principauté de Neufchatel et Valengin et promet pour luy et ses successeurs, de ne point troubler le dit Roy de Prusse, ses héritiers et ses successeurs soit directement soit indirectement dans la tranquille possession de cet État et de toutes ses appartenances et dépendances et de laisser jouir les habitans d'iceluy dans tout le Royaume de France et les Terres de la domination de S. M. T. C. des mêmes droits, immunitéz, privilèges et avantages, dont

---

1. Les ratifications du roi Philippe V, relativement à l'article séparé portant reconnaissance du titre royal de Frédéric I et aux articles VII et VIII pour les cessions faites à ce prince aux Pays-Bas sont datées du 2 mai 1713 (Dumont, t. VIII. p. I. p. 361 et 362).

jouissent ceux des autres pays de la Suisse et le reste de la nation helvétique et dont ils ont jouy avant que le Roy de Prusse fust en possession du dit Estat de Neufchâtel et Valengin. S. M. T. C. s'engage de plus de ne donner aucune aide ou secours, directement ni indirectement à aucun de ses sujets pour troubler S. M. le Roy de Prusse ou ses héritiers et successeurs dans la possession de ladite Principauté de Neufchâtel et Valengin [1].

X. Comme le dit Sr Roy de Prusse ne souhaite rien tant que de prévenir en toute manière tout sujet et mesme toute occasion de mésintelligence, le dit Sr Roy de Prusse renonce par le présent Article, tant pour luy que pour ses héritiers et successeurs à perpétuité, en faveur dudit Sr Roy T. C. et de ses successeurs, à tous droits sur la principauté d'Orange et sur les Seigneuries et Lieux de la Succession de Chaalons et de   stelbelin situées en France et dans le Comté de Bourg   , avec les charges aussy bien qu'avec les émoluments présents et futurs, sans rien réserver, pour le tout appartenir désormais à S. M. T. C. à ses hoirs, successeurs et ayans cause [2]; et pour plus grande validité de ladite renonciation, ledit Sr Roy de Prusse se charge et promet, en foy et parole de Roy, de satisfaire les héritiers du feu Prince de Nassau-Frise au sujet de leurs prétentions sur ladite Principauté et lesdits biens énoncez cy dessus, moyennant un équivalent. En sorte que S. M. T. C. ne puisse estre troublée ny inquiétée par les héritiers dudit feu Prince de Nassau-Frise dans la propriété et paisible possession et jouissance de ladite principauté d'Orange et des dits biens; d'où il sera libre à ceux qui voudront se retirer, de transférer de là leur domicile ailleurs, où il leur plaira, avec tous leurs meubles,

---

1. Frédéric I songeait à se faire de la possession de Neufchâtel et Valengin une base d'opérations pour conquérir la Franche-Comté. Voir E. Bourgeois, *Neufchâtel et la politique prussienne en Franche-Comté* (Paris, 1887, 1 vol. 8°)

2. Par sa mère, Louise-Henriette d'Orange, fille du stathouder Frédéric-Henri, le roi de Prusse était cousin de Guillaume III, mort en 1702, et l'un de ses principaux héritiers. Aux conférences de Gertruydenberg, les États-Généraux avaient réclamé pour eux-mêmes, comme héritiers du stathouder, cette même principauté d'Orange avec tous ses autres domaines de France. Voir Hollande, t. 228; les plénipotentiaires au roi, 24 mars 1710.

sans aucun empeschement, dans l'espace d'un an à compter
du jour de la ratification du présent Traité ; et pour ce qui
est de leurs biens immeubles, soit dans la dite Principauté
d'Orange ou ailleurs, de les vendre conformément aux usages
des lieux ou de les retenir et faire administrer par leurs
Procureurs jusqu'à ce qu'ils soient vendus. Ce que pourront
aussy faire ceux qui en sont desja sortis, sans qu'il soit porté
aucun empeschement aux dites ventes. Au surplus il sera
libre au dit Sr Roy de Prusse, de revestir du nom de Principauté d'Orange la partie de la Gueldres qui luy est cédée
par Traité fait aujourd'huÿ et d'en retenir le Titre et les
Armes.

XI. Le dit Sr Roy T. C. et le dit Sr Roy de Prusse consentiront que la Reine de la Grande Bretagne, qui a tant
contribué par les soins infatigables de ses Ambassadeurs
Extraordinaires et Plénipotentiaires, qui sont au Congrès
d'Utrecht, à la conclusion de la paix et tous autres Potentats
et Princes qui voudront entrer dans de pareils engagements,
puissent donner à S. M. T. C. et à S. M. Prussienne leurs
promesses et obligations de garantie de l'exécution et observation de tout le contenu au présent traité.

XII. Dans le présent Traité seront compris tant de la part
de S. M. T. C. que de la part de S. M. Prussienne tous les
treize Cantons Suisses avec tous leurs Alliez, nommément la
Principauté de Neuchâtel et Valengin, la République et Cité
de Genève et ses Dépendances, les Villes de St Gall, de
Mulhausen et de Bienne, et les sept Jurisdictions ou Dixaines
du Valais, comme aussi les trois Ligues Grises et leurs dépendances.

XIII. Cette paix ainsi conclue, les Soussignés Ambassadeurs Extraordinaires et Plénipotentiaires promettent de la
faire ratifier par S. M. T. C. et par S. M. prussienne et d'en
fournir et faire échanger ici les Actes de Ratification dans
l'espace de quatre semaines ou plus tost si faire se peut [1].

---

1. La ratification du roi de France du traité du 11 avril et des deux articles
séparés qui sont annexés est datée de Versailles 18 avril 1713 (v. Dumont,
t. VIII, p. 1, p. 359-361).

En foy de quoy et pour plus grande force, lesdits Ambassadeurs Extraordinaires et Plénipotentiaires ont souscrit de leurs mains propres le présent Traité et fait apposer leurs cachets. Fait à Utrecht, le 11° jour d'Avril de l'an de grâce 1713.

Signatures et cachets :

HUXELLES   O. M. C. DE DÖNHOFF.
MESNAGER.   J. A. MARSCHALCH DE BIEBERSTEIN.

ARTICLE SÉPARÉ

Le Sr Roy T. C. ayant reconnu et considérant comme Roy ledit Sr Roy de Prusse et luy voulant bien accorder tous les honneurs attachez à la dignité royale, pour donner une marque encore plus grande de son affection pour ledit Roy de Prusse et pour luy témoigner combien il estime en sa personne cette augmentation de dignité; S. M. T. C. déclare par cet article et promet, tant pour Elle que pour ses Successeurs et de la part du Sérénissime et très Puissant Prince et Sr Philippe V, Roy d'Espagne et de ses Successeurs, en vertu du pouvoir qu'Elle en a, que Sadite M. et le Roy Catholique donneront désormais et à perpétuité au Sr Roy de Prusse et à ses héritiers et Successeurs Roys de Prusse le Tiltre de Majesté, sans jamais le changer ou diminuer sous quelque prétexte et en quelque occasion que ce soit; comme aussi de faire rendre aux Ministres des Roys de Prusse du premier et du second ordre les mesmes honneurs, soi anciens, soit nouveaux, qu'on rend aux autres Ministres des Testes Couronnées sans aucune différence. Au surplus cet Article séparé dont S. M. T. C. se charge de faire fournir la Ratification dudit Roy Catholique dans le terme de deux mois aura la mesme force que s'il estoit inséré mot pour mot dans le Traité de Paix; et leurs Ratifications en seront fournies de part et d'autre en mesme temps avec celle dudit Traité. En foy de quoy les Ambassadeurs Extraordinaires et Plénipotentiaires ont souscrit de leurs mains propres le présent Article et fait apposer leurs cachets. Fait à Utrecht, le onzième jour d'Avril de l'an de grâce 1713.

Signatures avec cachets :

HUXELLES.   O. M. C. DE DÖNHOFF.
MESNAGER.   S. A. MARSCHALCH DE BIEBERSTEIN.

TRAITÉ DE PAIX D'UTRECHT

ENTRE LOUIS XIV, ROI DE FRANCE, ET VICTOR-AMÉDÉE, DUC DE SAVOIE, DU 11 AVRIL 1713

Soit notoire à tous présents, et à venir, qu'aiant plû à Dieu après une très-longue, et très-sanglante guerre d'inspirer à toutes les Puissances qui y sont intéressées, un sincère désir de la paix, et du rétablissement de la tranquillité publique, les Négotiations commencées à Utrecht par les soins de la Sérénissime et très-Puissante Princesse Anne, par la grâce de Dieu, Reine de la Grande-Bretagne, ont esté par la prudente conduite de cette Princesse amenées au point de la conclusion d'une Paix Générale; à quoy désirant de contribuer le Sérénissime et très-Puissant Prince Louis XIV, par la grâce de Dieu, Roy Très-Chrétien de France, et de Navarre, qui durant la présente guerre, a toujours cherché les moyens de rétablir le repos général de l'Europe; et Son Altesse Royale[1] Victor Amé second, par la grâce de Dieu Duc de Savoye, et de Monferrat, Prince de Piémont, Roi de Chipre, etc. souhaitant de concourir à un ouvrage si salutaire, de rentrer dans l'amitié, et l'affection du roi Très-Chrétien, toûjours disposé à reprendre les sentiments de bonté, qu'il a eu ci-devant pour Son Altesse Royale, et de resserer les liens du sang, qui l'unissent et sa Maison à la Royale Maison de France, ont donné leurs Plein-Pouvoirs pour traiter, conclure et signer la Paix; sçavoir, Sa Majesté Très-Chrétienne au Sieur Nicolas Marquis d'Huxelles, Maréchal de France, Chevalier des Ordres du Roy, Lieutenant Général au Gouvernement du Duché de

---

1. Depuis 1633, la France avait accordé aux ducs de Savoie les mêmes honneurs que l'on rend aux têtes couronnées. (Pomponne, *Mémoires*, édit. Mavidal, t. I, p. 93.) Victor-Amédée II fut reconnu a Altesse royale o par Louis XIV au traité de Ryswick; il n'obtint la confirmation de ce titre par l'empereur que vers la fin de l'année 1698 (v. Briord au roi, 8 nov. 1698, dans Turin, t. 102).

Bourgogne, et au Sieur Nicolas Mesnager, Chevalier de l'Ordre de St. Michel, ses Ambassadeurs Extraordinaires et Plénipotentiaires au Congrès d'Utrecht, et Son Altesse Royale de Savoye au Sieur Annibal Comte de Maffei, Gentilhomme de la Chambre, et premier Ecuïer de Sadite Altesse Royale, Chevalier de l'Ordre des Saints Maurice et Lazare, Colonel d'un Regiment d'Infanterie, Général de bataille[1] dans ses Armées, Son Envoié Extraordinaire auprès de Sa Majesté Britannique, au Sieur Ignace Solar de Morette Marquis du Bourg, Gentilhomme de la Chambre de Sadite Altesse Royale, Chevalier Grand Croix de l'Ordre des Saints Maurice et Lazare, Son Envoyé Extraordinaire auprès de Messieurs les États des Provinces-Unies des Pays-bas, et au Sieur Pierre Mellarede, Seigneur de la Maison Forte de Jordane, Conseiller d'État de Sadite Altesse Royale, ses Ambassadeurs Extraordinaires et Plénipotentiaires audit Congrès d'Utrecht, lesquels après s'estre communiqué respectivement leursdits plein-pouvoirs, dont les copies sont inserées mot à mot à la fin de ce présent Traité, et après avoir fait l'échange des copies authentiques d'iceux, sont convenus des Articles suivants en présence du Sieur Evesque de Bristol, et du Sieur Comte de Strafford Ambassadeurs Extraordinaires et Plénipotentiaires de la Reine de la Grande-Bretagne[2].

I. Il y aura à l'avenir, et pour toûjours une bonne, ferme, et inviolable Paix entre le Roy Très-Chrétien, ses Héritiers Successeurs, et son Royaume d'une part, et Son Altesse Royale de Savoye, ses Héritiers, Successeurs, et États de l'autre, et une cessation de tous actes d'hostilités par terre, et par mer sans exception de lieu, ni de personnes.

II. Il y aura de part, et d'autre un oubly, et une amnistie perpetuelle de toutes les hostilités réciproquement commises pendant la présente guerre, ou à son occasion, sans qu'on puisse à l'avenir directement, ou indirectement en faire

---

1. Ce titre de *général de bataille* est en dehors de la hiérarchie militaire.
2. Dans les dernières conférences d'Utrecht les plénipotentiaires de la Grande-Bretagne s'étaient faits les défenseurs ardents de Victor-Amédée.

aucune recherche, par quelque voye ou sous quelque prétexte que ce soit, ni en témoigner du ressentiment, ni en
prétendre aucune sorte de réparation.

III. Le Roi Très-Chrétien, immédiatement après la ratification du présent traité, restituera à Son Altesse Royale de
Savoye le Duché de Savoye, et le Comté de Nice avec leurs
appartenances, dépendances, et annexes, pour les posséder
à l'avenir comme elle a fait avant cette guerre, et généralement tous les États, et lieux que les armes de Sa Majesté
ont occupez sur Son Altesse Royale pendant cette guerre
sans aucune réserve, et les places et forts seront délivrés
dans l'état où ils se trouvent présentement ; Ceux qui
existent avec toute l'artillerie, et la quantité de munitions
de guerre qui s'y sont trouvées lorsqu'ils ont été occupés [1].

IV. Sa Majesté Très-Chrétienne, pour Elle, ses Héritiers,
et successeurs cède, et transporte à Son Altesse Royale de
Savoye, à ses Héritiers, et Successeurs irrévocablement, et
à toujours, les Vallées qui suivent, sçavoir la vallée de Pragelas, avec les Forts d'Exilles, et de Fenestrelles, et les
Vallées d'Oulx, de Sezane, de Bardonache, et de Château
Dauphin, et tout ce qui est à l'eau pendante des Alpes du
costé du Piémont : Réciproquement Son Altesse Royale
cède à Sa Majesté Très-Chrétienne et à ses Héritiers et
Successeurs irrévocablement, et à toujours la Vallée de
Barcelonnette, et ses dépendances ; de manière que les
sommités des Alpes, et Montagnes serviront à l'avenir de
limites entre la France, le Piémont, et le Comté de Nice, et
que les plaines qui se trouveront sur lesdites sommités et
hauteurs seront partagées, et la moitié avec les eaux pen-
dantes du costé du Dauphiné, et de la Provence, appartiendront à Sa Majesté Très-Chrétienne, et celles du costé du
Piémont, et du Comté de Nice appartiendront à Son Altesse

1. A la suite de la défaite de Turin (7 sept. 1706), les armées françaises
avaient évacué le Piémont. Tessé avait perdu Suze (1707) et Villars n'avait
pu empêcher le duc de Savoie d'occuper la région des sources de la Dora
Riparia. Mais les heureuses campagnes de Berwick en 1709, 1710 et 1711
conservèrent au roi tous les domaines du duc de Savoie en deçà des Alpes.

Royale de Savoye [1]. Pour estre à l'avenir les choses ci-dessus
cédées, tenues, et possédées par Sa Majesté Très-Chrétienne, et par Son Altesse Royale de Savoye, leurs Héritiers, et Successeurs en toute proprieté et Souveraineté,
Régales, actions, juridiction, droit de patronage, nomina-
tions, prérogatives, et généralement tous autres Droits
quelconques, sans rien réserver, et de la même manière en
tout, et avec les mêmes privilèges que Sa Majesté Très-
Chrétienne et Son Altesse Royale de Savoye les ont possédées au commencement de cette guerre : Dérogeant
pour cet effet de part et d'autre, à toutes loix, coûtumes,
statuts, constitutions, et conventions, qui pourroient estre
contraires, même à celles qui auroient esté confirmées par
serment, comme si elles étoient ici exprimées, auxquelles, et
aux clauses dérogatoires desquelles il est expressement dérogé
par le présent Traité pour l'entier accomplissement desdites
cessions, lesquelles vaudront, et auront lieu pour exclure à
perpetuïté toutes exceptions quelconques, sous quelque
titre, cause, ou prétexte qu'elles puissent estre fondées. Et
à ce sujet, les habitans et Sujets desdites vallées, et lieux
ci-dessus réciproquement cédés, sont dispensés par le
présent Traité des serments de fidelité, foy et hommage

---

1. Le règlement des concessions à faire au duc de Savoie a été très labo-
rieux. A la suite du voyage en France de Bolingbroke, voici comment le roi
résumait les conditions offertes à Victor-Amédée II : « Vous pouvez juger par
les fréquentes instances que vous avez essuyées de la part des plénipotentiaires d'Angleterre que l'art. de la *Barrière* demandée par le duc de Savoie
n'a pas été sans contestation. Le v⁰ de Bolingbroke établissait pour principe
que la reine sa maîtresse ne demandait pas l'agrandissement de ce prince du
côté de mon royaume, mais seulement sa sûreté ; que j'étais engagé à la
donner, ayant promis en général la sûreté de tous les alliés de l'Angleterre.
Après avoir fait voir au contraire que cette barrière était véritablement un
agrandissement demandé aux dépens de mon ancien domaine, sous un vain
prétexte de sûreté, on s'est toujours tenu de ma part aux offres que j'ai faites
de laisser au duc de Savoie Exilles, Fenestrelles et la vallée de Pragelas. On
a déclaré positivement que je n'accorderais rien de plus, et le v⁰ de
Bolingbroke, voyant la justice de mes refus, a seulement cherché des termes
qui pussent débarrasser avec honneur la reine sa maîtresse des instances du
duc de Savoie. » (Le roi aux plénipotentiaires, 25 août 1712, dans Hollande,
t. 237.) Les représentants de l'Angleterre trouvèrent l'excellent expédient de
fixer la limite entre les deux États dans la région du Genèvre et du Viso à la
crête principale des Alpes. Ainsi fut ajoutée à la part déjà consentie par
Louis XIV la vallée de Château-Dauphin ; mais il reçut en échange la vallée
de Barcelonnette, où il avait fait construire, en 1692, le fort Tournoux.

qu'ils ont ci-devant prestés à leurs Souverains respectifs avant la présente cession; lesquels serments demeurent nuls, et de nulle valeur. Les Sujets des lieux réciproquement cédés, ou qui y ont des biens ou droits, en auront la libre possession et jouïssance en quels lieux qu'ils habitent, ou du Royaume de France, ou des États de Son Altesse Royale, et auront la liberté d'en pouvoir percevoir les revenus, qu'ils pourront transporter où bon leur semblera, et de disposer et contracter desdits Biens et Droits entre vifs ou à cause de mort, et ils retiendront tous les mêmes Droits de succession, et autres qu'ils ont eu jusques à présent. Et pour plus grande validité des présentes cessions, elles seront verifiées, et enregistrées réciproquement dans les Cours de Parlements, et Chambres des Comptes de Paris, et du Dauphiné, comme aussi dans le Sénat, et Chambre des Comptes de Turin, et Sénat de Nice, et les expéditions en seront délivrées trois mois après, à compter du jour de la Ratification du présent Traité. Et comme il n'a point esté possible de régler par le présent Traité les limites, et dépendances des cessions réciproquement faites ci-dessus, on a trouvé bon de part et d'autre de renvoier ce réglement aux Commissaires, que les Parties nommeront dans l'espace de quatre mois du jour de la signature du présent Traité, pour en convenir à l'amiable sur les lieux.

V. Comme en conséquence de ce qui a esté convenu, et accordé entre leurs Majestés Très-Chrétienne et Catholique d'une part, et Sa Majesté Britannique de l'autre, pour une des conditions essentielles de la Paix, le Sérénissime et très-puissant Prince Philipe V. par la grâce de Dieu, Roi Catholique des Espagnes et des Indes, a cédé et transporté à Son Altesse Royale de Savoye et à ses successeurs l'Isle et Royaume de Sicile, et Isles en dépendantes, avec ses appartenances et dépendances, nulles exceptées, en toute Souveraineté, en la forme, et maniére qui sera spécifiée dans le Traité qui sera conclu entre sa Majesté Catholique, et son Altesse Royale de Savoye; le Roi Très-Chrétien reconnoît, et déclare que ladite cession de l'Isle, et

Royaume de Sicile, ses appartenances et dépendances, faite par le Roi Catholique son Petit-fils à son Altesse Royale de Savoye, est une des conditions de la Paix [1], et Sa Majesté Très-Chrétienne consent, et veut qu'elle fasse partie du présent Traité, et ait la même force, et vigueur que si elle y étoit insérée mot à mot, et qu'elle eût esté stipulée par lui : Reconnoissant dès à present, en vertu de ce Traité, Son Altesse Royale de Savoye, pour seul et légitime Roy de Sicile; et pour mieux assurer l'effet de ladite cession, Sa Majesté Très-Chrétienne promet en foy, et parole de Roy, tant pour Elle que pour ses Successeurs, de ne s'opposer jamais, ni faire aucune chose contraire à ladite cession, ni à son exécution, sous quelque prétexte, ou raison que ce puisse estre, mais au contraire de l'observer, et faire observer inviolablement, promettant toute aide, et secours envers, et contre tous pour cet effet, et pour ladite exécution ; comme aussi pour maintenir, et garantir Son Altesse Royale de Savoye, et ses successeurs en la paisible possession dudit Royaume conformément aux clauses qui seront stipulées dans ledit Traité entre Sa Majesté Catholique, et Son Altesse Royale de Savoye.

VI. Le Roi Très-Chrétien consent pareillement et veut, que la reconnoissance, et la déclaration du Roi d'Espagne, qui au défaut des descendants de Sa Majesté Catholique, assure la succession de la Couronne d'Espagne et des Indes à Son Altesse Royale de Savoye, à ses descendants mâles

---

1. A la suite du décès du duc de Bourgogne et de son fils aîné le duc de Bretagne (18 févr. et 8 mars 1712) la question des renonciations était devenue plus délicate. Comme Philippe V refusait de renoncer à ses droits éventuels à la couronne de France, Saint-John, au nom de l'Angleterre, proposa que ce prince gardât ses droits à la succession de France, à condition de renoncer à l'Espagne et aux Indes, qui seroient données au duc de Savoie. Il recevroit en échange les États de ce duc, augmentés de la Sicile. Cette solution eût été très avantageuse pour la France. Louis XIV pressa son petit-fils de l'accepter, en se plaçant surtout au point de vue dynastique de l'éventualité possible de la disparition du jeune enfant qui devait être Louis XV. Mais Philippe V opta pour l'Espagne (v. le roi à Bonnac, 18 mai 1712, dans Espagne, t. 214). Victor-Amédée ne garda la Sicile que jusqu'en 1718. Le traité de la *quadruple alliance* (2 août 1718) le contraignit à l'échanger contre la Sardaigne. Louis XIV céda la Sicile au nom de son petit-fils; Philippe V ratifia cette cession par le traité d'Utrecht, du 13 juillet 1713.

nés en constant et légitime mariage, aux Princes de la Maison de Savoye, et à leurs descendants mâles nés en constant et légitime mariage, à l'exclusion de toutes autres, fasse, et soit tenue pour une partie essentielle de ce Traité suivant toutes les clauses spécifiées, et exprimées dans l'acte fait par sa Majesté Catholique, le 5 de Novembre 1712, passé, approuvé, et confirmé par les États ou Cortès d'Espagne, par Acte du 9 dudit mois de Novembre, lesquels Actes du Roi d'Espagne et des Cortès seront insérés dans le Traité qui sera conclû entre Sa Majesté Catholique, et Son Altesse Royale de Savoye, et doivent estre tenus pour exprimés ici, comme s'ils y étoient insérés mot à mot [1]. Les Renonciations que M. le Duc de Berry, et M. le Duc d'Orléans ont faites pour eux, et leurs descendants pour toûjours à tous Droits, et espérance de succession à la Monarchie et Couronne d'Espagne des Indes, pour les raisons, causes, et motifs contenus dans les Actes qu'ils ont passé le 19 et 24 Novembre 1712, et dont la teneur et les Lettres patentes du Roy Très-Chrétien, du mois de Mars dernier, seront insérées à la fin du présent Traité, sont, et seront de même à perpétuïté partie essentielle de ce Traité; Sa Majesté Très-Chrétienne, connoissant les motifs des susdites reconnoissances, déclarations, renonciations, et actes, et qu'ils sont le fondement et la sureté de la durée de la Paix, promet pour Elle, ses Successeurs, et les Princes, qui ont fait lesdites Renonciations, et leurs Descendants, qu'ils seront inviolablement observés, et de n'y jamais contrevenir, ni permettre qu'il y soit contrevenu directement, ou indirectement, en tout ou en partie, de quelque manière, ou par quelque voie que ce soit; mais au contraire d'empêcher, qu'il n'y soit contrevenu par qui que ce soit, en quelque temps que ce soit, et pour quelques causes, raisons, ou motifs que ce puisse estre : Sa Majesté Très-Chrétienne s'engageant pour Elle, et ses Successeurs de maintenir

---

1. Voir dans notre notice, p. 53 et 54, les articles correspondants des renonciations de Philippe V, du duc d'Orléans et du duc de Berry.

envers, et contre tous, nul excepté, le droit de succession
de Son Altesse Royale de Savoye, et des Princes de la
Maison de Savoye à la Couronne d'Espagne et des Indes,
conformément à la manière dont il est établi par l'Acte fait
par le Roy d'Espagne, le 5 Novembre 1712, par celui des
États ou Cortès d'Espagne, du 9 Novembre 1712, et par
les Renonciations de M. le Duc de Berry, et de M. le Duc
d'Orléans, et autres Actes susdits ; comme aussi d'employer
(le cas arrivant) les forces, entant que besoin sera, pour
mettre en possession de ladite succession le Prince de la
Maison de Savoye, à qui elle appartiendra suivant l'ordre
de vocation, envers et contre tous ceux qui voudroient s'y
opposer. Tous Actes, et Protestations qui pourroient avoir
été, ou être faits contraires aux susdites déclarations,
renonciations, et actes, et aux droits reconnus, et établis
en iceux, devant être censés, et réputés contraires à la seureté de la paix et à la tranquilité de l'Europe, sont par le
présent Traité déclarés nuls, et de nul effet à jamais.

VII. Pour assûrer davantage le repos public, et en particulier celui de l'Italie, il a été convenu, que les cessions
faites par le feu Empereur Léopold à Son Altesse Royale de
Savoye, par le Traité fait entre eux le 8 Novembre 1703,
de la partie du Duché de Monferrat qui a été possédée par
le feu Duc de Mantoüe, des Provinces d'Alexandrie, et de
Valence, avec toutes les Terres entre le Pô et le Tanaro, de
la Lumelline, de la Vallée de Sesia, et du droit ou exercice
de droit sur les Fiefs des Langhes, et ce qui concerne, dans
ledit Traité du 8 Novembre 1703, le Vigevanasque, ou son
équivalent, et les appartenances, et dépendances de toutes
lesdites cessions, resteront dans leur force, et vigueur,
fermes, et stables, et auront leur entier effet irrévocablement, nonobstant tous rescrits, décrets, et actes contraires,
sans que Son Altesse Royale, et ses Successeurs, puissent
être troublés, ni molestés dans la possession, et jouissance
des choses et droits susdits, pour quelque cause, prétention,
droit, traité, et convention que ce puisse être, et par qui
que ce soit, non pas même par rapport au Duché de Monfer-

rat par ceux qui pourroient avoir Droit ou prétention sur ledit Duché, lesquels prétendants seront indemnisés conformément à ce qui est porté par ledit Traité du 8 Novembre 1703 [1]; Sa Majesté Très-Chrêtienne promettant pour Elle, et ses Successeurs de ne point assister, ni favoriser directement, ou indirectement aucun Prince, ou autre personne qui voudroit contrevenir auxdites cessions, s'obligeant au contraire, d'employer conjointement avec la Reine de la Grande-Bretagne ses offices, et ses forces pour le maintien, et la garantie du contenu au présent article, y compris la Province de Vigevano. La Sentence arbitrale rendûe par les Arbitres Compromissaires, le 27 Juin 1712, devant au surplus rester dans sa force et vigueur, et les mesures être prises dans six mois, par l'Arbitrage des Puissances garantes du Traité de 1703, pour le payement des créances de Son Altesse Royale de Savoye.

VIII. Comme par les incidents, et le sort de la guerre, les États de Son Altesse Royale de Savoye sont ouverts de toutes parts; Il a été trouvé bon que les choses n'étant plus dans l'état où elles étoient lors des précédens Traités de Paix et d'Alliance, sadite Altesse Royale puisse fortifier les Frontières pour la seureté de ses États, qui peut beaucoup contribuer à la seureté, et à la tranquillité de l'Italie; et il sera libre à Son Altesse Royale de faire telles Fortifications que bon lui semblera dans tous les lieux, et endroits qui lui ont été cédés de part et d'autre par lesdits

---

1. Ce traité de Turin, du 8 nov. 1703, signé d'Auersperg pour l'empereur, des marquis de Priero et de Saint-Thomas pour le duc de Savoie, n'est pas publié dans Dumont. On le trouve dans Turin, t. 113. Louis XIV, lassé des trahisons occultes de Victor-Amédée, avait fait désarmer ses troupes au camp de San Benedetto. Le duc de Savoie traita ouvertement avec l'empereur : outre les cessions de territoire mentionnées dans cet art. VII, le traité de 1703 portait ceci : « Après la conquête de la Lombardie et des Deux-Siciles, S. M. Impériale et S. A. Royale joindront leurs forces et les tourneront contre la France, de sorte que tout ce qu'on prendra en Bourgogne et en Franche-Comté appartiendra à S. M. Impériale et que, ce dont on s'emparera dans le Pragellan, le Dauphiné et la Provence, restera à S. A. Royale. » Le texte original est en latin et se trouve aussi au t. 113 de la correspondance politique de Turin. Ce traité du 8 novembre fut confirmé par deux autres traités secrets : l'un, avec l'Angleterre du 4 août 1704 et l'autre avec les États-Généraux du 21 janv. 1705 (v. Carutti, t. III).

traités, nonobstant toutes conventions, et promesses précedentes à ce contraires [1].

IX. Son Altesse Royale de Savoye ayant demandé que le Prince de Monaco reconnoisse tenir d'Elle son Domaine direct Menton et Roccabruna, et qu'il en prenne les Investitures d'Elle, de la manière que Son Altesse Royale prétend que l'ont fait les Prédecesseurs de ce Prince ; Il a été convenu que l'on s'en rapportera respectivement à l'Arbitrage de leurs Majestés Très-Chrétienne, et Britannique, qu'elles donneront six mois après la signature du présent Traité : Et pour cet effet, les Parties représenteront leurs raisons, et leurs titres, dans l'espace de trois mois, à ceux qui seront députés par leursdites Majestés à [2].....

X. Le Commerce ordinaire d'Italie se fera et maintiendra comme il étoit établi du temps de Charles Emanuel II. Père de Son Altesse Royale, et l'on fera observer et pratiquer, en tout et par tout, entre le Royaume, et toutes les parties des États de Sa Majesté, et ceux de Son Altesse Royale ce qui se faisoit, observoit et pratiquoit en tout du vivant dudit Charles Emanuel II par le Chemin de Suze, la Savoye et pont de Beauvoisin, et par Villefranche, chacun païant les droits, et douanes de part et d'autre. Les bastiments François paieront aussi l'ancien dace (communément appelé droit de Villefranche) comme il se pratiquoit du temps du Duc Charles Emanuel, à quoi il ne sera plus faite aucune opposition par qui que ce soit, comme l'on en pourroit avoir fait jusqu'à présent. Les Couriers et les Ordinaires de France passeront comme auparavant par les États de Son Altesse Royale, et en observant le Réglement paieront les droits pour les marchandises dont ils seront chargés [3].

---

1. L'art. I du traité de Turin, du 29 juin 1696, stipulait que les fortifications des places de Pignerol, fort Sainte-Brigide et la Pérouse seraient rasées et ne pourraient jamais être reconstruites.

2. Cet article n'est pas complété dans l'instrument original. Dumont, qui publie ce traité d'après le texte imprimé à Paris par François Fournier avec privilège du roi, ajoute le mot « Paris ».

3. Cet article X est la reproduction exacte de l'art. VI du traité de Turin du 29 juin 1696, sauf la définition de l'*ancien Dace* pour désigner le droit de Villefranche.

XI. Le Roi Très-Chrétien acquiesçant à la demande que son Altesse Royale lui a fait faire, et pour lui donner en tout des preuves de sa sincère amitié, consent que Son Altesse Royale puisse vendre les terres, biens, et effets qu'Elle a dans le Royaume de France en Poitou, et en Bugey, sans qu'il y puisse estre formé aucun empeschement de sa part, ni par ses officiers, Sadite Majesté se départant à ces fins en faveur de Sadite Altesse Royale, et de ses Successeurs, ou de leurs acquéreurs, de tous les droits qu'Elle pourroit avoir, et prétendre à l'avenir sur lesdites terres qui sont en Bugey, et qui appartiennent de présent à Son Altesse Royale, à laquelle au besoin Sa Majesté cède la propriété irrévocable desdites terres pour Elle, et ses Successeurs Ducs de Savoye, et leurs acquéreurs, qui auront une pleine seureté à l'égard de Sa Majesté sans autre patente, et en vertu seulement de ce présent Traité.

XII. Main levée est respectivement accordée des biens et effets saisis, et confisqués à l'occasion de la guerre sur les vassaux, et sujets respectifs en quelques lieux qu'ils soient situés ; et à cet effet toutes représailles, saisies, et confiscations, et les dons et concessions d'icelles sont et demeurent anéantis, de même que les arentements, desdits biens, et les fermes échuës après la signature de ce Traité seront paiées aux Proprietaires.

XIII. Les Jugements rendus en contradictoire des Parties qui ont reconnu des Juges, et ont esté légitimement défenduës, tiendront, et ne seront les Condamnés reçûs à les contredire, sinon par les voies ordinaires.

XIV. Les Sujets de Son Altesse Royale qui ont fait des fournitures, prêts, avances pour le service de Sa Majesté, ou à ses Entrepreneurs, Partisans, Commis ou emploiés à son service, ou pour l'entretien de ses Troupes, Officiers, et Soldats, seront paiés en brief terme sur les recepissés, ou obligations qu'ils représenteront, et Sa Majesté leur fera à cet égard rendre bonne, et briéve Justice ; Son Altesse Royale en fera user de même en tout à l'égard des Sujets de Sa Majesté.

XV. Tous les Prisonniers de guerre, et les Sujets respectifs détenus en quelque lieu que ce soit pour cause de la guerre, seront de part et d'autre, en vertu de la Paix, dès aussi-tôt mis en liberté.

XVI. Les Articles des Traités de Munster, des Pirenées, de Nimègue, de Ryswick, et autres qui regardent Son Altesse Royale de Savoye, et celui de Turin de 1696, seront gardés, et observés, autant qu'il n'y est point dérogé dans le présent, comme s'ils étoient stipulés, et insérés ici mot à mot, et notamment à l'égard des fiefs qui regardent Son Altesse Royale, nonobstant tous rescrits, et Provisions donnés au contraire.

XVII. Tous ceux qui seront nommés dans l'espace de six mois par le Roy Très-Chrétien, et par Son Altesse Royale de Savoye seront compris dans le présent Traité, pourveu que ce soit d'un commun consentement.

XVIII. Et afinque le présent Traité soit inviolablement observé, Sa Majesté Très-Chrétienne, et Son Altesse Royale promettent de ne rien faire contre et au préjudice d'icelui, ni souffrir être fait directement, ou indirectement; et si fait étoit, de le faire reparer sans aucune difficulté, ni remise, et Elles s'obligent respectivement à son entière observation; et sera le présent Traité confirmé avec des termes convenables et efficaces dans tous ceux que Sa Majesté Très-Chrétienne fera avec les Puissances Alliées.

XIX. Sera le présent Traité approuvé, et ratifié [1] par Sa Majesté Très-Chrétienne et par Son Altesse Royale, et les Lettres de Ratification seront échangées, et délivrées respectivement dans le terme d'un mois, ou plustôt s'il est possible, à Utrecht. Cependant toutes hostilités cesseront de part et d'autre dès à présent [2].

---

1. Les ratifications du présent traité furent données à Versailles, par Louis XIV, le 18 avril 1713; et à Turin, le 25 avril 1713, par Victor-Amédée (Dumont, t. VIII, part. I, p. 365 et 366).
2. L'instrument original contient à la suite de cet article les trois actes de renonciations de Philippe V, des ducs d'Orléans et de Berry avec les lettres patentes du roi de France de mars 1713.

TRAITÉ DE PAIX D'UTRECHT

ENTRE LOUIS XIV, ROI DE FRANCE, ET LES SEIGNEURS ÉTATS-
GÉNÉRAUX DES PROVINCES-UNIES, DU 11 AVRIL 1713

Le traité de paix d'Utrecht entre Louis XIV et les Hollandais reproduit littéralement la plus grande partie du préambule et les six premiers articles du traité de paix de Ryswick entre les mêmes [1]. Nous ne publions ici que la partie du préambule et qui contient les titres des plénipotentiaires des États-Généraux et le traité à partir de l'article VII.

Les Sieurs Jacques de Randwyck, seigneur de Rossem, et Burggrave de l'Empire et Juge de la Ville de Nimegue; Guillaume Buys, Conseiller Pensionnaire de la Ville d'Amsterdam; Bruno van der Dussen, ancien Bourguemaistre, Sénateur et Conseiller Pensionnaire de la Ville de Gouda, Assesseur au Conseil des Hemrades de Schielandt, Dyckgraaf de Crimpenrewaard; Corneille van Geel, Seigneur de Spanbroek etc. Bulkestein, Grand Baillif du Franc, et de la Ville de l'Écluse, Surintendant des fiefs relevans du Bourg de Bruges du ressort de l'État; Fredrick Adriaan Baron de Reede, Seigneur de Renswoude, d'Emminkhuysen et Mourkerken, Président de la Noblesse de la Province d'Utrecht; Sicco de Goslinga Grietman de Franequeradeel, Curateur de l'Université de Franequer; et Charles Ferdinand, Comte de Inhuysen, et de Kniphuysen, Seigneur de Wreedewold, Députez dans leur Assemblée de la part des États de Gueldre, de Hollande et Westfrise, de Zeelande, d'Utrecht, de Frise et de Groningue et Ommelanden.....

VII. En contemplation de cette Paix [2], Sa Majesté Très-

---

1. Voir le 2ᵉ fascicule des Grands traités du règne de Louis XIV p. 55-56 et 192-193.
2. On sait l'acharnement des Hollandais contre Louis XIV dans les conférences de la Haye et de Gertruydenberg. Aussi est-ce pour combattre leur influence que les négociations furent transportées à Londres. Ils firent les plus

Chrétienne remettra et fera remettre aux Seigneurs États
Généraux en faveur de la Maison d'Autriche tout ce que Sa
Majesté Très-Chrétienne, ou le Prince [1], ou les Princes ses
Alliez, possedent encore des Païs-bas communément appellez
Espagnols, tels que feu le Roy Catholique Charles II les a
possédez, ou dû posséder conformément au Traité de Ryswick,
sans que Sa Majesté Très-Chrétienne, ni le Prince, ou les
Princes ses Alliez, s'en réservent aucuns Droits, ou prétentions directement, ni indirectement, mais que la Maison
d'Autriche entrera en la possession desdits Païs-bas Espagnols pour en jouïr désormais et à toujours pleinement et
paisiblement selon l'ordre de succession de ladite Maison,
aussi-tôt que les Seigneurs États en seront convenus avec
Elle, de la manière dont lesdits Païs-bas Espagnols leur
serviront de Barriere et de seureté [2].

Bien entendu que du haut Quartier de Gueldre, le Seigneur Roy de Prusse retiendra tout ce qu'il y possède et
occupe actuellement, sçavoir la Ville de Gueldre, la Préfecture, le Baillinge, et le Bas Baillinge de Gueldre, avec
tout ce qui y appartient et en dépend, comme aussi spécia-

<hr>

grands efforts pour arrêter l'effet des préliminaires de Londres du 8 oct. 1711.
C'est seulement à la suite de l'entente complète opérée, lors du voyage à Paris
de lord Bolingbroke, au mois d'août 1712, qu'ils se décidèrent à traiter.
Déjà, en 1697, les conférences de Boufflers avec Portland avaient entraîné la
signature de la Hollande à Ryswick. Déjà, en 1678, l'entente avec les États-
Généraux n'avait été rétablie que par la médiation du roi d'Angleterre
Charles II. Les Hollandais, aveuglés par leur haine contre le roi de France,
n'écoutaient pas aussi bien que les Anglais la suggestion de leurs véritables
intérêts.
1. *Le prince* signifie ici le roi d'Espagne au nom duquel Louis XIV trai-
tait. — *Les princes* s'applique en outre au duc de Bavière qui était encore
gouverneur en titre des Pays Bas espagnols.
2. On remarquera que le roi d'Espagne, Philippe V, n'est pas nommé, ni
même désigné par son titre de roi catholique comme dans l'art. V du traité
signé avec le duc de Savoie qui stipule en sa faveur la cession de la Sicile. Un
art. séparé (Dumont, t. VIII, part. I, p. 373) stipule que le roi de France « promet et s'engage, pour et au nom de S. M. Catholique, que la paix sera rétablie
aussi entre Elle et les États-Généraux ». Cet engagement fut ratifié par le
traité du 26 juin 1714. — Un autre art. séparé, signé comme le précédent le
11 avril 1713 (Dumont, p. 373), stipule : « Comme les Pays Bas espagnols et
les villes et places cédées par le Roy Très Chrétien par le traité conclu ce
jour d'huy entre S. M. et les Sgrs États Généraux doivent appartenir à la
maison d'Autriche, lesdits Seigneurs États Généraux s'engagent et promettent que ladite maison d'Autriche exécutera toutes les conditions stipulées
dans le dit Traité par rapport aux Pays Bas Espagnols..... après qu'Elle en
aura été mise en possession. »

lement les Villes, Bailliages et Seigneuries de Strahlen, Wachtendonck, Middelaar, Walbeeck, Aertsen, Afferden et de Weel, de même que Racy et Kleinkevelaar, avec toutes leurs appartenances et dépendances. De plus il sera remis à Sa Majesté le Roy de Prusse, l'Ammanie de Kriekenbeck, avec tout ce qui y appartient et le païs de Kessel, pareillement avec toutes les appartenances et dépendances, et généralement tout ce que contient ladite Ammanie et ledit district, sans en rien excepter, si ce n'est Erklens, avec ses appartenances et dépendances, pour le tout appartenir à Sa Majesté Prussienne, et aux Princes, ou Princesses ses héritiers ou Successeurs, avec tous les droits, prérogatives, revenus et avantages de quelque nom qu'ils puissent être appellez, en la même qualité et de la même maniére, que la Maison d'Autriche, et particulierement le feu Roy d'Espagne les a possédez, toutefois avec les charges et hypothèques, et en conséquence les États Généraux retireront leurs Troupes des endroits cy-dessus nommez, où il y en pourroit avoir, et déchargeront du serment de fidélité les Officiers tant civils, que des Comptoirs des Péages et autres, au moment de l'évacuation, qui se fera aussi-tôt après la Ratification du présent Traité [1].

Il a été encore convenu qu'il sera réservé dans le Duché de Luxembourg, ou dans celuy de Limbourg, une terre de la valeur de trente mille écus de revenu par an, qui sera érigée en Principauté en faveur de la Princesse des Ursins et de ses Héritiers [2].

VIII. En conséquence de cela, Sa Majesté Très-Chrétienne remettra et fera remettre aux Seigneurs Etats Généraux, en faveur comme cy-dessus, immédiatement après la Paix et au plus tard en quinze jours après l'échange des

1. V. les art. VII et VIII du traité conclu avec le roi de Prusse.
2. L'âpre poursuite de la princesse des Ursins à obtenir une souveraineté dans le pays de Luxembourg a empêché longtemps la conclusion de la paix. Le traité conclu seulement le 26 juin 1714 entre la Hollande et Philippe V et retardé précisément par le refus des Hollandais de satisfaire l'ambitieuse conseillère du roi d'Espagne garda un silence complet sur les intérêts de la camerera mayor; en sorte que la clause de cet art. VII qui la concerne resta lettre morte.

Ratifications, le Duché, Ville et Forteresse du Luxembourg avec le Comté de Chiny; le Comté, Ville et Château de Namur, comme aussi les Villes de Charleroy et de Nieuport avec toutes leurs appartenances, dépendances, annexes et enclavemens, et tout ce qui outre cela pourroit encore appartenir auxdits Païs-bas Espagnols, définis comme cy-dessus, en l'état auquel le tout se trouve à présent; avec les Fortifications, sans en rien changer, qui s'y trouvent actuellement, et avec tous les papiers, lettres, documents et archives, qui concernent lesdits Païs-bas, ou quelque partie d'iceux.

IX. Et comme Sa Majesté Catholique a cédé et transporté en pleine Souveraineté et propriété sans aucune réserve ni retour, à Son Altesse Electorale de Bavière lesdits Païs-bas Espagnols [1], Sa Majesté Très-Chrétienne promet et s'engage de faire donner un Acte de Sadite Altesse Électorale dans la meilleure forme, par lequel, Elle, tant pour Elle-mesme, que pour les Princes ses Hoirs, et Successeurs nez et à naître, cède et transporte aux Seigneurs États Généraux en faveur de la Maison d'Autriche tout le Droit que son Altesse Électorale peut avoir, ou prétendre sur lesdits Païs-bas Espagnols, soit en tout, ou en partie, tant en vertu de la cession de Sa Majesté Catholique, qu'en vertu de quelqu'autre Acte, Titre, ou prétention que ce puisse être, et par lequel Acte Sadite Altesse Électorale reconnoisse la Maison d'Autriche pour légitimes et Souverains Princes desdits Païs-bas, sans aucune restriction, ou réserve, et décharge et dispense absolument tous et un chacun des Sujets desdits Païs-bas, qui lui ont presté serment de fidélité, ou fait hommage; lequel acte de cession de son Altesse Électorale sera remis comme l'on en est convenu, à la Reine de la Grande-Bretagne le même jour que les Ratifications du présent Traité doivent être échangées.

---

1. V. les traités du 9 mars 1701 et du 7 nov. 1702 conclus à Versailles entre Torcy et Monasterol, et principalement les art. secrets qui les complètent (Bavière, t. 44). Legrelle (*op. cit.*, t. IV, p. 220 et 277) en donne une analyse très complète.

Bien entendu que l'Électeur de Bavière retiendra la Souveraineté et les revenus du Duché et Ville de Luxembourg [1], de la Ville et Comté de Namur, de la Ville de Charleroy, et de leurs dépendances, appartenances, annexes et enclavemens (sauf le payement des rentes constituées et hypothéquées sur lesdits revenus) jusqu'à ce que son Altesse Electorale ait été rétablie dans tous les États qu'Elle possédoit dans l'Empire avant la Guerre présente, à l'exception du haut Palatinat, et qu'Elle aura été mise dans le rang de neuvième Électeur, et en possession du Royaume de Sardaigne et du titre de Roy [2]; comme aussi que son Altesse Électorale pendant le tems qu'Elle gardera la Souveraineté des susdits Païs, pourra tenir ses Troupes dans les dépendances du Duché de Luxembourg, lesquelles Troupes n'excéderont pas le nombre de sept mille Hommes, et qu'aucunes Troupes des Seigneurs Estats Généraux, ou de leurs Alliez, excepté celles que lesdits Estats Généraux enverront pour les Garnisons des Places de Luxembourg, Namur, et Charleroy [3], ne pourront passer, loger, ny séjourner dans les dépendances des Païs, dont son Altesse Électorale doit garder la Souveraineté, comme il est dit cy-dessus; il sera cependant

1. V. l'acte séparé formant la pièce cataloguée n° 14 dans la série E de notre notice p. 66. C'est un acte du 11 juin 1713, relatif à la neutralité du Luxembourg, pour assurer l'exécution des articles IX, X et XVII du traité de paix. C'est une amorce très intéressante du droit public contemporain, qui a reconnu la neutralité du Luxembourg et de la Belgique.

2. Le traité de Rastadt, moins favorable au duc de Bavière, le déposséda de la Sardaigne et du titre de roi, en lui restituant ses États héréditaires.

3. Dès le 30 oct. 1701, Louis XIV avait réclamé très confidentiellement à son petit-fils la cession des Pays-Bas. Il avait chargé l'ambassadeur français à Madrid, le comte de Marsin, de préparer cette cession malgré les promesses faites au duc de Bavière dans le traité du 9 mars 1701 (v. corresp. du roi avec Marsin, oct. 1701, dans Espagne, t. 98). Le traité du 7 nov. 1702 excluait de la souveraineté des Pays-Bas espagnols laissée à Maximilien Emmanuel le duché de Luxembourg, les comtés de Chiny, de Namur, de Charleroy avec leurs dépendances, que le roi de France se réservoit d'en détacher pour la sûreté de son royaume. Ne pouvant s'annexer toute la Belgique, Louis XIV voulait au moins se ménager l'acquisition de la plus grande partie des provinces de langue française. A différentes reprises le roi chercha encore à se faire céder le Luxembourg. Les Hollandais, craignant l'ambition du roi de ce côté, obtinrent, dans la conférence du 8 janvier 1713, que leurs garnisons occupaient les places de Namur, Charleroy et Luxembourg bien que le duc de Bavière conservât la souveraineté dans ces pays. (Voir Hollande, t. 247. Les plénipotentiaires au roi; 8 janv. 1713.) Le roi devait retirer immédiatement ses garnisons de ces mêmes places.

permis aux Estats Généraux de faire voiturer, sans aucun empêchement, ni opposition quelconque, toutes sortes de munitions de bouche et de guerre dans la ville de Luxembourg, qu'ils trouveront nécessaire. On est aussi convenu que l'Électeur de Bavière conservera la Souveraineté et revenus de la Ville et Duché de Luxembourg et de leurs dépendances, appartenances, annexes et enclavemens, jusqu'à ce qu'il ait été dédommagé de ses prétentions à l'égard du Traité d'Ilmersheim; et l'on est convenu que ce dédommagement sera réglé par les Arbitres, dont on conviendra et du nombre desquels la Reyne de la Grande-Bretagne a consenti d'être. Et ce règlement se fera par lesdits Arbitres le plûtôt qu'il sera possible. Sa Majesté Très-Chrétienne fera sortir l'Acte de cession de son Altesse Électorale son plein et entier effect; et pour encore plus de seureté, Sa Majesté Très-Chrétienne promet de faire en sorte, que Sa Majesté Catholique approuvera autant que de besoin, ladite cession de son Altesse Électorale dans son Traité, tant avec Sa Majesté Britannique qu'avec les Seigneurs États Généraux.

X: Cependant quoyque l'Électeur de Bavière demeure en possession de la Souveraineté, et des revenus de la Ville et Duché de Luxembourg, de la Ville et Comté de Namur, de la Ville de Charleroy, et de leurs dépendances, comme il est dit cy-dessus; On est convenu que Sa Majesté Très-Chrétienne retirera toutes ses Troupes de la Ville et Duché de Luxembourg, de la Ville et Comté de Namur, de la Ville de Charleroy, et de toutes leurs dépendances, immédiatement après la Paix, et au plus tard en quinze jours après l'échange des Ratifications du présent Traité, qu'Elle fera en sorte que Sadite Altesse Électorale en retirera aussi en même tems toutes les siennes (excepté des dépendances du Duché de Luxembourg) et celles qu'il pourroit y avoir de l'Électeur de Cologne son Frère, sans aucune exception, et que la Ville et Forteresse de Luxembourg, la Ville et Château de Namur, comme aussi la Ville de Charleroy, seront cependant gardez par les Troupes des Seigneurs États

Généraux, lesquelles y entreront immédiatement après la Paix, et au plus tard en quinze jours après l'échange des Ratifications. On est convenu aussi que les Troupes desdits Seigneurs États y seront logées et traitées conformément au règlement fait sur ce sujet après la Paix de Ryswick avec Sadite Altesse Électorale, alors Gouverneur Général desdits Païs-bas, comme aussi que la Ville et Duché de Luxembourg, la Ville et Comté de Namur, et la Ville de Charleroy, et leurs dépendances, contribueront leur quote part d'un million de florins, monnoye de Hollande, qui doit être assigné par an auxdits Seigneurs États Généraux sur les meilleurs, et les plus clairs revenus desdits Païs-bas Espagnols, pour l'entretien de leurs Troupes, et des Fortifications des Villes et Places de leurs Barrières; les États Généraux de leur côté, s'engagent et promettent que leurs Troupes n'en troubleront en aucune manière l'Électeur de Bavière dans la possession de la Souveraineté, et des revenus desdites Villes et Païs pour tout le tems qu'il en doit jouïr.

XI. Sa Majesté Très-Chrétienne cède aux Seigneurs États Généraux, tant pour Elle même que pour les Princes ses Hoirs et Successeurs, nez et à naître, et ce en faveur de la Maison d'Autriche, tout le Droit qu'Elle a eu, ou pourroit avoir sur la Ville de Menin avec toutes ses Fortifications, et avec sa Verge, sur la Ville et Citadelle de Tournay avec tout le Tournaisis, sans se rien réserver de son Droit là-dessus, ni sur aucune de ses dépendances, appartenances, annexes ou enclavemens; mais cède absolument ces Villes et Places avec tous leurs territoires, dépendances, appartenances, annexes ou enclavemens, et avec tous les mêmes Droits en tout que Sa Majesté Très-Chrétienne les a possédées avant cette Guerre, excepté que St. Aman avec ses dépendances, et Mortagne sans dépendances, reviendront et demeureront à Sa Majesté Très-Chrétienne; à condition néantmoins qu'il ne sera pas permis de faire à Mortagne aucunes Fortifications, ni Écluses de quelque nature qu'elles puissent être; On est aussi convenu que le Prince d'Épinoy rentrera en possession de la Terre d'Antoing en vertu du présent Traité, à condition que la Maison de Ligne pourra poursuivre ses Droits ou prétensions sur ladite Terre devant les Juges compétens. Les Seigneurs États Généraux promettent qu'ils rendront les Villes, places, territoires, dépendances, appartenances, annexes et enclavemens, que Sa Majesté Très-Chrêtienne leur cède par cet article, à la Maison d'Autriche, aussi-tôt que les Seigneurs États en seront convenus avec ladite Maison, laquelle en joüira alors irrévocablement et à toûjours.

XII. Sa Majesté Très-Chrêtienne, tant pour Elle mesme que pour les Princes ses Héritiers et Successeurs, nez et à naître, cède aussi en faveur de la Maison d'Autriche tout le Droit qu'elle a sur Furnes, Furner Ambagt, y compris les huit paroisses et le Fort de Knoque, les villes de Loo et Dixmuyden avec leurs Dépendances, Ypres avec sa Chastellenie, (Rousselaer y compris), et avec les autres dépendances, qui seront désormais Poperingue, Warneton, Commines, Warwick, ces trois dernières Places, pour autant qu'elles sont situées du costé de la Lys vers Ypres, et ce qui dépend des Lieux cy-dessus exprimez, sans que Sa Majesté Très-Chrêtienne se réserve aucun droit sur lesdites villes, places, forts, et païs, ni sur aucune de leurs appartenances, dépendances, annexes ou enclavemens [1].

Aussi fera Sa Majesté Très-Chrêtienne, immédiatement après la Paix, et au plus tard en quinze jours après l'échange des Ratifications, évacuer et remettre aux Seigneurs États Généraux toutes lesdites villes, places, forts, et païs avec toutes leurs appartenances, dépendances, annexes et enclavemens, sans en rien excepter, le tout de la même manière que Sa Majesté Très-Chrêtienne le possède maintenant avec

1. Les discussions relatives à ces différentes cessions de territoires ont été les plus longues et les plus acharnées (v. les instructions aux plénipotentiaires d'Utrecht, Versailles, 30 déc. 1711; dans Hollande, t. 230). — Le mémoire des plénipotentiaires français du 30 janvier 1712 (Actes de la paix d'Utrecht, t. I, p. 308). — Les prétentions opposées des Hollandais (du 5 mars 1712, Hollande, t. 233). — Le mémoire remis le 26 avril à l'abbé Gautier (Hollande, t. 234), et enfin les conditions arrêtées avec Bolingbroke le 25 août 1712 (Hollande, t. 237). — Les mêmes mémoires et protocoles doivent être consultés pour l'explication de l'art. XIV.

les Fortifications, comme elles sont, sans y rien changer, et avec tous les papiers, lettres, archives et documens, qui concernent lesdites Villes, Places, Forts, leurs dépendances, appartenances, et enclavemens, afin que lesdits Seigneurs États puissent rendre toutes ces Villes, Places, Forts et Païs, avec toutes leurs appartenances, dépendances, annexes, et enclavemens, à la Maison d'Autriche aussitôt qu'ils en seront convenus avec Elle, laquelle en jouïra irrévocablement, et à toûjours.

XIII. La Navigation de la Lis, depuis l'embouchure de la Deule en remontant, sera libre, et il ne s'y établira aucun péage, ni imposition.

XIV. On est aussi convenu qu'aucune Province, Ville, Fort ou Place desdits Païs-bas Espagnols, ny de ceux qui sont cédez par Sa Majesté Très-Chrétienne, soit jamais cedée, transportée, ni donnée, ni puisse échoir à la Couronne de France, ni à aucun Prince, ou Princesse de la Maison ou Ligne de France, soit en vertu de quelque don, vente, échange, convention matrimoniale, succession par testament, ou ab intestat, ou sous quelqu'autre titre que ce puisse être, ni être mis, de quelque maniére que ce soit, au pouvoir, ni sous l'autorité du Roy Très-Chrétien, ni de quelque Prince ou Princesse de la Maison ou Ligne de France.

XV. Lesdits Seigneurs États Généraux remettront à Sa Majesté Très-Chrétienne la Ville et Citadelle de Lille avec toute Sa Châtellenie sans aucune exception, Orchies, le Païs de Lalœu et le Bourg de la Gourgue, les Villes et Places d'Aire, Béthune et St. Venant avec le Fort François, leurs Bailliages, Gouvernances, appartenances, dépendances, enclavemens, et annexes, le tout ainsi qu'il a été possédé par le Roy Très-Chrétien avant la présente guerre ; lesquelles Villes, Places et Forts, seront évacuez immédiatement après la Paix, et au plûtard en quinze jours après l'échange des Ratifications du présent Traité, avec toutes les Fortifications, dans l'état où elles se trouvent à présent, sans en rien changer, et avec tous les Papiers, Lettres,

Documens, Archives, et particulièrement avec ceux de la
Chambre des comptes de Lille, et s'il y en avoit eu quelques-
uns de détournez, on les raportera de bonne foy; bien
entendu que lesdits Seigneurs États Généraux ne seront
point tenus à aucun dédommagement pour ce dont le Roy
Très-Chrétien pourroit déjà être en possession desdits Païs,
ni à faire réparer ce qui se trouvera avoir été détruit par la
guerre. On est ausi convenu que le Prince d'Epinoy rentrera
en possession des Terres de Cisoing et de Roubaix, et autres
biens situez dans lesdits Païs de Lille en vertu du présent
Traité, à condition que la Maison de Ligne pourra poursuivre ses droits ou prétentions sur lesdites Terres et Biens
devant des Juges compétans.

XVI. Quant à la restitution des Canons, Artillerie, Boulets,
Armes et Munitions de guerre de part et d'autre, on est convenu que la Ville et Forteresse de Luxembourg, la Ville et
Château de Namur, la Ville de Charleroy et celle de Nieuport, et généralement toutes Places, Forts, et Postes possédez par Sa Majesté Très-Chrétienne, ou ses Alliez, les Électeurs de Cologne et de Bavière, seront remis avec les Canons,
Artillerie, Boulets, Armes et Munitions de guerre qui y
étoient au tems du décès du feu Roy Catholique Charles II,
suivant les Inventaires qui en seront fournis; que la Ville et
Citadelle de Lille, la Ville d'Aire, avec le Fort François,
Béthune et St. Venant, seront rendues avec les Canons,
Artillerie, Boulets, Armes, et Munitions de guerre, qui y
ont esté au tems de la prise, suivant les inventaires qui en
seront délivrez de part et d'autre : bien entendu, qu'à l'égard
des pièces d'Artillerie, qui ayant été endommagées pendant
les sièges, ont été transportées ailleurs pour les refondre,
les Seigneurs États Généraux les feront remplacer par un
pareil nombre de mesme calibre; que la Ville d'Ypres sera
remise avec cinquante pièces de Canon de fonte de toutes
sortes de calibre et avec la moitié des Munitions de guerre
qui s'y trouvent présentement; et finalement que la Ville de
Furnes sera remise avec les Canons, Artillerie, Boulets,
Armes et Munitions de guerre, qui s'y sont trouvez au com-

mencement de l'année courante, suivant les Inventaires qui en seront délivrez de la part de Sa Majesté Très-Chrétienne.

XVII. Les Troupes de part et d'autre se retireront aussitôt après l'échange des Ratifications du présent Traité, sur les terres et païs de leurs propres Souverains, et dans les places et lieux qui leur doivent réciproquement demeurer et appartenir suivant le présent Traité, sans pouvoir rester, sous quelque prétexte que ce soit, dans le Païs de l'autre Souverain, ni dans les lieux qui luy doivent pareillement cy-après demeurer ou appartenir, et il y aura aussitôt après la signature de ce mesme Traité cessation d'armes et d'hostilitez, non pas seulement en tous endroits de la domination de Sa Majesté Très-Chrétienne et des Seigneurs États tant par mer, et autres eaux, que par terre, comme il est dit cy-dessus, mais aussi de part et d'autre dans les Païs-bas entre les Païs, sujets et troupes de quelque Puissance que ce soit.

XVIII. Il a été aussi accordé que la perception des Aides, subsides, et autres droits, dont le Roy Très-Chrétien et les Seigneurs États sont en possession, sur tous les Païs qui viennent d'être cédez de part et d'autre, sera continuée jusqu'au jour de l'échange des Ratifications, et que ce qui en restera dû, lors du dit échange des Ratifications, sera payé de bonne foy à celuy, ou ceux, qui y auront droit, comme aussi que dans le mesme tems les Propriétaires des bois confisqués dans les dépendances des places, qui doivent être remises de part et d'autre, rentreront en la possession de leurs biens, et de tous les bois qui se trouveront sur le lieu : bien entendu que du jour de la signature du présent Traité, toutes les coupes de bois cesseront de part et d'autre.

XIX. Il y aura de part et d'autre un oubly et une amnistie perpétuelle de tous les torts, injures et offences, qui auront été commis de fait et de parole, ou en quelque manière que ce soit, pendant le cours de la présente guerre, par les Sujets des Païs-bas Espagnols, et des places et païs cédez ou restituez par Sa Majesté Très-Chrétienne, ou par les Seigneurs États Généraux, sans qu'ils puissent être exposez à quelque

recherche que ce soit, et l'on est convenu que tout le contenu en l'Article second du présent Traité est rappelé pour
être aussi exécuté entre les Sujets de Sa Majesté Très
Chrêtienne et ceux desdits Païs-bas Espagnols, et païs
cédez, ou restituez, de la manière qu'il le sera entre lesdits
Sujets de Sa Majesté Très-Chrêtienne et ceux des Seigneurs
Etats Généraux.

XX. Par le moyen de cette Paix, les Sujets de Sa Majesté
Très-Chrêtienne et ceux desdits Païs-bas Espagnols et des
places cédées par Sadite Majesté Très-Chrêtienne, pourront, en gardant les Loix, usages et coûtumes des Païs, aller,
venir, demeurer, trafiquer, retourner, traiter, négocier
ensemble, comme bons Marchands, même vendre, changer,
aliéner, et autrement disposer des biens, effets, meubles et
immeubles, qu'ils ont, ou auront, situez respectivement de
part et d'autre, et chacun les y pourra acheter, sujet ou non
sujet, sans que pour cette vente, ou achat, ils ayent besoin
de part ni d'autre de permission autre que le présent Traité;
il sera aussi permis aux Sujets des places et païs cedez ou
restituez par le Roy Très-Chrêtien, et par les Seigneurs
États Généraux, comme aussi à tous les Sujets desdits Païsbas Espagnols, de sortir desdites places et Païs-bas Espagnols, pour aller demeurer où bon leur semblera dans l'espace d'un an, avec la faculté de vendre à qui il leur plaira,
ou de disposer autrement de leurs effets, biens meubles et
immeubles, avant et après leur sortie, sans qu'ils puissent
en être empêchez directement ou indirectement.

XXI. Les mêmes Sujets de part et d'autre, Ecclésiastiques et Séculiers, Corps, Communautez, Universitez et
Collèges, seront rétablis, tant en la joüissance des Honneurs, dignitez et bénéfices, dont ils étoient pourvûs avant
la guerre, qu'en celle de tous et chacun leurs droits, biens
meubles, et immeubles, rentes saisies ou occupées à l'occasion de la présente guerre, ensemble leurs Droits, actions
et successions, à eux survenus, même depuis la Guerre
commencée, sans toutefois pouvoir rien demander des fruits
et revenus perçus et échus pendant le cours de la présente

guerre jusqu'au jour de la publication du présent Traité, lesquels rétablissemens se feront réciproquement ; nonobstant, toute donation, concession, déclaration, confiscation, sentence donnée par contumace, les parties non ouïes, qui seront nulles et de nul effet, avec un liberté entier (sic) auxdites parties de revenir dans les païs d'où elles se sont retirées, pour et à cause de la guerre, pour jouïr de leurs biens et rentes, en personne, ou par Procureur, conformément aux Loix et coûtumes des Païs et États, dans lesquels rétablissemens sont aussi compris ceux, qui dans la derniére guerre, ou à son occasion, auront suivy le party contraire ; néanmoins les arrêts, et jugements rendus dans les parlements, Conseils et autres Cours supérieures ou inférieures, et auxquels il n'aura pas été expressément dérogé par le présent Traité, auront lieu et sortiront leur plein et entier effet, et ceux qui en vertu desdits arrêts et jugemens se trouveront en possession de terres, Seigneuries et autres biens, y seront maintenus, sans préjudice toutefois aux parties, qui se croiront lézées par lesdits jugemens et arrêts, de se pourvoir par les voyes ordinaires et devant les Juges compétens.

XXII. A l'égard des rentes affectées sur la généralité de quelques Provinces des Païs-bas, dont une partie se trouvera possedée par Sa Majesté Très-Chrétienne, et l'autre par lesdits Seigneurs Estats Généraux, ou par la Maison d'Autriche, à laquelles les Païs-bas Espagnols doivent appartenir ; il a été convenu et accordé que chacun payera sa quote part, et seront nommez des Commissaires pour régler la portion qui se payera de part et d'autre.

XXIII. Dans lesdits Païs, Villes et Places cédez par le présent Traité, les bénéfices accordez et légitimement conférez à des Personnes capables, pendant le cours de la présente guerre, seront laissez à ceux qui les possèdent à présent, et généralement toutes choses, qui concernent la Religion Catholique Romaine et son exercice, y seront laissées et conservées de la part desdits Seigneurs États Généraux, et de la Maison d'Autriche à laquelle les Païs-bas

doivent appartenir, dans l'estat où elles sont, ou qu'elles
étoient avant la présente guerre, cession, ou évacuation,
tant à l'égard des Magistrats, qui ne pourront être que
Catholiques Romains, comme par le passé, qu'à l'égard des
Evesques, Chapitres, Monastères, l'Ordre de Malte (pour les
biens de cet ordre situez dans les Païs-bas Espagnols, et
dans les Païs cédez et restituez de part et d'autre par le
présent Traité) et autres, et généralement à l'égard de tout
le Clergé, qui seront tous maintenus et restituez dans
toutes leurs Eglises, libertez, franchises, immunitez,
droits, prérogatives et honneurs, ainsi qu'ils l'ont été sous
les Souverains Catholiques Romains, et que tous et un
chacun dudit Clergé pourvûs de quelques biens Ecclesias-
tiques, Commanderies, Canonicats, Personnats, Prevostéz,
et autres bénéfices quelconques, y demeurent, sans en
pouvoir être dépossédez, et jouïront des biens et revenus en
provenans, et les pourront administrer et percevoir, comme
auparavant, comme aussi les Pensionnaires jouïront, comme
par le passé, de leurs pensions asssignées sur les Bené-
fices, soit qu'elles soient créées en cour de Rome, ou par
les brevets de leurs Majestés Très-Chrêtienne et Catholique
avant le commencement de la présente guerre, sans qu'ils
en puissent être frustrez pour quelque cause ou prétexte
que ce soit.

XXIV. Quant à l'exercice de la Religion Protestante par
les troupes que les États Généraux auront dans les places
desdits Païs-bas Espagnols, et dans celles cédées par le Roi
Très-Chrêtien, il s'y fera conformément au règlement fait
avec l'Électeur de Bavière, Gouverneur des Païs-bas Espagnols, sous le règne du Roi Charles II.

XXV. On est de plus convenu que les Communautez et
Habitans de toutes les places, villes et païs que Sa Majesté
Très-Chrêtienne cède par le présent Traité, seront conservez
et maintenus dans la libre jouïssance de tous leurs priviléges, prérogatives, coûtumes, exemptions, droits, octrois
communs et particuliers, charges et offices héréditaires avec
les mêmes honneurs, rangs, gages, émolumens et exemp-

tions, ainsi qu'ils en ont joui sous la Domination de Sadite Majesté Très-Chrêtienne, et tout ce qui est porté dans le présent Article aura aussi lieu pour les villes et places restituées à Sa Majesté Très-Chrêtienne par les Seigneurs États Généraux, pourvû qu'il ne s'y soit point fait d'innovations dans le Gouvernement civil.

XXVI. On est convenu que les garnisons qui se trouvent ou se trouveront cy-après de la part des Seigneurs États dans la ville, Château et Forts de Huy, comme aussi dans la Citadelle de Liège, y resteront aux dépens desdits Seigneurs États, et que Sa Majesté fera en sorte que l'Électeur de Cologne, en qualité d'Évesque et Prince de Liège y consente ; Et Sadite Majesté fera aussi en sorte que toutes les fortifications de la Ville de Bonn soient rasées trois mois après le rétablissement dudit Électeur.

XXVII. Tous prisonniers de guerre seront délivrez de part et d'autre sans distinction ou réserve, et sans payer aucune rançon [1], mais les dettes qu'ils ont contractées ou faites de part et d'autre seront payées, celles des François de par Sa Majesté Très-Chrêtienne et celles de ceux de l'État de par les Seigneurs États, respectivement, dans le terme de trois mois après l'échange desdites Ratifications, à quelle fin seront nommez, immédiatement après cet échange, des Commissaires de part et d'autre, qui feront la liste de ces dettes, les liquideront et feront donner caution valable pour l'asseurance du payement qui sera dû, et qu'il se fera dans ledit terme.

XXVIII. La levée des Contributions, demandée et accordée de part et d'autre, sera continuée pour tout ce qui restera dû, jusques au jour de l'échange des Ratifications du présent traité, et les arrérages, qui resteront dûs lors de l'échange des Ratifications seront payés dans l'espace de trois mois après le terme susdit; Et aucune exécution ne se pourra faire pour raison de ce, pendant ledit tems, contre

---

1. L'art. XI du traité de paix de Nimègue ne comprenait que la première phrase de cet art. 27. — Il n'y était pas question des dettes contractées par les prisonniers.

les Chastelenies, Bailiages, Communautez et autres rede-
vables, pourvû qu'elles ayent donné bonne et valable caution
resséante (sic) dans une Ville de la domination de Sa Majesté
Très-Chrêtienne, ou des Seigneurs États, à qui lesdites
contributions seront dûës. La même stipulation aura lieu à
l'égard des contributions demandées de la part de Sa Majesté
Très-Chrêtienne et accordées par les Païs-bas Espagnols [1].

XXIX. Pour affermir d'autant plus et faire subsister ce
Traité, on est de plus convenu entre Sa Majesté et les Seigneurs États Généraux; qu'étant satisfait à ce Traité, il se
fera, comme se fait par celuy-cy, une Renonciation tant générale que particulière sur toutes sortes de prétentions tant
du tems passé, que du présent, quelle qu'elle puisse être,
que l'un parti pourroit intenter contre l'autre, pour ôter à
l'avenir toutes les occasions que l'on pourroit susciter, et
faire parvenir à de nouvelles dissentions [2].

XXX. Les voyes de la Justice ordinaire seront ouvertes,
et le cours en sera libre réciproquement, et les Sujets de
part et d'autre pourront faire valoir leurs Droits, actions et
prétentions suivant les Loix et les Statuts de chaque païs,
et y obtenir les uns contre les autres sans distinction toute
la satisfaction qui leur pourra légitimement appartenir; et
s'il y a eu des Lettres de représailles accordées de part ou
d'autre, soit devant ou après la déclaration de la derniére
guerre, elles demeureront révoquées et annullées, sauf aux
parties, en faveur desquelles elles auront été accordées, à
se pourvoir par les voyes ordinaires de la Justice.

XXXI. Puisque l'on convient qu'il est absolument nécessaire d'empêcher que les Couronnes de France et d'Espagne
ne puissent jamais être unies sur la teste d'un même Roy,
et de pourvoir par ce moyen à la seureté et à la liberté de
l'Europe; et que sur les instances très fortes de la Reine de
la Grande-Bretagne, et du consentement, tant du Roy Très-

1. Comparer cet art. à l'art. XII du traité de paix de Nimègue.
2. Les art. XXIX et XXX ainsi que les art. XXXV et XXXVI sont la reproduction exacte des art. XI à XIV de la paix de Ryswick. Comme ils sont très
courts et font partie d'un ensemble nous avons cru devoir les insérer à leur
place.

Chrétien, que du Roy Catholique, ont été trouvé les moyens d'empêcher cette union pour toûjours par des renonciations faites dans les termes les plus forts et passées à Madrid dans le mois de Novembre dernier, de la manière la plus solemnelle et par la déclaration des Cortès d'Espagne ladessus.

Et puisque par lesdites renonciations et déclarations, qui doivent toûjours avoir la force de loy pragmatique, fondamentale et inviolable, il a été arresté et pourvû, que ni le Roy Catholique luy même, ni aucun de ses Descendants, puisse à l'avenir prétendre à la Couronne, moins encore monter sur le trône de France.

Et d'autant que par des Renonciations réciproques de la part de la France et par des constitutions sur la succession héréditaire à la Couronne de France qui tendent au même but, les deux Couronnes de France et d'Espagne sont tellement séparées et désunies l'une d'avec l'autre, que (lesdites Renonciations, Transactions, et tout ce qui y a rapport demeurant dans leur vigueur et étant observées de bonne foy) lesdites deux Couronnes ne pourront jamais être unies; C'est pourquoy le Roy Très-Chrétien et lesdits Seigneurs États se promettent et s'engagent mutuellement et de la manière la plus forte, qu'il ne sera jamais rien fait, ni par Sa Majesté Très-Chrétienne, ses Héritiers et Successeurs, ni par lesdits Seigneurs États, ni permis, ou souffert que d'autres fassent, que lesdites Renonciations, transactions et tout ce qui y a rapport, ne sortent leur plein et entier effet; mais au contraire Sa Majesté Très-Chrétienne et les Seigneurs États prendront toûjours soin, et joindront leurs conseils et leurs forces, afin que lesdits fondements du salut public demeurent toûjours inébranlables et soyent observez inviolablement.

XXXII. Le Roy Très-Chrétien consent aussi et promet qu'il ne prétendra, ni n'acceptera aucun autre avantage, ni pour luy même, ni pour ses sujets, dans le Commerce et la Navigation, soit en Espagne, ou dans les Indes Espagnoles, que celuy dont on a joui pendant le règne de feu Charles II, ou qui seroit pareillement accordé à toute autre Nation trafiquante.

Et qu'aussi longtems que les Roys d'Espagne n'accordent pas d'autres avantages à toutes les Nations trafiquantes, le Commerce et la Navigation en Espagne, et dans les Indes Espagnoles, se feront précisement et en tout de la même manière qu'ils se faisoient sous le règne et jusques à la mort dudit Roy Catholique Charles II.

Sa Majesté Très-Chrêtienne et lesdits Seigneurs se promettant réciproquement que leurs Sujets seront assujettis, comme toutes les autres Nations, aux anciennes Loix et Règlements faits par les Roys Prédécesseurs de Sa Majesté Catholique au sujet dudit Commerce et de ladite Navigation.

XXXIII. Les Seigneurs États Généraux, considérant que pour leur seureté il est nécessaire que rien ne puisse troubler la tranquilité de l'Empire, le Roy Très-Chrêtien consentira que dans le Traité à faire avec l'Empire, tout ce qui regarde dans ledit Empire l'état de Religion soit conforme à la teneur des Traitez de Westphalie, en sorte qu'il paroisse manifestement que l'intention de Sa Majesté Très-Chrêtienne n'est point et n'a point été qu'il y ait rien de changé auxdits Traités tant à l'Ecclésiastique qu'au temporel.

XXXIV. Sa Majesté Très-Chrêtienne consent aussi, que dans le mesme Traité avec l'Empire, la Forteresse de Rheinfels et la Ville de Saint-Goar, avec tout ce qui en dépend, demeurent au Landgrave de Hesse-Cassel, et à ses Successeurs, moyennant un équivalent raisonnable à payer aux Princes de Hessen-Rheinfels; à condition que la Religion Catholique Romaine, de la manière qu'elle s'y trouve établie, y soit exercée sans aucune altération.

XXXV. Si par inadvertance ou autrement il survenoit quelque inobservation ou inconvénient au présent Traité de la part de Sadite Majesté ou desdits Seigneurs États Généraux et leurs Successeurs, cette Paix et Alliance ne laissera pas de subsister en toute sa force, sans que pour cela on en vienne à la rupture de l'amitié et de la bonne correspondance; mais on réparera promptement lesdites contraventions, et si elles procèdent de la faute de quelques particuliers sujets, ils en seront seuls punis et chastiez.

XXXVI. Et pour mieux asseurer à l'avenir le Commerce et l'amitié entre les Sujets dudit Seigneur Roy et ceux desdits Seigneurs États Généraux des Provinces-Unies des Païs-bas, il a été accordé et convenu qu'arrivant cy-après quelque interruption d'amitié ou rupture entre la Couronne de France et lesdits Seigneurs États desdites Provinces-Unies (ce qu'à Dieu ne plaise), il sera toûjours donné neuf mois de tems[1] après ladite rupture aux Sujets de part et d'autre pour se retirer avec leurs effets et les transporter où bon leur semblera, ce qu'il leur sera permis de faire, comme aussi de vendre ou transporter leurs biens et meubles en toute liberté, sans qu'on leur puisse donner aucun empêchement, ni procéder, pendant ledit tems de neuf mois, à aucune saisie de leurs effets, moins encore à l'arrest de leurs Personnes.

XXXVII. En ce présent Traité de Paix et d'Alliance seront compris, de la part dudit Seigneur Roy Très-Chrétien, tous ceux qui seront nommez avant l'échange des Ratifications et dans l'espace de six mois après qu'elles auront été échangées.

Et de la part des Seigneurs États Généraux la Reyne de la Grande-Bretagne et tous leurs autres Alliez, qui dans le tems de six semaines, à compter depuis l'échange des Ratifications, déclareront accepter la Paix, comme aussi les treize loüables Cantons des Ligues Suisses et leurs Alliez et Conféderez; et particulièrement en la meilleure forme et manière, que faire se peut, les Républiques et Cantons Évangéliques, Zurig, Berne, Glaris, Basle, Schafhause, et Appenzel, avec tous leurs Alliez et Confédérez, nommément la République de Genève, la Ville et Comté de Neufchatel, les Villes de Saint-Gal, Milhausen, et Bienne; item les Ligues Grises et dépendances; les Villes de Bremen et d'Embden; et de plus tous Roys, Princes et États, Villes,

---

1. L'art. XV du traité de paix de Nimègue accordait seulement six mois au lieu de neuf mois.

Personnes particulières à qui les Seigneurs États Généraux, sur la réquisition, qui leur en sera faite, accorderont d'y être compris.

XXXVIII. Et pour plus grande seureté de ce Traité de Paix, et de tous les Points, et Articles y contenus, sera ledit présent Traité publié, verifié et enregistré en la Cour du Parlement de Paris, et de tous autres Parlemens du Royaume de France et Chambre des Comptes dudit Paris ; comme aussi semblablement ledit Traité sera publié, verifié et enregistré par les Seigneurs États Généraux dans les Cours et autres places, là où l'on a accoûtumé de faire les publications, vérifications et enregistremens [1].

XXXIX. Le présent Traité sera ratifié et approuvé par le Seigneur Roy et les Seigneurs États Généraux, et les Lettres de Ratification seront délivrées dans le terme de trois semaines, ou plutôt si faire se peut, à compter du jour de la signature [2].

En foy de quoy, nous Ambassadeurs Extraordinaires et Plénipotentiaires de Sadite Majesté, et des Seigneurs États Généraux, en vertu de nos Pouvoirs respectifs, avons esdits noms signé ces présentes de nos seings ordinaires et à icelles fait apposer les Cachets de nos Armes, à Utrecht le onzième Avril 1713.

HUXELLES.

MESNAGER.

J. v. RANDWYCK.

WILLEM BUYS.

B. v. DUSSEN.

C. v. GHEEL VAN SPANBROECK.

F. A. BARON DE REEDE DE RENS-

WOUDE.

S. v. GOSLINGA.

GRAEF VAN KNIPHUYSEN.

1. L'art. XXI du traité de paix de Nimègue n'impose aucune garantie d'enregistrement.

2. Les ratifications furent signées, en 1713, à Versailles, le 18 avril, par le roi ; à la Haye, le 29 avril, par le grand pensionnaire Fagel.

TRAITÉ DE NAVIGATION ET DE COMMERCE D'UTRECHT

ENTRE LOUIS XIV, ROI DE FRANCE, ET LES SEIGNEURS ÉTATS GÉNÉRAUX DES PROVINCES-UNIES, DU 11 AVRIL 1713 [1]

Nous n'avons pas à publier ici ce traité. Son préambule est identique à celui du traité de paix de Ryswick, sauf les modifications indiquées plus haut relatives aux plénipotentiaire. Les articles reproduisent littéralement ceux des traités de Nimègue ou de Ryswick déjà publiés [2]. Nous nous contentons d'établir dans le tableau ci-joint la concordance entre les articles des trois traités de commerce.

TRAITÉ DE NIMÈGUE	TRAITÉ DE RYSWICK	TRAITÉ D'UTRECHT
Art. 1 à 7.	Art. 1 à 7.	Art. 1 à 7.
Néant.	Art. 8 à 11.	Art. 8 à 11.
Néant.	Art. 12.	Néant.
Art. 8 à 33.	Art. 13 à 38.	Art. 12 à 37.
Néant.	Art. 39.	Art. 38.
Art. 34.	Néant.	Néant.
Art. 35-37.	Art. 40-42.	Art. 39-41.
Néant.	Art. 43.	Art. 42.
Art. 38.	Art. 44.	Art. 43 [3].
Néant.	Art. 45.	Art. 44.

1. Le traité de navigation et de commerce entre Louis XIV et les États Généraux se compose de quarante-quatre articles qui sont la copie mot pour mot des quarante-cinq articles du traité de commerce de Ryswick. Un seul article de ce dernier traité a été supprimé dans le traité d'Utrecht, c'est l'art. XII relatif à un nouveau tarif. Nous avons suffisamment expliqué cette question du tarif dans notre notice (p. 55). Nous ne publions pas le traité de commerce qui ferait double et triple emploi avec les traités similaires de Nimègue et de Ryswick dont nous avons déjà noté les différences.

2. Voir notre fascicule II, p. 63 et 199.

3. A l'art. 43 du traité d'Utrecht le terme de trois semaines est indiqué pour l'échange des ratifications, au lieu du terme de six semaines précédemment stipulé.

TRAITÉ DE PAIX DE RASTADT

ENTRE L'EMPEREUR CHARLES VI ET LOUIS XIV, ROI DE FRANCE,
DU 6 MARS 1714

Au nom de la très sainte et indivisible Trinité, soit notoire
à tous, et à chacun à qui il apartient, ou qu'il pourra en
quelque façon apartenir, que depuis plusieurs années l'Europe ayant été agitée de longues et sanglantes Guerres, où
les principaux États et Royaumes qui la composent, se sont
trouvez envelopez, il a plû à Dieu, qui tient les Cœurs des
Rois entre ses mains, de porter enfin les esprits des Souverains à une parfaite réconciliation, et de préparer les voyes
à terminer la Guerre commencée premièrement entre le
Sérénissime, et très Puissant Prince et Seigneur, le Seigneur
Léopold élu Empereur des Romains, toûjours Auguste, Roi
de Germanie, de Hongrie, de Bohême, etc. de glorieuse
mémoire, et depuis son décès, entre le Sérénissime, et très-
Puissant Prince et Seigneur, le Seigneur Joseph son Fils,
élu Empereur des Romains, toûjours Auguste, Roi de Germanie, etc. de glorieuse mémoire, et après sa mort, entre
le Sérénissime, et très-Puissant Prince et Seigneur, le
Seigneur Charles VI, élu Empereur des Romains toûjours
Auguste, Roi de Germanie, de Castille, d'Arragon[1], de Léon,
des deux Siciles, de Jérusalem, de Hongrie, de Bohême, de
Dalmatie, de Croacie, de Sclavonie, de Navarre, de Grenade,
de Tolède, de Valence, de Gallice, de Majorque, de Séville,
de Sardaigne, de Cordoüe, de Corse, de Murcie, de
Algarbes, d'Alger, de Gibraltar, des Isles de Canarie, des

---

1. L'empereur Charles VI prend ici tous les titres qui étaient attribués
aux souverains espagnols, sauf celui de Majesté Catholique. Un article
séparé (Dumont, p. 422) stipule « que les qualités prises ou omises de part et
d'autre ne donneront nul droit et pareillement ne causeront nul préjudice à
l'une ou à l'autre des parties contractantes. V. un intéressant commentaire
de la négociation dans un mémoire de Ledran (*Mém. et docum.*, Allemagne,
t. 36). C'est une sorte de livre jaune contenant toute la correspondance entre
la France, l'Espagne et l'Autriche, de juillet 1712 à juillet 1714.

Indes, Isles et Terre ferme de l'Océan, Archiduc d'Autriche, Duc de Bourgogne, de Brabant, de Milan, de Stirie, de Carinthie, de Carniole, de Limburg, de Luxemburg, de Gueldres, de Wirtemberg, de la Haute et basse Silésie, de Calabre; Prince de Souabe, de Catalogne, d'Asturie; Marquis du Saint Empire Romain, de Burgaw, de Moravie, de la haute et basse Lusace; Comte de Hapsbourg, de Flandres, de Tyrol, de Frioul, de Kybourg, de Gorice, d'Artois, de Namur, de Roussillon, et de Cerdaigne; Seigneur de la Marche Esclavone, de Portnaon, et de Salins, de Biscaye, de Molline, de Tripoli et de Malines, etc. et le Saint Empire d'une part; et le Sérénissime et très Puissant Prince et Seigneur, le Seigneur Louis XIV, Roi Très-Chrétien de France et de Navarre de l'autre part : en sorte que Sr. Majesté Impériale, et Sa Majesté très Chrétienne ne souhaitant rien aujourd'hui plus ardemment, que de parvenir, par le rétablissement d'une paix ferme et inébranlable, à faire cesser la désolation de tant de Provinces, et l'effusion de tant de Sang Chrétien, Elles ont consenti, que pour y parvenir plus promtement, il se tînt des Conférences à Rastadt, entre les deux Généraux Commandans en Chef leurs Armées, qu'Elles ont muni à cet effet de leurs Pleinpouvoirs, et établi leurs Ambassadeurs Extraordinaires et Plénipotentiaires pour ce sujet, Savoir de la part de l'Empereur[1], très-haut Prince et Seigneur Eugène de Savoye, etc. et de la part du Roi très Chrétien, le très Haut, et très Excellent Seigneur Louis Hector Duc de Villars[2], Pair et Maréchal de France, etc. Lesquels après avoir imploré l'assistance Divine, et s'être communiqué réciproquement les Pleinpouvoirs, dont les Copies sont insérées de mot à mot à la fin de ce Traité, sont convenus pour la gloire du Saint Nom de Dieu, et le bien de la République Chrétienne, des conditions réciproques de Paix et Amitié, dont la teneur s'ensuit.

---

1. Le prince Eugène, fils d'Eugène-Maurice, duc de Savoie Carignan, comte de Soissons, et d'Olympe Mancini, nièce de Mazarin, est né à Paris le 18 oct. 1663, et mort à Vienne, le 20 avril 1736.

2. Louis-Hector de Villars, né à Moulins en 1653, est mort à Turin, le 27 juin 1734.

I. Il y aura une Paix Chrétienne, universelle, et une Amitié perpétuelle, vraye et sincère entre Sa Majesté Impériale, l'Empire, et Sa Majesté Royale très Chrétienne, et leurs Héritiers, Successeurs, Royaumes et Provinces, en sorte que l'une n'entreprenne aucune chose, sous quelque prétexte que ce soit, à la ruine, ou au préjudice de l'autre, et ne prête aucun Secours, sous quelque nom que ce soit, à ceux, qui voudroient l'entreprendre, ou faire quelque dommage en quelque manière que ce pût être. Que S. M. Imp. et l'Empire, et Sa Majesté très Chrétienne ne protègent ou aident, en quelque sorte que ce soit, les Sujets rebelles ou désobéissants à l'une ou à l'autre, mais au contraire, qu'Elles procurent sérieusement l'utilité, l'honneur, et l'avantage l'une de l'autre, nonobstant toutes promesses, Traitez, ou Alliances contraires, faites ou à faire en quelque sorte que ce soit.

II. Qu'il y ait de part et d'autre, un perpétuel Oubli et Amnistie de tout ce qui a été fait depuis le commencement de cette Guerre, en quelque manière, et en quelque lieu que les hostilitez se soient exercées; de sorte que pour aucune de ces choses, ni sous quelque prétexte que ce soit, on ne fasse doresnavant l'un à l'autre, ni ne souffre faire aucun tort, directement ou indirectement, ni par voye de fait, ni au dedans, ni au dehors de l'étendue de l'Empire et des païs héréditaires de Sa Majesté Impériale et du Royaume de France, nonobstant tous Pactes faits au contraire auparavant; mais que toutes les injures qu'on a reçûes de part et d'autre, en paroles, écrits, actions, hostilitez, dommages, et dépenses, sans aucun égard aux personnes et aux choses, soient entièrement abolies, de manière que tout ce que l'un pourroit demander et prétendre sur l'autre à cet égard soit entièrement oublié.

III. Les Traitez de Westphalie, de Nimégue, et de Ryswick[1], sont considérez comme la Base et le fondement

1. Dès le 4 déc. 1713, dans les premières conférences, la paix de Ryswick avait été adoptée comme base du futur traité. C'était de la part de l'empereur l'abandon de l'Alsace (Villars au Roi, 5 déc. 1713, dans Vienne, t. 94).

du présent traité, et en conséquence, immédiatement après l'Échange des Ratifications, lesdits Traitez seront entièrement exécutez à l'égard du Spirituel et du temporel et seront observez inviolablement à l'avenir, si ce n'est entant qu'il y sera expressément dérogé par le présent Traité, en sorte que tout sera rétabli généralement dans l'Empire et ses Apartenances, ainsi qu'il a été prescrit par le susdit Traité de Ryswick, tant par raport aux changemens qui ont été faits pendant cette Guerre, ou avant, qu'à l'égard de ce qui n'a pas été exécuté, s'il se trouve effectivement que quelque Article soit demeuré sans exécution, ou que, l'exécution faite, ait été changé depuis.

IV. Conformément au susdit Traité de Ryswick, Sa Majesté très-Chrêtienne rendra à l'Empereur la Ville et Forteresse du vieux Brisack entièrement dans l'état où elle est à présent, avec les greniers, arsenaux, fortifications, Remparts, Murailles, Tours, et autres édifices publics et particuliers, et toutes les dépendances situées à la droite du Rhin, laissant au Roi très-Chrêtien celles qui sont à la gauche, nommément le Fort apellé le Mortier, le tout aux Clauses et Conditions portées par l'Article vingtiéme du Traité conclu à Ryswick au mois d'Octobre 1697, entre le défunt Empereur Léopold et le Roi très Chrêtien.

V. Sa Majesté très-Chrêtienne rend pareillement à Sa Majesté Impériale et à la Sérénissime Maison d'Autriche, la Ville et Forteresse de Fribourg, de même que le Fort de St. Pierre, le Fort appellé de l'Étoile et tous les autres Forts construits ou réparez, là ou ailleurs, dans la Forêt noire, ou dans le reste du Brisgaw, le tout en l'état, où il est présentement, sans rien démolir, ou déteriorer, avec les villages de Lehem, Merzhausen et Kirchzarten, et avec tous leurs droits, archives, écritures, et documens écrits, lesquels y ont été trouvez, lors que Sa Majesté très Chrêtienne s'en est mise dernièrement en possession, soit, qu'ils soient encore sur les lieux, soit qu'ils ayent été transportez ailleurs, sauf et réservé le droit Diocésain et autres Droits et revenus de l'Évêché de Constance.

VI. Le Fort de Kehl, construit par Sa Majesté très Chrétienne à la droite du Rhin, au bout du Pont de Strasbourg sera pareillement rendu par Elle à l'Empereur et à l'Empire, en son entier sans en rien démolir, et avec tous ses droits et dépendances[1]. Quant au Fort de la Pile et autres construits dans les Isles du Rhin sous Strasbourg, ils seront entièrement rasez aux dépens du Roi très-Chrétien, sans qu'ils puissent être rétablis ci-après par l'un ou par l'autre party; Lesquelles cessions, démolitions des places et fortifications cy-dessus énoncées seront faites dans les termes portez par les articles suivants, c'est à dire, à compter du jour de l'échange des Ratifications du Traité de paix solennel ou général entre S. M. I., l'Empire et S. M. T. C.; la Navigation et autres usages du fleuve demeurant libres et ouverts aux Sujets des deux partis, et à tous ceux qui voudront y passer, naviger, ou transporter leurs marchandises, sans qu'il soit permis à l'un ou l'autre de rien entreprendre pour détourner ledit Fleuve, et en rendre en quelque sorte le cours et la navigation ou autres usages plus difficiles, moins encore d'exiger de nouveaux droits, impôts ou péages, ou augmenter les anciens, d'obliger les bateaux d'aborder à une rive plûtôt qu'à l'autre, d'y exposer leurs charges, et marchandises, ou d'y en recevoir, mais le tout sera toûjours à la liberté de chaque particulier.

VII. Lesdits Lieux, Châteaux et Forteresses de Brisack, Fribourg et Kell seront rendus à Sa Majesté Impériale et à l'Empire avec toutes leurs jurisdictions, apartenances et dépendances, comme aussi avec leurs artilleries et munitions[2], qui se sont trouvées dans lesdites Places, lorsque Sa Majesté très-Chrétienne les a occupées pendant cette Guerre, suivant les Inventaires, qui en ont été faits, et

---

1. Sur le Rhin comme du côté des Alpes, les rectifications fixent la frontière nouvelle suivant la limite naturelle.
2. Villars aurait voulu remettre à l'empereur, sans leur artillerie ni leurs fortifications, les places de Fribourg, Kehl et Brisach, bien que le traité de Ryswick (art. XVIII, XIX et XX) eût stipulé le contraire : « J'avoue sur cela, Sire, que je n'ai pas raison, mais je soutiendrai mon équivalent jusqu'à l'extrémité. » (Villars au Roi, 14 janv. 1714. Dépôt de la guerre, n° 2506, p. 107). Villars dut capituler sur cet article.

seront délivrés sans aucune réserve, ni exception, et sans en rien retenir, de bonne foi et sans aucun retardement, empêchement ou prétexte, à ceux qui, après l'échange des Ratifications du présent Traité et celui des Ratifications du Traité de Paix solemnel ou général entre Sa Majesté Impériale, l'Empire, et Sa Majesté très-Chrétienne, seront établis et députés spécialement pour cet effet par Sa Majesté Impériale seule, ou selon la différence des lieux par Elle et par l'Empire, et en auront fait aparoir leurs Pleinpouvoirs aux Intendants, gouverneurs, ou officiers François des lieux qui doivent être rendus; en sorte que lesdites villes, citadelles, forts et lieux, avec tous leurs privilèges; utilités, revenus, et émolumens et autres choses quelconques y comprises, retournent sous la jurisdiction, possession actuelle et absolue, puissance et Souveraineté de Sa Majesté Impériale, de l'Empire et de la Maison d'Autriche, ainsi qu'ils leur ont apartenu autrefois, et ont été possédés depuis par Sa Majesté très Chrétienne, sans que Sadite Majesté très-Chrétienne retienne ou se réserve aucun Droit ou prétention sur les Lieux susdits et sur leurs jurisdictions.

Il ne sera rien exigé non plus, pour les frais et dépenses employées aux fortifications et autres édifices publics ou particuliers. La pleine et entière restitution ne pourra être différée, pour quelque cause que ce soit, dans les termes qui seront prescrits ci-après, en sorte que les garnisons Françoises en sortent entièrement, sans molester, ni vexer les Citoyens et habitans, leur causer quelque perte ou quelques peines, non plus qu'aux autres Sujets de Sa Majesté Impériale ou de l'Empire, sous prétexte de dettes, ou de prétensions, de quelque nature qu'elles puissent être.

Il ne sera pas permis non plus, aux Troupes Françoises de demeurer plus long tems au delà des termes, qui seront stipulés ci-après, dans les Lieux, qui doivent être rendus, ou autres quelconques, qui n'apartiendront pas à Sa Majesté très Chrétienne, d'y établir des quartiers d'Hyver, ou quelque Séjour, mais seront obligées de se retirer incessamment sur les Terres apartenant à Sadite Majesté.

VIII. Sa Majesté très-Chrétienne promet pareillement de faire raser à ses dépens, les Fortifications construites vis à vis Huningue sur la droite et dans l'Isle du Rhin, de même que le Pont construit en cet endroit sur le Rhin, en rendant les fonds et édifices à la famille de Bade. Comme aussi le Fort de Sellingen, les Forts qui se trouvent dans les Isles entre lesdits Forts de Sellingen et le Fort Louïs ; et quant au Terrain du fort démoli, il sera rendu avec les maisons à la famille de Bade : de détruire la partie du Pont, qui conduit dudit Fort de Sellingen au Fort Louïs et le Fort bâti à la droite du Rhin vis à vis ledit Fort Louïs, sans qu'ils puissent désormais être rétablis par aucun des Partis ; bien entendu que le Fort Louïs et l'Isle demeureront au pouvoir du Roi très Chrétien. Généralement, Sadite Majesté très-Chrétienne promet de faire raser à ses dépens tous les Forts, retranchemens, Lignes et Ponts spécifiés dans le Traité de Ryswick, et que Sa Majesté aura fait construire depuis ladite Paix de Ryswick, soit le long du Rhin, dans le Rhin, ou ailleurs dans l'Empire et ses apartenances, sans qu'il soit permis de les rétablir.

IX. Le Roi très-Chrétien s'engage et promet pareillement, de faire évacuer le Château de Bitsch avec toutes ses apartenances, comme aussi le Château de Hombourg en faisant auparavant raser les Fortifications pour n'être plus rétablies, en sorte néanmoins, que lesdits Châteaux et les Villes, qui y sont jointes, n'en reçoivent aucun dommage, mais demeurent totalement en leur entier.

X. Trente jours après que les Ratifications du Traité de Paix général ou solemnel, à faire entre Sa Majesté Impériale, l'Empire et Sa Majesté très-Chrétienne, auront été échangées, et même plûtôt, si faire se peut, les places, et lieux fortifiés tant ci-dessus nommés, que généralement tous ceux qui doivent être rendus suivant le présent Traité relatif à celui de Ryswick, dont les articles seront tenus pour compris dans ce Traité, et exécutés ponctuellement de même que s'ils se trouvoient ici insérés de mot à mot, seront remis entre les mains de ceux qui seront authorisés pour cet effet par l'Empereur et l'Empire, ou par les autres Princes particuliers, qui devront les posséder en vertu du Traité de Ryswick, sans qu'il soit permis de rien démolir des Fortifications ni des édifices publics ou particuliers, et sans rien détériorer de l'état, où ils se trouvent présentement, ni rien exiger pour les dépenses faites dans lesdits Lieux, ou à leur occasion. Seront aussi renduës en même tems, toutes les archives et documens apartenans, soit à Sa Majesté Impériale ou aux États de l'Empire, soit aux Places et Lieux, que Sa Majesté très-Chrêtienne s'engage de remettre.

XI. Comme l'intention du Roi très-Chrêtien est d'accomplir, le plus promptement qu'il sera possible, les conditions du présent Traité, Sa Majesté promet, que les Places et Lieux, qu'Elle s'engage à faire démolir à ses dépens, le seront ; savoir les plus considérables, dans le terme de deux mois au plus tard, après l'échange des ratifications du Traité général ou solemnel à faire entre Sa Majesté Impériale, l'Empire, et Sa Majesté très Chrêtienne, et les moins considérables dans l'espace d'un mois à compter aussi de l'échange des Ratifications dudit Traitté.

XII. Et comme Sadite Majesté très Chrêtienne veut véritablement et de bonne foi rétablir une sincère Union avec l'Empereur et l'Empire, Elle promet et s'engage, lors qu'Elle traitera avec les Électeurs, Princes et États au Congrès général avec l'Empereur et l'Empire, de leur rendre, aussi bien qu'aux Sujets, Clients et Vassaux dudit Empire, tant Ecclésiastiques que Séculiers, et généralement à tous ceux qui sont nommez et compris dans la Paix de Ryswick, quoi qu'ils ne soient pas ici nommément exprimez, les États, places, Biens, dont Elle se seroit mise en possession pendant le cours et à l'occasion de la présente Guerre, soit par la voye des armes, par confiscation, ou de telle autre manière que ce puisse être, comme aussi d'exécuter pleinement et ponctuellement toutes les clauses et conditions du Traité de Ryswick, auxquelles il n'aura pas été expressément dérogé par le présent Traité, s'il y en a quelqu'une qui n'ait pas été exécutée depuis la conclusion de la paix de Ryswick.

XIII. Réciproquement, Sa Majesté Impériale voulant témoigner le desir qu'Elle a de contribuer à la satisfaction de Sa Majesté très Chrétienne, et d'entretenir désormais avec Elle une amitié sincère et une intelligence parfaite, et en vertu de la paix de Ryswick rétablie par ce présent Traité, consent que la Ville de Landau avec ses dépendances, consistant dans les villages de Nusdorff, Danheim et Queickheim avec leurs Bans, ainsi que le Roi très-Chrétien en jouïssoit avant la Guerre, demeure fortifié à Sa Majesté très-Chrétienne; Sa Majesté Impériale se faisant fort d'en obtenir le consentement et l'aprobation de l'Empire, quand il sera question de dresser et de conclurre le Traité de Paix solemnel ou général entre Sa Majesté Impériale, l'Empire, et Sa Majesté très-Chrétienne[1].

XIV. La Maison de Brunswick-Hanower ayant été élevée par l'Empereur, du consentement de l'Empire, à la Dignité Electorale, Sa Majesté très-Chrétienne reconnoîtra, en vertu de ce Traité, cette Dignité Électorale dans ladite Maison[2].

XV. Pour ce qui est de la Maison de Baviére[3], Sa Majesté Imperiale et l'Empire consentent, par les motifs de la tranquilité publique, qu'en vertu du présent Traité, général et

---

1. La question de la possession de Landau a donné lieu à de longues discussions. Bien que Landau fût occupé en vertu de la paix de Ryswick, le mémoire du 5 déc. 1713, dicté par le secrétaire autrichien Penterrieder au secrétaire français d'Hauteval, laissait dans le vague l'attribution de cette place. Torcy répliqua par des notes qui serraient de plus près la question et qui étaient nécessaires pour éclairer Villars, encore novice, dans les choses de la diplomatie. (Vienne, t. 95, correspond. du 5, du 11 et du 22 décembre 1713.)

2. Les princes de Hanovre s'étaient toujours montrés de fidèles alliés de l'empereur. Déjà Leibnitz en 1677 et l'évêque de Munster en 1678 avaient sollicité l'érection du Hanovre en un neuvième électorat. Le duc Ernest Auguste menaça de retirer des Pays-Bas ses troupes auxiliaires qui servaient aux côtés des Impériaux. Léopold céda devant cette menace. Il accorda le titre électoral au duc de Hanovre le 22 mars 1692, arracha à la diète de Ratisbonne la reconnaissance de ce nouveau titre en faveur de la maison de Brunswick et donna l'investiture électorale au nouveau promu le 19 déc. 1692. (V. Legrelle, op. cit., t. III, p. 319.)

3. L'électeur de Bavière signa, au mois de mai 1713, l'acte par lequel il renonçait aux Pays-Bas en échange de la Sardaigne (Bavière, Mém. et docum., t. I, p. 193); le 20 février 1714, fut négocié entre Torcy et Monasterol un traité en quinze articles que devait accepter l'empereur, qui rendait la Bavière à l'électeur (id., p. 205-223). Ce traité fut résumé et condensé dans les quatre articles, XV à XIX, du traité de Rastadt, qu'on trouve aussi dans Bavière (op. cit., p. 224-233).

solemnel à faire avec l'Empereur et l'Empire, le Seigneur Joseph-Clément, Archevêque de Cologne, et le Seigneur Maximilien-Emanuel de Baviére, soient rétablis généralement et entiérement dans tous leurs États, rangs, prérogatives, régaux, Biens, dignitez Électorales, et autres, et dans tous les Droits, en la même manière qu'ils en ont joui, ou pû jouir avant cette guerre, et qui apartenoient à l'Archevêché de Cologne, et autres Églises nommées ci-après, ou à la Maison de Baviére, médiatement ou immédiatement.

Ils pourront envoyer, avec leurs Pleinpouvoirs et sans caractère, au Congrès du Traité Général ou Solemnel à faire entre Sa Majesté Impériale, l'Empire, et Sa Majesté très-Chrêtienne, pour y négocier, et veiller à leurs Interêts, sans aucun obstacle, aussi-tôt que les Conférences commenceront pour cet effet. Leur seront aussi rendus de bonne foy, tous les meubles, pierreries, bijoux et autres effets de quelque nature, qu'ils puissent être, comme aussi toutes les munitions, et Artilleries spécifiées dans les Inventaires authentiques, que l'on produira de part et d'autre, c'est à dire toutes celles, qui peuvent avoir été ôtées par l'ordre de l'Empereur, et de ses Prédécesseurs de glorieuse mémoire, depuis l'occupation de la Bavière, de leurs Palais, Châteaux, villes, forteresses et Lieux quelconques, qui leur ont appartenu, et qui leur appartiendront, à l'exception de l'Artillerie, qui appartenoit aux Villes et États voisins, qui leur a été restituée, et pareillement toutes les archives et papiers seront restitués.

Et sera le Seigneur Archevêque de Cologne rétabli en son Archevêché de Cologne, ses Évêchés de Hildesheim, de Ratisbonne, de Liège, et de la Prépositure de Bertholsgaden, sans qu'aucune raison de procès ou prétensions puissent en façon quelconque altérer la restitution totale; Sauf pourtant les droits de ceux, qui pourroient en avoir, lesquels, il leur sera permis, après que les deux Électeurs y auront été actuellement rétablis, de poursuivre, comme avant la présente guerre, par les voyes de Justice établies dans l'Empire; Sauf aussi les privilèges des Chapitres et États de l'Archevêché de Cologne, et des autres Églises établis précédemment suivant leurs Unions, Traités, et Constitutions.

· Et quant à la Ville de Bonn, en tems de paix il n'y aura point de garnison du tout, mais la garde en sera confiée aux Bourgeois de la Ville; Et quant à celle du Corps, et du Palais, elle sera restrainte dans les simples Compagnies de ses gardes, dont il conviendra avec Sa Majesté Impériale et l'Empire; bien entendu pourtant, que dans un tems de guerre, ou apparence de guerre, Sa Majesté Impériale et l'Empire, puissent y mettre autant de troupes, que la raison de guerre le demandera, conformément aux Loix et Constitutions de l'Empire : bien entendu aussi, que, moyenant cette restitution totale, lesdits deux Seigneurs de la Maison de Bavière renonceront pour tousjours, et seront censés déchûs dès à présent de toutes prétensions, satisfactions ou dédomagemens quelconques, qu'ils voudroient prétendre contre l'Empereur, l'Empire et la Maison d'Autriche, pour raison de la présente guerre, sans pourtant que cette renonciation déroge en aucune manière aux anciens Droits et prétensions, qu'ils pourroient avoir eues avant cette guerre, lesquelles, il leur sera permis de poursuivre, comme cy devant, par les voyes de Justice établies dans l'Empiré; de sorte pourtant, que cette restitution totale ne leur donne aucun nouveau droit contre qui que ce soit : Renonceront aussi et sont pareillement censés déchûs dès à présent de toutes prétensions, satisfactions, ou dédommagemens quelconques, tous ceux, qui voudront former des prétensions pour raison de la présente guerre contre la maison de Bavière, et les susdits Archevêchés, Évêchés et Prévostés.

En vertu de cette restitution totale, les susdits Seigneurs Joseph Clément Archevêque de Cologne, et Maximilien Emanuel de Bavière rendront obéïssance, et garderont fidélité à Sa Majesté Impériale, de même que les autres Électeurs et Princes de l'Empire, et seront tenus à demander et à prendre deüement de Sa Majesté Impériale le renouvellement de l'Investiture de leurs Électorats, Principautez, fiefs, titres et droits, dans la manière et tems prescrits par les Loix de l'Empire, et sera tout ce qui est arrivé de part et d'autre, pendant cette Guerre, mis à perpétuité dans un entier oubli.

XVI. Les Ministres, officiers, tant Ecclésiastiques que militaires, politiques et civils, de quelque condition qu'ils soient, qui auront servi en l'un, ou en l'autre parti, même ceux qui peuvent être Sujets et vassaux de Sa Majesté Impériale, de l'Empire et de la Maison d'Autriche, aussi bien que tous les Domestiques quelconques de la Maison de Bavière, et du Seigneur Archevêque de Cologne, seront pareillement rétablis dans la possession de tous leurs biens, charges, honneurs et dignités, comme avant la guerre, et jouiront d'une amnistie générale de tout ce qui a précédé, moyennant et à condition, que cette même amnistie soit entièrement réciproque envers ceux de leurs sujets, vassaux, ministres, ou domestiques, qui auront suivi pendant cette guerre le parti de Sa Majesté Impériale et de l'Empire, lesquels ne pourront pour ce sujet être molestés ou inquiétés en manière quelconque.

XVII. Quant au tems, auquel la restitution totale, spécifiée dans les deux Articles précédents, doit se faire, il sera limité dans le traité général ou solemnel, à faire entre l'Empereur, l'Empire, et le Roy Très-Chrétien, à trente jours après l'échange des ratifications dudit Traité, ainsi qu'il a été convenu dans l'article dixième pour l'évacuation des Places et Lieux, que Sa Majesté Très-Chrétienne promet de rendre à Sa Majesté Impériale, et à l'Empire, de manière que l'un et l'autre, comme aussi la restitution à l'Empereur, des États et païs, que la maison de Bavière possède présentement aux Païs-Bas, se feront en même tems.

XVIII. Si la Maison de Bavière, après son rétablissement total, trouve qu'il lui convienne de faire quelques changemens de ses États contre d'autres, Sa Majesté Très-Chrétienne ne s'y opposera pas[1].

---

1. Villars affirme que l'électeur de Bavière distribuait au ministre viennois, Sinzendorf des sommes importantes pour se faire donner tout ou partie de

XIX. Sa Majesté Très-Chrétienne ayant remis et fait remettre aux États Généraux des Provinces Unies, en faveur de la Maison d'Autriche, tout ce que Sadite Majesté ou ses Alliez possédoient encore des Païs Bas, communément appellés Espagnols, tels que le feu Roy d'Espagne Charles II les a possédés ou dû posséder, conformément au Traité de Ryswick[1], Sa Majesté Très-Chrétienne consent, que l'Empereur entre en possession desdits Païs-Bas Espagnols, pour en jouïr, lui, ses héritiers et successeurs, désormais et à toujours, pleinement et paisiblement selon l'ordre de succession établi dans la Maison d'Autriche ; sauf les conventions, que l'Empereur fera avec lesdits États Généraux des Provinces-Unies, touchant leur Barrière et la reddition des susdites Places et Lieux ; bien entendu, que le Roy de Prusse retiendra du haut quartier de Gueldres tout ce qu'il y possède et occupe actuellement, savoir, la ville de Gueldres, la Préfecture, le Bailliage et le bas Bailliage de Gueldres, avec tout ce qui y appartient et en dépend, comme aussi spécialement les villes, Baillinges, et Seigneuries de Sthralen, Wachtendonck, Midelaar, Walbeck, Aertzen, Afferden et de Weel, de même que Racy et Klein Kevelaar, avec toutes leurs appartenances et dépendances. De plus, il sera remis au dit Roy de Prusse, l'Ammanie de Krickenbeck avec tout ce qui y appartient et en dépend, et le Païs de Kessel pareillement avec toutes ses appartenances et dépendances, et généralement tout ce que contient ladite Ammanie et ledit district, sans en rien excepter, si ce n'est Erckelens avec ses appartenances et dépendances, pour le tout appartenir audit Roy, et aux Princes ou Princesses ses héritiers ou successeurs, avec tous les droits,

---

la Flandre. (Dépôt de la guerre, n° 2306, p. 107.) Un agent subalterne de Sinzendorf, appelé Courtois, lui avait été envoyé pour l'engager à renoncer à la Sardaigne et au titre de roi : il lui faisait espérer le mariage de ses deux fils avec deux archiduchesses autrichiennes. On lui promettait des équivalents en échange de la Bavière : soit le Luxembourg, le Limbourg, le Hainaut et Namur avec le haut Palatinat, soit le royaume de Naples avec le Milanais. (Hollande, t. 247, janv. et février 1713.)

1. On remarquera les détours b. biles des rédacteurs du traité pour ne nommer ici ni le traité d'Utrecht, ni le roi Philippe V.

prérogatives, revenus, et avantages de quelque nom, qu'ils puissent être appellés, en la même manière, que la Maison d'Autriche, et particulièrement le feu Roy d'Espagne les a possédés, toutefois avec les charges et hypothèques, la conservation de la Religion Catholique Romaine, et des privilèges des États.

XX. Et comme outre les provinces, villes, places et forteresses, qui étoient possédées par le feu Roi d'Espagne Charles II au jour de son décès, le Roy Très-Chrétien a cédé, tant pour Sa Majesté Très-Chrétienne même, que pour les Princes ses Hoirs et Successeurs, nés et à naître, aux États Généraux, en faveur de la Maison d'Autriche, tout le droit qu'Elle a eu, ou pourroit avoir sur la Ville de Menin, avec toutes ses Fortifications et avec sa Verge; sur la Ville et Citadelle de Tournay[1] avec tout le Tournaisis, sans se rien réserver de son droit là dessus, ni sur aucune de leurs dépendances, appartenances, annexes, Territoires, et enclavemens, Sa Majesté consent, que les États Généraux des Provinces-Unies rendent lesdites villes, Places, Territoires, dépendances, appartenances, annexes et enclavemens à l'Empereur, aussi-tôt qu'ils en seront convenus avec Sa Majesté Impériale, pour en joüir Elle, ses héritiers et successeurs, pleinement, paisiblement et à toûjours, aussi bien que des Païs-Bas Espagnols, qui appartenoient au feu Roy

---

1. Il y eut de longues résistances du roi à propos de la cession de Tournai : « Tournai, quoique très important, n'est pas à comparer au rétablissement du repos public, et c'est assez qu'il ait contribué à l'avancer. J'ai fait donc écrire au vicomte de Bolingbroke que je me désisterais encore de cette place, nonobstant les raisons que j'avais de prétendre sa restitution, si cette nouvelle facilité que j'apportais à la paix en déterminait la conclusion avec la grande Bretagne et avec la Hollande, et si, moyennant cette condition, il n'était plus question de la part des États Généraux ni d'autre *barrière* que celle que je veux bien leur accorder, ni de prétentions sur les *quatre espèces* que je veux excepter du tarif de 1664; enfin si les demandes du roi de Portugal et celles du duc de Savoie ne faisaient plus obstacle à la paix; si l'on m'assurait que les prétentions de l'empire et de l'archiduc au sujet de la barrière du Rhin seraient rejetées et s'il était possible de procurer à l'électeur de Bavière la Sardaigne avec les quatre provinces des Pays-Bas qu'il demande ou tout au moins les deux dont il est en possession. C'est à de telles conditions que j'ai consenti à me désister de la restitution de Tournai. » (Le roi aux plénipotentiaires, 2 nov. 1712. Hollande, t. 238.) Strafford, le 10 nov. déclara aux Hollandais que « l'article de la cession de Tournai devait être une condition absolue de la paix ». (Hollande, t. 240.)

d'Espagne Charles II au jour de son décès; bien entendu
toutefois, que ladite remise des Païs-Bas Espagnols, villes,
Places, et Forteresses cédées par le Roy très Chrétien, ne
pourra être faite par lesdits États Généraux, qu'après
l'échange des ratifications des Traités de Paix entre Sa
Majesté Impériale, l'Empire, et Sa Majesté très-Chrétienne;
bien entendu aussi, que Saint Amand avec ses dépendances,
et Mortagne sans dépendances, demeureront à Sadite Majesté
Très-Chrétienne, à condition néantmoins, qu'il ne sera pas
permis de faire à Mortagne aucune fortification ni Écluse,
de quelque nature qu'elles puissent être.

XXI. Pareillement, le Roy très Chrétien confirme en
faveur de l'Empereur et de la maison d'Autriche la cession,
que Sa Majesté a déjà faite en faveur de ladite Maison, aux
États Généraux des Provinces-Unies, tant pour Elle même,
que pour les Princes ses héritiers et successeurs, nés et à
naître, de tous ses droits sur Furnes, et Furnambacht [1], y
compris les huit paroisses et le Fort de la Knocque ; sur les
Villes de Loo et Dixmude avec leurs dépendances; sur la
Ville d'Ypres avec sa Châtelenie, Rousselaer y compris,
avec les autres dépendances, qui seront désormais Poppe-
ringue, Warneton, Commines, Warwick, ces trois dernières
Places, pour autant qu'elles sont situées du côté de la Lis
vers Ypres, et ce qui dépend des Lieux cy-dessus exprimés ;
desquels Droits ainsi cédés à l'Empereur, ses héritiers et
successeurs, Sa Majesté Très-Chrétienne ne se réserve
aucun sur lesdites villes, Places, forts et pays, ni sur
aucune de leurs appartenances, dépendances, annexes, ou
enclavemens, consentant, que les États Généraux puissent
les remettre à la Maison d'Autriche, pour en joüir irrévocablement, et à toûjours, aussi-tôt, qu'ils seront convenus
avec Elle sur leur Barriére, et que les Ratifications des
Traités de Paix entre l'Empereur, l'Empire et Sa Majesté
Très-Chrétienne auront été échangées.

---

1. La cession d'Ypres et de Furnes a été consentie par le roi en échange
de la restitution de Lille (v. les instructions du roi aux plénipotentiaires du
30 décembre 1711, dans Hollande, t. 230).

XXII. La Navigation de la Lis, depuis l'embouchure de la Deule en remontant, sera libre, et il ne s'y établira aucun péage, ni imposition.

XXIII. Il y aura de part et d'autre, un oubli et une amnistie perpétuelle et réciproque, de tous les torts, injures et offenses, qui auront été commis de fait et de parole, ou en quelque manière que ce soit, pendant le cours de la présente Guerre par les Sujets des Païs-Bas Espagnols, et des Places et Païs cédés, ou restitués, sans qu'ils puissent être exposés à quelque recherche que ce soit.

XXIV. Par le moyen de cette Paix, les sujets de sa majesté Très-Chrètienne et ceux desdits Païs-Bas Espagnols, et des Places cédées par Sadite Majesté Très-Chrètienne, pourront, en gardant les Loix, coutumes et usages des païs aller, venir, demeurer, trafiquer, retourner, traiter et négocier ensemble, comme bons Marchands, même vendre, changer, aliéner, ou autrement disposer des biens, effets, meubles, et immeubles, qu'ils ont ou auront, situés respectivement de part et d'autre, et châcun les y pourra acheter, Sujets, ou non Sujets, sans que pour cette vente, ou achat ils ayent besoin de part ni d'autre, de permission autre, que le présent Traité. Il sera aussi permis aux sujets des Places et païs réciproquement cédés ou restitués, comme aussi à tous les Sujets desdits Païs-Bas Espagnols, de sortir desdites places et Païs-Bas Espagnols pour aller demeurer où bon leur semblera dans l'espace d'un an, avec la faculté de vendre à qui il leur plaira, ou de disposer autrement de leurs effets, biens, meubles et immeubles, avant et après leur sortie, sans qu'ils puissent en être empêchés directement ou indirectement.

XXV. Les mêmes Sujets de part et d'autre, Ecclésiastiques et Séculiers, corps, communautés, universités et collèges seront rétablis tant en la jouïssance des honneurs, dignités, bénéfices, dont ils étoient pourveus avant la guerre, qu'en celle de tous, et chacuns leurs droits, biens, meubles et immeubles, rentes saisies, ou occupées à l'occasion de la présente guerre, ensemble leurs droits, actions, et successions à eux survenûes, même depuis la guerre commencée, sans toutefois rien demander des fruits et revenus perçus, et échus pendant le cours de la présente guerre, jusques au jour de la publication du présent Traité ; lesquels rétablissements se feront réciproquement, nonobstant toute donation, concession, déclaration, confiscation, sentence donnée par contumace, les parties non ouyës, qui seront nuls et de nul effet, avec une liberté entière auxdites Parties de revenir dans les Païs, d'où elles se sont retirées pour et à cause de la guerre, pour jouïr de leurs biens et rentes, en personne ou par procureurs, conformément aux Loix et coutumes des païs et États : dans lesquels rétablissemens sont aussi compris ceux, qui dans la dernière guerre, ou à son occasion, auront suivi le parti des deux puissances contractantes : néanmoins les arrêts et jugemens rendus dans les Parlemens, Conseils et autres Cours supérieures, ou inférieures, et auxquelles il n'aura pas été expressément dérogé par le présent Traité auront lieu, et sortiront leur plein et entier effet, et ceux qui en vertu desdits arrêts et jugements se trouveront en possession des Terres et Seigneuries et autres biens, y seront maintenus, sans préjudice toutefois aux parties, qui se croiront lésées, par lesdits jugemens et arrêts, de se pourvoir par les voyes ordinaires, et devant les juges compétens.

XXVI. Et à l'égard des rentes affectées sur la généralité de quelques provinces des Païs-Bas, dont une partie se trouvera possédée par Sa Majesté Très-Chrétienne, Sa Majesté Impériale ou autres, il a été convenu et accordé, que châcun payera sa quote part, et seront nommés des Commissaires pour régler la portion, qui se payera de part et d'autre.

XXVII. Comme dans les païs, villes, et places des Païs-Bas Catholiques, que le Roi Très-Chrétien cède à l'Empereur, plusieurs Bénéfices ont été conférés par Sa Majesté Très-Chrétienne à des personnes capables, lesdits Bénéfices ainsi accordés seront laissés à ceux, qui les possèdent présentement, et tout ce qui concerne la Religion Catho-

lique, Apostolique et Romaine, y sera maintenu dans l'état,
où les choses étoient avant la Guerre, tant à l'égard des
magistrats, qui ne pourront être que Catholiques Romains,
comme par le passé, qu'à l'égard des Évêques, Chapitres,
Monastères, des Biens de l'Ordre de Malthe et généralement
de tout le Clergé, lesquels seront tous maintenus et restitués dans toutes leurs Eglises, Libertez, franchises, immunitez, droits, prérogatives et honneurs, ainsi qu'ils l'ont été
sous les précédents Souverains Catholiques Romains : tous
et châcun dudit Clergé pourvûs de quelques biens Ecclésiastiques, commanderies, canonicats, Personnats, Prevôtés, et
autres Bénéfices quelconques, y demeureront sans en pouvoir
être dépossédés, joüiront des biens et revenus en provenans,
et les pourront administrer et percevoir comme auparavant ;
comme aussi les pensionaires joüiront comme par le passé de
leurs pensions assignées sur les Bénéfices, soit qu'elles soient
créées en Cour de Rome, ou par des Brevets expédiés avant le
commencement de la présente Guerre, sans qu'ils en puissent
être frustrés pour quelque cause et prétexte que ce soit.

XXVIII. Les Communautés et Habitans de toutes les
places, villes et païs, que Sa Majesté Très-Chrétienne cède
dans les Païs-Bas Catholiques par le présent Traité, seront
conservés et maintenus dans la libre joüissance de tous leurs
privilèges, prérogatives, coutumes, exemptions, droits,
octroys communs, et particuliers, charges et offices héréditaires, avec les mêmes honneurs, gages, émolumens, et
exemtions, ainsi qu'ils en ont joüï sous la domination de Sa
Majesté Très-Chrétienne ; ce qui doit s'entendre uniquement
des Communautés et Habitans des places, villes et païs que
Sa Majesté a possédés immédiatement après la conclusion
du Traité de Ryswick, et non des places, villes et païs, que
possédoit le feu Roy d'Espagne Charles II au tems de son
décès, dont les Communautez et Habitans seront conservés
dans la joüissance des privilèges, prérogatives, coutumes,
exemtions, droits, octroys, communs et particuliers, charges,
et offices héréditaires, ainsi qu'ils les possédoient lors de
la mort dudit feu Roy d'Espagne.

XXIX. Pareillement, les Bénéfices Ecclésiastiques médiats ou immédiats, qui auront été durant la présente guerre conférés par l'un des partis dans les Terres ou Lieux, qui lui étoient alors sujets, à des personnes capables, selon la règle de leur première Institution et Statuts légitimes, généraux ou particuliers, faits sur ce sujet, ou par quelque autre disposition Canonique faite par le Pape, lesdits Bénéfices Ecclésiastiques seront laissés aux présens possesseurs, en sorte qu'aucun ne les puisse, ou doive désormais troubler ou empêcher dans la possession ou légitime administration d'iceux, ni dans la perception des fruits, ni être à leur occasion, ou par quelque autre raison, passée ou présente, appellés ou cités en Justice, ou en quelque autre sorte inquiétés ou molestés à ce sujet; à condition neanmoins, qu'ils s'acquittent de ce à quoy ils sont tenus en vertu desdits Bénéfices.

XXX. Sa Majesté Impériale, et Sa Majesté Trés-Chrétienne ne pourront, pour aucun sujet, interrompre désormais la paix, qui est établie par le présent Traité, reprendre les Armes, et commencer, sous quelque prétexte que ce soit, aucun acte d'hostilité l'un contre l'autre, mais au contraire Elles travailleront sincèrement et de bonne foi, et comme Amis véritables, à affermir de plus en plus cette amitié mutuelle et bonne intelligence, si nécessaire pour le bien de la Chrétienté. Et d'autant que le Roy Trés-Chrétien, sincèrement réconcilié avec Sa Majesté Impériale, ne veut désormais lui causer aucun trouble ni préjudice, Sa Majesté Trés-Chrétienne promet et s'engage de laisser jouïr Sa Majesté Impériale, tranquillement et paisíblement, de tous les États et Lieux, qu'Elle possède actuellement, et qui ont été ci-devant possédés par les Roys de la Maison d'Autriche en Italie, savoir du Royaume de Naples, ainsi que Sa Majesté Impériale le possède actuellement, du Duché de Milan, ainsi que Sa Majesté Impériale le possède aussi actuellement, de l'Isle et Royaume de Sardaigne, comme aussi des Ports et Places sur les côtes de Toscane, que Sadite Majesté Impériale possède actuellement, et qui ont

été possédées ci-devant par les Rois d'Espagne de la Maison
d'Autriche, ensemble de tous les droits attachés aux susdits États d'Italie, que Sadite Majesté Impériale possède,
ainsi que les Rois d'Espagne les ont exercés depuis Philippe II jusques au Roy dernier décédé [1], Sadite Majesté
Très-Chrétienne donnant sa parole Royale de ne jamais
troubler ni inquiéter l'Empereur et la Maison d'Autriche
dans cette possession, directement ni indirectement, sous
quelque prétexte ou par quelque voye que ce puisse être, ni
de s'opposer à la possession, que Sa Majesté Impériale et la
Maison d'Autriche, a ou pourra avoir à l'avenir, soit par
négociation, traité, ou autre voye légitime et paisible, en
sorte toutefois, que la neutralité d'Italie n'en soit point
troublée; L'Empereur promettant et engageant sa parole, de
ne point troubler ladite neutralité et le repos d'Italie, et
par conséquent de n'employer la voye des armes pour
quelque cause ou pour quelque occasion, que ce soit; mais
au contraire de suivre et observer ponctuellement les engagements, que Sa Majesté Impériale a pris dans le Traité de
neutralité, conclu à Utrecht, le 14 de Mars de l'année
1713 [2]; lequel Traité sera censé comme répété ici, et sera
exactement observé par Sa Majesté Impériale, pourvû que
de l'autre part l'observation en soit réciproque, et qu'Elle
n'y soit point attaquée, Sadite Majesté Impériale s'engageant
pour le même effet à laisser jouïr paisiblement châque
Prince en Italie, des États, dont il est actuellement en possession, sans que cela puisse préjudicier aux Droits de personne.

---

1. Ici encore on sent l'embarras des rédacteurs du traité pour ne pas nommer Philippe V que l'empereur ne voulait pas reconnaître comme roi d'Espagne. En sorte que le traité n'indique pas comment, ni par qui, Naples et le
Milanais sont cédés à la couronne d'Autriche.

2. Ce traité, conclu « entre les parties belligérantes » (l'Espagne ni Philippe V n'étaient nommés par l'empereur), stipulait l'évacuation de la Catalogne par les troupes impériales qui l'occupaient encore, évacuation qui avait
pour but de sauver la princesse Marie de Neubourg, veuve de Charles II
d'Espagne et tante de l'Empereur Charles VI. En retour de cette concession
de la France, la neutralité de l'Italie était reconnue jusqu'à la fin de la guerre
(v. ce traité dans Dumont, t. VIII, part. I, p. 327; v. sur les difficultés soulevées par cette double question de l'évacuation de la Catalogne et de la neutralité de l'Italie, Dép. de la guerre, n° 2506, p. 107-120).

XXXI. Pour faire gouter aux Princes et États d'Italie les fruits de la paix entre l'Empereur et le Roy Très-Chrétien, la neutralité non seulement y sera exactement gardée, mais sera aussi rendüe bonne et promte justice par Sa Majesté Impériale aux Princes ou vassaux de l'Empire pour les autres Places, païs et lieux en Italie, qui n'ont point été possédés par les Rois d'Espagne de la Maison d'Autriche, et sur lesquels lesdits Princes pourroient avoir quelque prétention légitime, savoir au Duc de Guastalle, Pico de la Mirandole, et au Prince de Castiglione, sans pourtant que cela puisse interrompre la paix, et neutralité d'Italie ny donner sujet d'en venir à une nouvelle guerre.

XXXII. Outre les susdites prétensions, le maréchal Duc de Villars se trouvant chargé de plusieurs autres, pour lesquelles il auroit à insister au nom de Sa Majesté Très-Chrétienne, savoir sur la prétention de Madame la Duchesse Douairière d'Elbeuf, pour raison du Douaire et conventions matrimoniales de la feüe Duchesse de Mantoüe sa fille; celle de Madame la Princesse des Ursins [1], la Princesse Piombin; et enfin le Duc de Saint Pierre sur la Principauté de Sabionette; et de l'autre côté le Prince Eugène de Savoye se trouvant aussi chargé de plusieurs prétensions, sur lesquelles il auroit à insister au nom de Sa Majesté Impériale, savoir quelques prétensions de Monsieur le Duc de Lorraine, outre celles, qui sont comprises dans le Traité de Ryswick, et sous les Articles précédens relatifs audit Traité; celle du Duc de Modène, comme aussi celle de la Maison d'Aremberg, de la Maison de Ligne, et enfin du remboursement des dettes, que les Troupes Françoises ont

---

1. Les prétentions de la princesse des Ursins ont beaucoup retardé la conclusion de la paix. Le 28 janvier, Villars écrivait à Voysin : « Dono, Monsieur, si la guerre continue en Europe, ce sera l'intérêt de M⁰⁰ des Ursins qui en sera la première cause » (Dép. de la guerre, n° 2506, p. 125, 28 janvier 1713). Il fallut, cependant, passer outre. Une lettre de Torcy à la princesse des Ursins excuse le roi d'une façon assez cavalière d'avoir abandonné sa défense, « par la nécessité de rompre une négociation très importante ou de remettre l'article de votre souveraineté à une autre conjecture ». Louis XIV écrivit lui-même à Philippe V : « Il n'a pas dépendu de moi que l'affaire qui regarde la princesse des Ursins ne fût réglée à votre satisfaction et à la sienne..... » (4 juin 1711, v. Allem., *Mémoires et docum.*, t. 56, fᵒˢ 354 et 421).

laissé dans le Duché de Milan, lesquelles toutes demande-
roient trop de temps pour être vuidées dans ce Traité, l'on
est convenu d'en remettre la discussion réciproquement aux
Conférences, qui seront établies pour le Traité de Paix
général ou solemnel entre Sa Majesté Impériale, l'Empire,
et Sa Majesté Très-Chrétienne, où il sera permis à châcun
de représenter ses droits, et de produire ses titres et raisons, lesquelles bien examinées, Sa Majesté Impériale et Sa
Majesté Très-Chrétienne promettent d'y avoir l'égard que
demande la justice, sans que pourtant cela puisse altérer
ou retarder l'exécution de la Paix[1].

XXXIII. La conjoncture présente n'ayant pas laissé le
tems à Sa Majesté Impériale de consulter les Électeurs,
Princes et États de l'Empire sur les conditions de la paix,
non plus qu'à ceux-cy de consentir dans les formes ordinaires, au nom de tout l'Empire, aux conditions du présent
Traité, qui les regardent[2], Sa Majesté Impériale promet,
que lesdits Électeurs, Princes et États enverront incessamment, au nom de l'Empire, des plein-pouvoirs ou bien une
Députation de leur Corps, munie pareillement de leurs
Plein-pouvoirs, au lieu, qui sera choisi pour travailler au
traité général ou solemnel, à faire entre l'Empereur, l'Empire, et le Roy Très-Chrétien, Sa Majesté Impériale engageant sa parole, que ladite Députation, ou ceux, qui seront

---

1. Louis XIV, dans une lettre au marquis de Brancas, s'excuse d'avoir
conclu la paix, sans procurer la satisfaction réclamée par tous les princes
d'Italie, mais ils sont restés spectateurs de la guerre que la France faisait
dans leur intérêt. La France, épuisée par treize années de guerre sans merci,
ne pouvait reculer plus longtemps la conclusion de la paix (18 mars 1714,
Allemagne, *Mémoires et docum.*, t. 50, f° 351).

2. C'est sans consulter les électeurs, princes et États de l'Empire que la
langue française fut employée dans ce traité : mais le traité de Bade, dont la
plupart des articles sont copiés sur ceux de la paix de Rastadt, est en latin. V.
à ce propos une annexe au traité de Rastadt : « Le présent traité, par les raisons mentionnées dans l'article XXXIII, ayant été commencé, poursuivi et
achevé sans les solennités et formalités requises et usitées à l'égard de
l'Empire, et composé et rédigé en langue française contre l'usage ordinairement observé dans les traités entre S. M. Impériale, l'Empire et S. M. Très-
Chrétienne, cette différence ne pourra être alléguée pour exemple, ni tirer à
conséquence ou porter préjudice en aucune manière à qui que ce soit et l'on
se conformera à l'avenir à tout ce qui a été observé jusqu'à présent dans de
semblables occasions, tant à l'égard de la langue latine que pour les autres
formalités, etc. » (Dumont, t. VIII, partie I, p. 422.)

chargés des Plein-pouvoirs consentiront au nom dudit
Empire à tous les points, dont il est convenu entre Elle et
Sa Majesté Très-Chrétienne par le présent Traité, lequel
Elle s'engage et promet d'exécuter.

XXXIV. Comme il est porté par l'article précédent, que
les Électeurs, Princes et États de l'Empire enverront, au
nom de l'Empire, une Députation de leur Corps, ou bien
leurs Plein-pouvoirs pour les Conférences du Traité de Paix
général ou solemnel, à faire entre Sa Majesté Impériale,
l'Empire, et Sa Majesté Très-Chrétienne, dans le Lieu, qui
sera choisi et destiné à cet effet, l'Empereur et le Roy Très-
Chrétien[1], conviennent de fixer ce Lieu dans un pays
neutre, hors de l'Empire et du Royaume de France, et pour
cet effet leurs Majestés ont jetté les yeux sur le Territoire
de la Suisse, dans lequel il sera nommé par Sa Majesté
Impériale, ou par Sa Majesté Très-Chrétienne trois villes
pour en choisir une en la manière suivante, à savoir que Sa
Majesté Impériale nommant et proposant lesdites trois
Villes, Sa Majesté Très-Chrétienne fera le choix de celle,
qui servira pour les Conférences, ou réciproquement, si sa
Majesté Très-Chrétienne propose les trois Villes, Sa Majesté
Impériale aura le choix de celle des trois, qu'Elle voudra
préférer, lesquelles propositions et élections se feront en
même tems que le présent Traité sera signé, en sorte qu'il
n'y ait ny retardement, ny tems perdu pour traiter et conclurre au plûtôt la paix générale et solemnelle entre l'Empereur, l'Empire, et le Roy Très-Chrétien, et que leurs
Ministres Plénipotentiaires puissent s'assembler le quin-
ziéme jour du Mois d'Avril prochain, ou le premier May
prochain au plus tard, dans le Lieu destiné pour y tenir les
Conférences, pendant lesquelles tous les Électeurs, Princes
et États de l'Empire, qui, outre ce qui leur revient par
l'exécution stipulée cy dessus des articles du Traité de

---

1. L'empereur proposa les trois villes de Schaffouse, Bade en Argovie et
Frauenfeld. Le roi choisit Bade, et le 7 septembre 1714 les représentants des
États de l'Empire y sanctionnèrent les conventions de Rastadt (v. l'article
séparé n° 3, du 6 mars 1714, Dumont, p. 422).

Ryswick, auront des prétensions et raisons pour se faire comprendre particulièrement dans le Traité de Paix général à faire, pourront les produire, pour lesquelles Sa Majesté Très-Chrétienne promet d'avoir l'égard, que demande la justice; néanmoins pour que la fin desdites Conférences ne soit pas retardée, on est convenu de part et d'autre, qu'elles ayent à se terminer par la conclusion du Traité général ou solemnel dans deux Mois, ou trois au plus tard, à compter du premier jour que commenceront les Conférences.

XXXV. Au moment que le présent Traité de paix aura été signé, toutes hostilités et violences cesseront de la part de l'Empereur et de l'Empire, aussi bien que de celle du Roy Très-Chrétien, et du jour de l'échange des ratifications, Sa Majesté Très-Chrétienne n'exigera plus des États de l'Empire, ni contributions de fourages pour les Troupes, non plus que Sa Majesté Impériale et l'Empire n'en exigeront des États de Sa Majesté Très-Chrétienne; et cesseront généralement toutes autres demandes réciproques faites à l'occasion de la présente guerre, tant de la part de Sa Majesté Impériale, et de l'Empire, que de Sa Majesté Très-Chrétienne.

Les Prisonniers tant d'État que de Guerre de part et d'autre, seront renvoyés sans rançon, et quinze jours après l'échange des ratifications du présent Traité, châque Prince retirera ses troupes du plat Païs dans ses propres États; Sa Majesté Impériale s'engageant à retirer aussi dans le même tems ses Troupes, et de faire aussi retirer celles de l'Empire du plat Païs de l'Archevêché de Cologne et de la Bavière, lesquels Païs et États, au reste, seront restitués dans la forme et terme, spécifiés par les Articles quinze, seize, dix-sept et dix-huit du présent Traité.

XXXVI. Le commerce défendu durant la guerre entre les Sujets de Sa Majesté Impériale, de l'Empire, et ceux de Sa Majesté Très-Chrétienne sera rétabli, aussi-tôt après l'échange des Ratifications du présent Traité, avec la même liberté, qu'il étoit avant la Guerre, et jouïront tous et châcun, particulièrement les Citoyens et habitans des villes

Hanséatiques, de toute sorte de sureté par Mer et par Terre, conformément à l'Article cinquante-deuxième de la paix de Ryswick.

XXXVII. Le présent Traité sera ratifié [1] par l'Empereur et par le Roy Très-Chrétien, et l'échange des ratifications sera fait au Palais de Rastatt, dans l'espace d'un mois, à compter du jour de la Signature, ou plûtôt, si faire se peut.

En foi de quoi les susdits Ambassadeurs Extraordinaires et Plénipotentiaires, tant de Sa Majesté Impériale, que de Sa Majesté Très-Chrétienne, ont soussigné le présent Traité de leurs propres mains, et y ont apposé les Sceaux de leurs Armes. Fait au Palais de Rastatt le sixième Mars, mil sept cens et quatorze.

EUGÈNE DE SAVOYE.   LE M. DUC DE VILLARS.

---

1. Les ratifications du traité de Rastadt sont signées pour l'empereur, à Vienne, le 17 mars, et pour le roi, à Versailles, le 23 mars 1714 (v. Dumont, p. 422 et 423).

TRAITÉ DE BADE (EN ARGOVIE)

CONCLU PAR L'EMPEREUR ET L'EMPIRE AVEC LE ROI LOUIS XIV, 7 SEPTEMBRE 1714

Les plénipotentiaires sont : pour l'empereur et l'empire, le pringe Eugène de Savoie, le comte Pierre de Goes et le comte Jean-Frédéric de Sellern ; pour la France, Villars est assisté du comte du Luc et du conseiller d'État de Barberie de Saint-Contest.

Le préambule et la plupart des articles sont la reproduction mot pour mot d'articles correspondants du traité de Rastadt, traduits en langue latine. Nous ne publierons ici que ceux qui diffèrent : les art. 12, 24 (en partie), 26 et 32 à 38.

Voici d'ailleurs le tableau de concordance des articles des deux traités :

TRAITÉ DE RASTADT	TRAITÉ DE BADE
Art. 1 à 11.	Art. 1 à 11.
Art. 12.	Art. 12 modifié.
Art. 13 et 14.	Art. 14 et 13 intervertis.
Art. 15 à 23.	Art. 15 à 23.
Art. 24.	Art. 24 avec une addition.
Art. 25.	Art. 25.
Art. 26.	Art. 26 modifié.
Art. 27 à 31.	Art. 27 à 31.
Néant.	Art. 32.
Art. 32 à 37.	Art. 33 à 38 très différents.

TRAITÉ DE BADE (EN ARGOVIE)

CONCLU PAR L'EMPEREUR ET L'EMPIRE AVEC LE ROI LOUIS XIV,
7 SEPTEMBRE 1714

XII. Sacra Regia Majestas Christianissima promittit non minus Sacræ Cæsareæ Majestati et Imperio, se se restituturam omnibus Imperii Membris, Clientibus et Vasallis Ecclesiasticis et Secularibus, nominatim Domino Electori Trevirensi, Domino Electori Palatino, Domino Ordinis Teutonici magno Magistro et Episcopo Wormatiensi, Domino Episcopo Spirensi, Domui Wirtembergicæ, et sigillatim Domino Duci Mompelgardensi, utrique Domui Badensi, et generaliter omnibus Pace Ryswicensi comprehensis, licet hic speciatim expressi non fuerint, quæcunque Territoria, Civitates, loca et bona, quæ proxime præterito bello, aut ejus occasione sive armis, sive confiscatione, aut alio quocunque modo Paci Ryswicensi contrario, occupaverit, quamvis hoc Tractatu nominata non sint, uti et plenarie et accurate executuram omnes conditiones et clausulas Pacis Ryswicensis, quibus per præsentem Tractatum expresse derogatum non est, si quæ post conclusam dictam Pacem Ryswicensem executione caruerint, vel postea mutatæ fuerint.

Spondet eadem ratione Sacra Regia Majestas Christianissima quantocyus bona fide executioni mandaturam omnes et singulos Pacis Ryswicensis Articulos Dominum Ducem Lotharingiæ concernentes, quibus hic plenarium robur suum confirmatur.

Vicissim Sacra Cæsarea Majestas et Imperium promittunt omnes conditiones et clausulas Pacis Ryswicensis, quæ ad istas restitutiones ex eadem Pace faciendas, nominatim ad Dominum Cardinalem de Rohan ratione Episcopatus Argentoratensis spectant, impletum iri.

• •

XXIV......... Postremo pro confirmatis singulariter habebuntur, et perpetuo observabuntur quæcunque de abolito, vicissim ratione Gallicorum, et Belgicorum Subditorum, Albinii seu Albinagii jure prioribus pacificationibus, regiisque Decretis seu Edictis statuta, et jugi utrinque usu hactenus recepta fuerunt, non secus, ac si expresse integra hic relata essent.

. . . .

XXVI. De reditibus seu censibus a tota aliqua Belgii Provincia pensitandis, quæ deinceps partim a Majestate Cæsarea, partim a Majestate Christianissima aut aliis possidebitur, convenit, ut quælibet Pars suam ratam portionem solvat, utque ad eam determinandam juxta et ad quascunque alias controversias seu difficultates tollendas, quæ circa loca Belgica utrinque possidenda, eorumve limites vel jam ortæ sunt, vel in executione hujus Pacis qualibet ratione oriri possint, ab utraque Parte Commissarii in Urbem, de qua convenerit, intra duos post Tractatus hujus conclusionem menses delegentur, omnem ei fini quam primum assequendo diligentiam absque intermissione adhibituri.

. . . .

XXXII. Cum Sacræ Cæsareæ Majestati, et Sacræ Regiæ Majestati Christianissimæ nihil magis cordi sit, quam ut publica tranquillitas quantocius stabiliatur, et ad finem tam salutarem, qui omnem aliam rationem superare debet, promptius assequendum, certum Tractatui huic perficiendo terminum præfixissent, jam vero compertum sit, quod terminus iste ad examinandas et complanandas res per Articulum *trigesimum secundum* Pacis Rastadiensis ad hunc Congressum mutuo remissas nequaquam sufficere possit, ulterius convenit, quod partibus in dicto Articulo nominatis ius erit, titulos, rationes, juraque sua ante Sacram Cæsaream Majestatem et Sacram Regiam Majestatem Christianissimam suo quæque loco producere. Eæque denuo promittunt, illorum se rationes habituras esse, uti æquum fuerit, quæ tamen mora plenariam Pacis executionem nec differre, vel immutare, aut ullius Juri quicquam præjudicii afferre poterit aut debebit.

XXXIII. Quemadmodum vigore Pacis Rastadiensis cujuscunque generis hostilitates ac violentiæ a subscriptæ Pacis tempore, contributiones vero et exactiones quæcunque tam pecuniæ quam pabuli a die commutatarum ejusdem Pacis Ratificationum non minus ac aliæ cujuscunque generis impositiones occasione proxime praeteriti Belli, cum ex parte Sacræ Cæsareæ Majestatis, tum Sacræ Regiæ Majestatis Christianissimæ factae penitus cessare debuere, ita etiam omnia en imposterum non solum cessent, et nulla ex causa vel praetextu quidquam exigatur, verum etiam quaecunque exactiones pecuniae, pabuli aut alterius cujuscunque rei, sub quocunque praetextu ab alterutrius Partis Subditis a die ratihabitae Pacis Rastadiensis contra ejusdem Tractatus Articuli trigesimi quinti expressum tenorem factae fuere, ea omnia bona fide et absque mora iis, qui sufficientibus Documentis hac de re fidem fecerint, restituantur, obsidesque illa aut alia quacunque ex causa dati vel abducti absque aere protinus reddantur, libereque in patriam dimittantur... Quod vero de contributionibus ab alterutra Parte usque ad statutum in Tractatu Rastadiensi tempus residuum debebitur, id intra spatium trium mensium a die commutatarum Ratificationum praesentis Tractatus computandum exsolvetur, ita tamen ut intra istud spatium fas non sit contra morosos debitores via executionis uti, dummodo de solutione cautio sufficiens data sit.

Captivi quoque tam militares quam Status praeterito Bello facti, qui necdum libertati restituti deprehendentur, aut indicabuntur, hinc inde quantocyus absque lytro dimittantur, libertate relicta se, quocunque velint, recipiendi.

Copiae militares quoque, quae virtute praefati Articuli trigesimi quinti quindecim dies post ratihabitam Rastadii conclusam Pacem e locis non munitis in utriusque Partis proprias Ditiones deduci debuere, si quaedam praeter spem necdum deductae forent, protinus et absque ulteriori mora abducantur, ut eo citius omnes et singuli utriusque Partis Incolae fructibus Pacis et quietis reapte gaudere possint; quemadmodum et Sacra Caesarea Majestas et Imperium

Copias suas e locis non munitis Archi-Episcopatus Coloniensis et Bavariae educere debuerunt, et, si quae forsan restarent, eas quantocyus educi curabunt; quarum Provinciarum praeterea et locorum restitutio juxta formam et tempus in Articulis decimo quinto, decimo sexto, decimo septimo et decimo octavo praescriptum, limitata maneto.

XXXIV. Redeant quoque mox a subscripta Pace Commercia inter Sacrae Caesareae Majestatis Imperiique et Sacrae Regiae Majestatis Christianissimae Regnique Galliae Subditos durante Bello prohibita, in eam, quae ante Bellum fuit, libertatem, fruanturque utrinque omnes et singuli, nominatim Urbium Imperialium, et Emporiorum Hanseaticorum Cives et Incolae, terra marique plenissima securitate, pristinis Juribus, Immunitatibus, Privilegiis majestate et emolumentis per solemnes Tractatus aut vetustam consuetudinem obtentis, ulteriori Conventione post ratihabitam Pacem remissa.

XXXV. Omnia per hanc Pacem conventa valeant, ac perpetua firmitate nitantur, observanturque et executioni mandentur, non obstantibus, sed abrogatis et cassatis omnibus, quae contraria credi, allegari aut excogitari unquam possint, et si talia sint, ut eorum specialior seu amplior mentio fieri debeat, aut abrogatio seu annullatio nulla seu invalida dici posse videatur.

XXXVI. Includentur huic Paci omnes illi, qui post permutationem Ratihabitionum intra sex menses ob una vel altera parte ex communi consensu nominabuntur.

XXXVII. Pacem hoc modo conclusam promittunt utriusque Partis Legati extraordinarii et Plenipotentiarii respective ab Imperatore et Imperio et Rege Christianissimo ad formam hic mutuo placitem ratihabitum iri, seque infallibiliter praestituros, ut solemnia Ratihabitionum Instrumenta intra spatium sex septimanarum a die subscriptionis computandum, aut citius, si id fieri poterit, hic reciproce, riteque commutentur.

XXXVIII. Et cum Sacra Caesarea Majestas ab Electoriribus, Principibus et Statibus Imperii, vigore conclusi die vigesima tertia Aprilis Anni currentis Legatis Gallicis sub Sigillo Cancellariae Moguntinae extraditi decenter requisita fuerit, ut dictorum Electorum, Principum et Statuum Imperii rem per suam Caesaream Legationem in hoc Congressu agi curaret, tam Caesarei quam Regii Legati nominibus supradictis praesens Pacis Instrumentum in omnium et singulorum eo contentorum fidem majusque robur subscriptionibus Sigillisque propriis munierunt, et competentes ratificationes,. formula conventa, termino supra constituto sese extradituros polliciti sunt, nec ulla contra hunc Tractatum recipiatur aut valeat protestatio vel contradictio. Acta haec sunt Badae-Ergoviae die septima mensis Septembris anno Domini millesimo septingentesimo decimo quarto.

EUGENIUS A SABAUDIA.   LE M. DUC DE VILLARS.
PETRUS COMES DE GORS.   LE COMTE DU LUC.
JOH. FRID. C. A SEILERN.   DE BARBERIE DE SAINT CONTEST.

TABLE DES PERSONNAGES CITÉS

(Les chiffres romains indiquent le fascicule; les chiffres arabes, les pages. — Les noms des princes et princesses sont classés dans l'ordre chronologique à la maison dont ils sont originaires: pour Charles Quint, voir Autriche-Habsbourg, etc.)

INDEX GÉOGRAPHIQUE

——

(Chercher le nom du peuple au nom du pays : Anglais, Espagnols, à Angleterre, Espagne, etc.)

Q

R

ERRATA

TABLE DES MATIÈRES

———

MACON, PROTAT FRÈRES, IMPRIMEURS

www.ingramcontent.com/pod-product-compliance
Lightning Source LLC
Chambersburg PA
CBHW070507200326
41519CB00013B/2746